XIANGCUN
YOUERYUAN JIAOSHI
ZHUANYE CHENGZHANG
CONGSHU

广西壮族自治区教育厅"十三五"学前教育发展成果

乡村幼儿园教师
保教知识
应知应会

李艳荣 / 丛书主编

陈金菊 / 本书主编

北京师范大学出版集团
BEIJING NORMAL UNIVERSITY PUBLISHING GROUP
北京师范大学出版社

图书在版编目(CIP)数据

乡村幼儿园教师保教知识应知应会/陈金菊主编.—北京：北京师范大学出版社，2022.3

(乡村幼儿园教师专业成长丛书/李艳荣主编)

ISBN 978-7-303-27649-3

Ⅰ. ①乡… Ⅱ. ①陈… Ⅲ. ①幼教人员－师资培养 Ⅳ. ①G615

中国版本图书馆 CIP 数据核字(2021)第 277769 号

营　销　中　心　电　话　010-58802755　58800035
编　辑　部　电　话　010-58808898

出版发行：北京师范大学出版社　www.bnup.com
　　　　　北京市西城区新街口外大街 12-3 号
　　　　　邮政编码：100088
印　　刷：北京溢漾印刷有限公司
经　　销：全国新华书店
开　　本：787 mm×1092 mm　1/16
印　　张：13.5
字　　数：226 千字
版　　次：2022 年 3 月第 1 版
印　　次：2022 年 3 月第 1 次印刷
定　　价：49.00 元

策划编辑：罗佩珍　　　　　责任编辑：宋　星　申立莹
美术编辑：焦　丽　　　　　装帧设计：翁　微　焦　丽
责任校对：康　悦　　　　　责任印制：陈　涛

编委会

丛 书 主 编：李艳荣

本 书 主 编：陈金菊

本书参编人员：张文莉　骆　艳　伍友艳
　　　　　　　赖文芳　黄婉圣　韦积华

前　言

　　乡村教育是民族振兴、社会进步的重要基石，乡村幼儿园教师是乡村学前教育的基础和根本。《国家中长期教育改革和发展规划纲要（2010—2020 年）》提出要"重点发展农村学前教育。努力提高农村学前教育普及程度"。2010 年以来，国家实施幼师国培计划，重点加强农村幼儿园教师培训。2015 年，《国务院办公厅关于印发乡村教师支持计划（2015—2020 年）的通知》明确了乡村教师队伍建设的战略意义，要求加强乡村教师的培训力度，全面提升乡村教师的专业能力与专业素养，努力造就一支素质优良、甘于奉献、扎根农村的教师队伍。发展乡村教育的关键是要加强乡村教师队伍培训。2021 年，根据中共中央、国务院《乡村振兴战略规划（2018—2022 年）》，教育部、财政部印发了《关于实施中小学幼儿园教师国家级培训计划（2021—2025 年）的通知》，将巩固拓展脱贫攻坚成果同乡村振兴有效衔接，支持国家乡村振兴，重点帮扶县教师校长能力整体提升，为乡村振兴和中西部欠发达地区农村教育改革发展提供坚强师资支撑。

　　作为西部经济欠发达地区，2011 年广西有专任幼儿园教师共计 37616 人，其中城区 15846 人，镇区 15973 人，乡村 5797 人，乡镇及以下农村专任幼儿园教师人数占专任教师总数的 57.87%。到 2020 年，专任教师达到 102591 人，其中城区 38516 人，镇区 45053 人，乡村 19022 人，镇区及以下农村专任幼儿教师占专任教师总数的 62.45%，与 2011 年相比增加了近 5 个百分点，乡村教师增加了 42305 人。

　　从实际情况看，随着学前教育三期"三年行动计划"的实施，新建、改扩建乡镇中心幼儿园陆续建成，也带来一系列问题。乡村幼儿园教师缺口大，来源复杂，主要由四类人员组成：第一类是非教育非专业教师，无教师资格证，有一定的实践经验，由于教师极度缺乏而进入幼儿园；第二类是小学转岗教师，有小学教师资格证，有教学经验，但对学前教育完全陌生；第三类是中职学校学前教育专业毕业生，未拿到教师资格证，仅持有保育员证、育婴师证；第四类是大专以上学前教育专业毕业、有幼儿园教师资格证的教师，但缺乏实践经验。据 2013 年调查数据表明，广西农村幼儿园四类教师占比分别为 29%、41.8%、27.4%、1.8%，非学前教育专业背景教师占比共达到 70.8%。在乡村幼儿园教师中，教育理念滞后、专业发展意识淡薄、幼儿保教知识不足、教育活动设计和实施方法不多、教研能力不强等问题也比较突出。教育部从 2010 年起实施"国培计划""区（省）培计划"，但在具体培训中，仍然存在培训内容、目标、方式、方法偏离乡村幼儿园教师实际需求，针对性不强，教学内容重复、零散，不成体系，重理论轻实践，重形式轻结果，课程资源城市化、小学化，教学方法简单，培训形式单一，不能满足乡村幼儿园教师专业发展需求等问题。

针对以上问题，为支持乡村幼儿园教师专业成长，广西幼儿师范高等专科学校李艳荣教授带领研究团队将课题研究与所承担的"国培计划"农村幼儿园教师培训等项目相结合，以教师专业发展理论、人文主义思想、情境学习理论为指导，建构了乡村幼儿园教师专业成长系列教材，即《乡村幼儿园教师保教知识应知应会》《幼儿园五大领域游戏与教学》《幼儿游戏行为观察分析与支持》。本套教材从幼儿园教师典型工作任务、岗位关键能力入手，从乡村幼儿园教师知识结构不完整、组织教育教学能力方法单一、小学化教学明显、对幼儿缺乏了解等问题出发，以问题为导向、行动学习为方式、专业发展为目标，兼顾知识性与实践性、全面性与补偿性、普遍性与针对性。

具体而言，本套教材具有如下特点。

一、突出分层分阶发展，强调课程体系构建

本套教材以《幼儿园教师专业标准（试行）》为指导，以研究建立乡村幼儿园教师"四横四纵"专业发展不同阶段能力的进阶式图谱为逻辑起点，将乡村幼儿园教师专业成长分为适应期、探索期、成熟期、研究期四个发展阶段。根据对乡村幼儿园教师构成现状及分析研究，把适应期乡村幼儿园教师分为四类，分别命名为准教师、转岗教师、助理教师、新手教师。其中准教师、转岗教师、助理教师是横向并行的三类教师，人数占比较大，总体适应期较长，度过适应期后即可转入纵向的探索期教师、成熟期教师、研究期教师发展路径。

为此，针对不同阶段乡村幼儿园教师的特点，本套教材构建了"三阶"系列课程支持体系，为适应期教师编写了《乡村幼儿园教师保教知识应知应会》，为探索期教师编写了《幼儿园五大领域游戏与教学》，为成熟期教师、研究期教师编写了《幼儿游戏行为观察分析与支持》，突出以教师专业发展为目标，强调建设阶段性、分层次、专业成长导向的分层分阶课程体系。

《乡村幼儿园教师保教知识应知应会》作为乡村幼儿园教师的初阶课程，聚焦幼儿园教师在保教知识方面的应知、应会、应做，帮助准教师、转岗教师、助理教师、新手教师尽快转变角色，适应工作岗位，对幼儿园教育具有正确认识，对幼儿园工作内容和实施途径有相应了解，能基本胜任幼儿园的各项工作。

《幼儿园五大领域游戏与教学》作为乡村幼儿园教师的中阶课程，以《乡村幼儿园教师保教知识应知应会》为基础，以提升乡村幼儿园教师五大领域教学能力为目标，重点以五大领域学科教学知识（PCK）学习与运用为主线，以游戏为基本教学形式，聚焦幼儿园课程实施的游戏化与生活化，以帮助幼儿园教师多形式、多手段灵活开展幼儿园各项活动。

《幼儿游戏行为观察分析与支持》作为乡村幼儿园教师的高阶课程，聚焦幼儿游戏中教师观察幼儿、解读幼儿、支持幼儿的能力的提升，以提高幼儿园教师因材施教的教育教学水平。教材内容以游戏活动为主要内容，通过对各类游戏活动的特点以及观察、解读、支持指导策略，促使幼儿园教师提升观察幼儿、解读幼儿、支持幼儿的能力，从而根据幼儿的实际发展水平更好地、有质量地开展幼儿园活动。

三个阶段的课程既互相关联，又相对独立，体现出渐进性、阶段性特点。同时分阶段课程不是绝对的，根据教师专业发展不是直线性发展的特点，因个体差异和需求不同可以在不同阶段学习，也可以综合三本教材一起学习。

二、突出教师专业发展，强调课程针对性

针对乡村幼儿园教师需求的学习、培训资源较少，课程内容偏重理论性、城市化，操作性、应用性不足，农村本土资源挖掘不够，普适性内容较多，乡土化内容较少等问题，三本教材在教学内容中加入农村乡土资源如山水风光、草木树叶、民间游戏、民俗节日等素材，并设计成相应的游戏活动或教学活动，结合乡村幼儿园教师专业成长各阶段的实然需求和应然需求，使其互为支撑、循阶而上，从而导向专业能力提升。

根据乡村幼儿园教师知识结构不完整等问题，《乡村幼儿园教师保教知识应知应会》分别从幼儿和幼儿园教育、幼儿园一日生活的安排、幼儿园环境创设、幼儿园班级管理、幼儿园教学活动的组织与指导、幼儿园区域活动的开展与指导、乡村幼儿园户外活动的开展与指导七个方面展开论述，涵盖了幼儿园教师教育教学工作的基本环节和主要内容，都是幼儿园教师的典型工作任务。

在乡村幼儿园教师掌握保教知识应知应会的基础上，针对乡村幼儿园教师组织教育教学能力方法单一、幼儿园教育教学活动设计与实施中小学化教学明显等问题，为避免初出茅庐的老师们被正规严格的教学组织形式与要求所束缚而不知所措，鼓励提振他们的教学信心，编者以"游戏是幼儿园的基本活动形式为导向"编写了《幼儿园五大领域游戏与教学》。编者从把握幼儿园课程教学与游戏的关系入手，认为游戏与教学作为幼儿园中两类不同的活动，如果将两者相互融合、互为生成，一方面能够实现"以游戏为基本活动形式"，另一方面便于乡村幼儿园教师找到教学抓手，通过游戏活动组织与实施，逐渐把握幼儿园教学活动设计与实施的规律和特点。为此，《幼儿园五大领域游戏与教学》构建了五大领域课程教学中以游戏为载体的课程资源。教材在厘清幼儿园课程概念、游戏与教学的关系后，提出了幼儿园领域课程游戏活动设计原则，从语言领域、艺术领域、科学领域、健康领域、社会领域分别对五大领域游戏活动进行了梳理、描述和列举。乡村幼儿园教师可以在幼儿园课程实施中，通过掌握五大领域相关游戏，并以此为教学介质组织五大领域游戏活动，吸引幼儿积极参与教学活动，去体会、感受幼儿园教学的意蕴内涵，从而逐步掌握教学活动设计与实施的环节、幼儿活动的组织与管理要点等，抓住幼儿园教育活动的核心，逐渐把注意力转移到幼儿身上，发现幼儿的兴趣点，结合幼儿日常经验与各领域核心经验的关联，促进幼儿核心经验的获得，自觉摒弃小学化教学方法，使教学逐渐驾轻就熟，积累教学经验，获得专业发展。

观察是幼儿园教师了解幼儿的重要途径和教育的前提，发现幼儿的差异，探寻幼儿行为背后的原因，有利于有效的指导教育活动，有利于提高幼儿园教师的专业能力、帮助家长了解幼儿、提升亲师互动品质。幼儿行为是多种多样的，既有五大领域教学活动，也有日常生活活动，还有户外活动、体育运动等，观察范围广，不利于教师聚焦幼儿具体行为点。教师应通过观察、分析、支持做到举一反三，从模仿到创新，从点到面，逐步提高观察、分析、支持幼儿的能力。基于此，《幼儿游戏行为观察分析与支持》选择了幼儿园活动中最常见的游戏活动作为观察分析支持的切入点，分别介绍了建构游戏、角色游戏、表演游戏、科学游戏、运动游戏的概念、特点、分类、作用，观察要点，常见的问题及策略，小、中、大班案例分析等，一方面与《幼儿园五大领域游戏与教学》以游戏为主的教学活动设计与实施相呼应，另一方面也使教师在熟练掌握游戏的特质和实施的基础上进一步学会在游戏活动中观察幼儿、分析幼儿，从而支持幼儿的发展。

三、突出实践发展路径，强调实施可操作性

乡村幼儿园教师的专业成长往往在解决真实教育问题的情境中发生，从乡村幼儿园教师个人而言，其专业理念、职业认同、反思性实践能力和沟通能力往往决定了教师专业成长的深度。反思性实践能力是教师专业化的专业素养，实践反思发展路径有助于教师专业素养的提高。本套教材着力以实践反思为学习路径，将理论知识案例化、操作步骤程序化、重点难点视频化，既解决乡村幼儿园教师学习培训中理论与实践分离的问题，又促使他们在专业技能学习中了解流程、习得方法，还能通过二维码视频资源突破学习的重点与难点，帮助他们更快掌握知识，学会运用，使专业成长可持续发展。

理论知识案例化。《乡村幼儿园教师保教知识应知应会》《幼儿园五大领域游戏与教学》每章既注意知识的全面性，又突出了乡村幼儿园教师实际补偿性需要，基本上都由"关键知识点""实施流程""案例与评析""实践与运用"构成；《幼儿游戏行为观察分析与支持》主要将知识点与案例相结合，重视具体实施中的操作流程，使关键知识的学习与实践运用相结合，以操作流程架构起两者，既解构了知识又强调了两者的耦合，适合成人学习特点，又凸显了专业性。

操作步骤程序化。教材将知识学习与实践运用相结合，以各种实践案例为载体，以案例呈现方式使教师有例可循，从模仿到体验到学会，体现行动、反思、改进的学习路径。重视教师将关键知识应用于实践操作的步骤，即操作流程，操作流程尽可能以图片、步骤、流程等方式出现，可操作性强，使教师一看就懂、一学就会、一实践就会操作。

重点难点视频化。组织拍摄视频资源，以二维码形式附在正文中，较好地辅助教学中关键知识、关键环节的学习，以配合与支持学习中的重点和难点突破，尽可能突出教材内容的实用性和实践性，力图符合乡村幼儿园教师特点，浅显易懂、生动有趣、引人入胜，有利于教师提高学习效率，尽快上手，加快专业成长。

本套教材作为广西壮族自治区教育厅"十三五"学前教育发展成果，是集体智慧的结晶。在自治区教育厅有关领导的策划设计和悉心指导下，由广西幼儿师范高等专科学校副校长李艳荣教授拟订编写框架和撰写提纲，提出编写要求，然后编者分工撰写各章内容。撰写过程中，李艳荣教授对教材内容进行审读，召开编写人员统稿会，提出了修改意见和建议。《乡村幼儿园教师保教知识应知应会》由广西幼儿师范高等专科学校、广西幼师实验幼儿园教师联合编写，全书具体编写分工如下：陈金菊（第一章）、张文莉（第二章）、骆艳（第三章）、伍友艳（第四章）、赖文芳（第五章）、黄婉圣（第六

章)、韦积华(第七章)。最后由李艳荣、陈金菊统稿、定稿。

本教材编写得到广西幼师实验幼儿园、广西大学第二幼儿园、南宁市邕宁区稚慧明珠幼儿园、宾阳县宾阳镇顾明幼儿园、宾阳县新桥镇新星幼儿园、崇左市扶绥县新宁镇中心幼儿园、贵港市港南区湛江镇新新幼儿园等幼儿园领导、老师的大力支持,在此深表感谢。

在编写中,编者参考了国内不少研究成果,谨向有关专家和学者一并表示诚挚的谢意!同时本书得到北京师范大学出版社的大力支持,特别是罗佩珍老师,提出了很好的意见和建议,谨致以衷心的感谢!

鉴于水平有限,教材中疏漏与不足实为难免,敬请专家、同行及广大读者不吝赐教,予以指正。

编者
2021 年 6 月

目 录
CONTENTS

第一章
幼儿和幼儿园教育

>> 思维导图

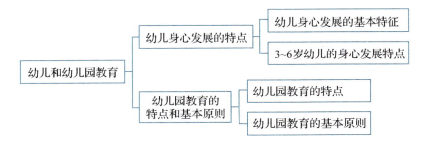

第一节
幼儿身心发展的特点

一、幼儿身心发展的基本特征 >>>>>>>>>>>>>>>>>

6岁之前是人生重要的发展阶段，它对人的一生的发展起着奠基作用。每一个年龄阶段都会有一些普遍的特点，了解这些特点是正确进行教育实践的基础。探究幼儿发展特点与幼儿园教育间的相互关系是设计教育教学的前提。

（一）幼儿身心发展的基础性与易感性

幼儿发展的基础性表现在生命机能发展的可塑性会随着机体的成熟而不断降低，因而生命早期拥有更多的发展潜能，从这一意义上说，早期的发展起着奠基作用。这也是人们重视早期教育的重要原因。

与基础性相对应的另一个重要特点是幼儿发展的易感性。易感性即幼儿的发展在这一阶段，既容易朝着积极方向快速发展，也容易朝着消极方向快速发展。这与幼儿发展的敏感期有关。敏感期是生态学家从对动物的研究中提出来的，指的是发展过程中的一些独一无二的时间段，在这些时间段中，特定的结构或功能特别容易受特定经历的影响，将来的结构或功能会因这些经历而改变。研究表明，敏感期一般出现在生命的早期。例如，形状知觉的敏感期在 4 岁前，4 岁以后逐渐减弱；口语学习的敏感期在 8 岁前。这种敏感性会产生两种可能的结果：一是特定的早期经验在发展最具可塑性和对刺激最易做出反应的时候，使幼儿发展某些能力，并能够为将来做好准备；二是如果缺失这些基本经验，幼儿就极容易受到不利影响，结果可能是产生永久性机能障碍。

但目前更多的研究表明，敏感期发展的结果绝非不可改变，发展和进步能在人生的任何年龄阶段发生。人类的适应性既源于基本能力的快速巩固，也源于终身具有的适应环境变化的发展可塑性。

（二）幼儿身心发展的连续性与阶段性

幼儿身心发展的过程在本质上是一个不断变化的过程。这种变化既表现出一定的顺序性，也表现出一定的阶段性。幼儿身心发展大致是按由小到大、由简到繁、由具体到抽象的顺序来进行的。这种顺序性的变化有时是累积的和连续的（如体力的增加、记忆力的扩展），但在有些时候发展却非常迅速，以至于在先前的水平上出现了质的飞跃（如自我意识出现后，幼儿的言语行为会出现很大的变化），从而使幼儿的身心水平达到了一个新的高度。这样的改变常被称为"发展性的转变"。这种转变的阶段既可能是平稳的，也可能存在压力和混乱，因而常常被视为心理再构建的重要时期，人们也常常把这些重要时期作为划分幼儿发展阶段的标志。例如，3～5 岁这个阶段常常被称为"金色童年"，这个阶段的幼儿能够充满想象力、充满创造力地玩耍，一根木棍在他们眼里可以变成他们所需要的玩具，他们特别享受玩耍的过程，对他们而言，玩是一项很认真的工作；5～7 岁的幼儿已经学会了大量的词汇，他们喜欢说话，对许多事情开始有自己的看法，开始进入有意识的想象阶段，即从一定目的出发去筹划自己的活动。

（三）幼儿身心发展的普遍性与差异性

在幼儿的发展中，有些变化会出现在每一个人身上，这些变化说明了幼儿发展过程中的普遍性。这种普遍性既有年龄特征，也有文化与时代意义的普遍性，即生活于不同文化背景与不同时代下的幼儿有区别于其他文化背景和时代下的幼儿的特点。例如，21世纪的中国幼儿与19世纪的中国幼儿在身心发展上有不同的特点。

除了普遍性的特点外，幼儿的发展也呈现出个别差异性。不同的幼儿其行为风格各不相同：有的高度紧张，有的轻松自在；有的反应机敏，有的反应迟钝。在性格上有活泼和文静、勇敢和退缩等不同表现。在能力表现上也存在差异，有的语言能力强，有的理解能力强，有的艺术活动能力强，有的动手操作能力强等。此外，差异性还表现为能力结构各因素组合特色上的差异，如同样两个音乐能力强的幼儿，一个可能节奏感弱些，曲调感和音准能力强；另一个可能曲调感弱些，节奏感、音准能力稍强。这些个别差异性为个别教育提供了依据。

二、3～6岁幼儿的身心发展特点 >>>>>>>>>>>>>

3～6岁是幼儿发育的黄金时期，因为这个年龄段是幼儿一生中词汇量增长最快的时期，是语言飞速发展的时期，是幼儿一生中智力发展最迅速的时期，是幼儿个性形成的关键时期。

（一）脑的发育

脑生理专家研究表明，婴儿出生时脑的发育还未完善，脑的沟回不明显，大脑皮质神经细胞较小。在婴幼儿脑发育期，脑容量增长特别快，脑细胞分裂也很快。其表现为脑细胞变大，脑沟回明显，脑细胞轴突变壮，树突增多，脑髓的重量也就增加了。这时要想让婴幼儿的脑神经发育完善，需要两方面的营养：一是食品的营养，二是精神营养（即教育）。这个时期除保证充足营养以外，还需要成人有意识地给婴幼儿的大脑以丰富的外界刺激（教育），从而促进婴幼儿大脑的健康发展。因为刺激得越多，婴幼儿的脑神经元树突越发达，神经元组成的"网络"越稠密，幼儿越聪明。人在生长过程中，首先发育大脑，然后发育四肢。幼儿个头长高到成人，需要10多年的时间，而幼儿的大脑，在5岁之前脑质量已基本接近成人的脑质量。

5～6岁时，幼儿的脑结构已经比较成熟，这就意味着可以开始系统地学习知识了。这一阶段，大脑皮质的兴奋和抑制过程都有所增强，但抑制机能还比较差。大脑兴奋机能的增强表现在觉醒的时间延长，睡眠的时间相对减少，条件反射建立的速度加快。抑制机能的增强表现在已经能较好地用言语控制自己的行动，对事物的分辨也更加准确。

（二）动作的发展

由于大肌肉的发展，幼儿会不知疲倦地从事各种活动。例如，自如地走、跑、跳；单脚跳跃，甚至越过低矮的障碍物；跑上、跑下楼梯，熟练地攀登；抛掷各种物体；在音乐的伴奏下，节奏明快、动作整齐地跳舞；在跑动中越过各种障碍物；按照一定的规则参加体育竞赛；等等。4 岁幼儿在运动的速度、灵活性和稳定性方面已经有了提高。精细动作进入了快速发展的时期，动作协调性增加，多余动作减少，表现在快走、跳跃、攀爬、停步、翻跟头等方面比较自如。全身运动时，身体各部位都能较好地协调活动，而且可以做一些精细动作，如自己系鞋带、用筷子吃饭、用剪刀剪直线，自己穿衣服、系扣子等，自理能力大大提高。因此，教师要多创造机会让幼儿活动。5～6 岁，幼儿的小肌肉群开始发展，这时就能从事绘画、写字、塑造等比较精细的活动了。

（三）语言的发展

3～6 岁幼儿词汇量迅速增长，已经能掌握各类词，逐渐明确词义并有一定的概括性，基本上掌握了各种语法结构。

在言语表达方面，幼儿可以自由地与人交谈，3 岁左右开始出现自我中心言语。自我中心言语是伴随着动作和游戏而进行的自言自语，它既可以帮助幼儿出声地思考，又能暂时满足他们在现实中无法实现的一些愿望。3～6 岁的幼儿常出现 3 种言语失常现象：口齿不清、发音含糊和口吃。当幼儿说话出现重复或犹豫不决的情况时，成人在与他们交谈的过程中，要鼓励他们大胆地说话，对口吃现象不必太在意，训练幼儿轻松愉快地发表议论。成人平时多开展听故事、讲故事活动，培养幼儿的言语表达能力，丰富他们的词汇量，并有计划地让他们学习一些书面语言。

练一练

请你对照《3—6 岁儿童学习与发展指南》中语言领域的内容，概括 3～4 岁、4～5 岁、5～6 岁幼儿口头语言发展的特点。

（四）思维与想象

3～6 岁的幼儿已经学会在做出动作之前就能在头脑里进行思考，这种思考超越了时空的限制，有了一定的目的性和预见性。这一阶段幼儿的思维还离不开事物的形象，对事物的概括也总是具体的、形象的。6 岁时，幼儿可以进行简单的抽象逻辑思维，如口算 10 以内数字的加减，判断一个故事要说明的道理等。此外，这一阶段的幼儿还具有丰富的想象力，这集中表现在游戏以及泥工、绘画、讲故事等活动中，他们可以事先想好游戏活动的主题，计划游戏活动的内容，并预期游戏活动的结果；还能事先分配好角色，确定活动规则，在游戏中按照角色身份和游戏规则行事。这一阶段的幼儿喜欢夸大事物的某些特征，如流汗时要画出大颗的汗珠、大萝卜比人还大等。

这一阶段会出现 4 种不同发展水平的游戏，具体见表 1-1。

表 1-1 幼儿游戏水平和表现

游戏水平	游戏表现
练习游戏	手舞足蹈，反复撕纸，逗引时的嬉笑，扔掉拾起的东西，敲打手中的玩具，拿筷子、用汤匙自己吃饭，模仿演员的表演动作等
象征性游戏	抱着枕头当娃娃，过家家等
创造性游戏	搭积木、主题游戏或角色游戏等
规则游戏	飞行棋游戏、老狼老狼几点了等

（五）记忆

幼儿对图像的辨认和记忆能力很强，认图、识字都有较好的效果。幼儿可以完整地记住一个短小的故事或成人委托的一件小事，一旦记牢就能保持较长的时间。4～5 岁时，幼儿还不会利用语词作为记忆的中介。这一时期幼儿的记忆容易受成人的暗示，也很容易发生现实与臆想混淆的现象，如他们十分相信童话或传说中的人物和情节，自己也会编织一些向往的却又根本不存在的事情，成人不要误以为他们在撒谎。

（六）辨别力

3～6 岁幼儿可以正确辨别红、橙、黄等七种颜色，并能分辨每种颜色的不同色度。能辨别上下、前后和以自己为中心的左右。能说明什么是白天，什么是晚上。不仅知道今天、明天和昨天，而且知道前天和后天，并能正确使用它们。初步学习看钟表，会看整点和半点。知道一年有四季，共有 12 个月，一个月有 28～31 天。看简单的图画，可以把握整体，照顾到部分与整体的关系，能看出所画各事物之间的联系。可以识别各种最基本的几何图形。

（七）情绪和情感

一般成人体验到的情绪，幼儿大部分已体验到了。幼儿的情绪是外显的、缺少控制的，常常极度高涨。有时会出现极度的恐惧，有时会莫名其妙地发脾气。他们害怕的事物随年龄的变化也在变化，对声音、陌生人或陌生事物、痛或身体失去平衡等的害怕逐渐减弱，而对想象中的事物，如黑暗、动物、鬼怪等的害怕加剧，对讥笑、斥责、伤害等的焦虑也在增加。

在集体生活中，道德感得到进一步发展，能把别人或自己的行为与行为准则相比较，从而产生积极或消极的道德体验。通常到了中班，幼儿开始喜欢告状，这就是道德感发展的一种表现。产生理智感的突出表现是好奇和好问，幼儿的提问相当一部分只是为了引起大人对他们的注意，他们还特别喜欢收集"破烂"、拆装玩具，这是探究性的强烈表现。

（八）社会性和个性的发展

3～6岁的幼儿大都不甘寂寞，喜欢与同伴一起玩，玩伴的数量随着年龄的增长而增加。游戏转向联合性和合作性的游戏，玩伴关系由比较松散的撮合到比较协调的、有规则约束的结合。玩伴关系不稳定，经常在变化。游戏中争吵是常有的事，一般是为了争夺玩具或争演某个角色，也有的是为了使别的幼儿服从自己。不过争吵的时间不长，幼儿也不会因此耿耿于怀。在没有玩伴的情况下，有的幼儿会假想一个同伴跟自己玩，这种情况在3～6岁幼儿中占一定比例。这种情况一般到入学时会自行消失。

在与成人和同伴的交往中，幼儿的自我意识有所发展，已经对自我形成某种看法。这一时期是幼儿个性形成的关键时期，6岁时，幼儿已养成自己的一套行为习惯，个性心理特征已初步形成，其个体的优势开始显现。幼儿的自我意识基本上是家长、同伴、教师平常对他们的评价的翻版。一直受到周围人肯定的、积极评价的幼儿往往对自己产生一种满意感、自信感，而经常受到周围人否定的、消极评价的幼儿会对自己产生一种自卑感、孤独感。幼儿的行为习惯往往是成人强化的结果，他们一般认为被成人接纳的行为都是好的行为，反之则是不好的行为。

第二节
幼儿园教育的特点和基本原则

一、幼儿园教育的特点 >>>>>>>>>>>>>>>>>>

幼儿园教育是我国基础教育的重要组成部分之一，是我国学校教育和终身教育的基础。与学校教育和其他教育相比，其教育工作有以下特点。

（一）生活化

幼儿的年龄特点和身心发展的需要，决定了幼儿园教育目标和内容的广泛性，也决定了保教合一的教育教学原则。对于幼儿来讲，除了认识周围世界、启迪心智的学习内容以外，一些基本的生活常识和做人所需要的基本态度和能力，如卫生习惯、生活自理能力、交往能力等都需要学习。但是，这样广泛的学习内容不可能仅仅依靠教师设计、组织的教育教学活动来完成，也不可能通过口耳相传的方式来实现，幼儿需要在生活中体验，在交往中学习交往能力。即使是认知方面的学习，也要紧密结合幼儿的生活经验，才能被幼儿理解和接受。因此，幼儿园教育具有浓厚的生活化的特征——课程的内容来自幼儿的生活，课程的实施贯串于幼儿的每日生活。

（二）直接经验性

幼儿主要通过各种感官来认识世界。只有在获得丰富感性经验的基础上，幼儿才能理解事物，才能对事物形成相对比较抽象、概括的认识。幼儿的这种具有行动性和形象性的认知方式和认知特点，使得幼儿园教育必须以幼儿主动参与的教育性活动为其基本的存在形式和构成成分。对幼儿来讲，只有在活动中的学习才是有意义的学习，只有在直接经验基础上的学习才是理解性的学习。

（三）游戏化

游戏符合幼儿的年龄特征，能够满足幼儿的各种身心需要，也是幼儿园教育的基本原则之一。从本质上来看，游戏是幼儿自身的一种自发的主体性活动，对幼儿的发展有着多方面的价值。游戏是幼儿的基本活动形式，也是幼儿基本的学习方式，在幼儿园教育中处于非常重要的位置。苏联教育家马卡连柯说过：儿童爱好游戏，应满足这个爱好，不但使儿童有游戏的时间，而且要让游戏渗透在儿童的整个生活里。游戏不仅使幼儿情绪愉快，而且是他们的一种严肃的活动，正如苏联教育家克鲁普斯卡娅指出的：游戏对于学前儿童有十分重大的意义，游戏对于他们是学习，游戏对于他们是劳动，游戏对于他们是重要的教育形式。

（四）潜在性

从本质上讲，幼儿园教育是有目的、有计划的教育过程，有明确的课程目标和基本的学习领域，但是由于幼儿身心发展和学习的特点，幼儿园教育不是体现在课表、教材、课堂中，而是体现在生活、游戏和其他幼儿喜闻乐见的活动形式中。虽然怎样创设环境、怎样支持幼儿的探索学习，都是教师根据幼儿园课程的目的、内容要求精心设计的，但这些目的、内容要求仅仅存在于教师的意识和行动中，幼儿并不能清楚地认识到。幼儿感受到的更多的是环境、活动、材料和教师的行为，而不是教

做一做

请你运用稻草、纸盒、树叶、木块等乡村随处可见的材料制作一种玩教具或互动墙饰，投放在班级的活动室中。

育者的教育目的和期望。也就是说，幼儿园课程蕴含在环境、材料、活动和教师的行为中，潜移默化地对幼儿产生影响。

二、幼儿园教育的基本原则 >>>>>>>>>>>>>>>>>

幼儿园教育的基本原则是教师对幼儿进行教育时必须遵循的基本要求。这些要求是根据幼儿园教育目标、任务和幼儿身心发展的特点，并在总结了长期的幼儿教育实践经验的基础上提出来的。

（一）幼儿园教育要体现对幼儿的尊重

幼儿是正在发展中的个体，虽然他们年龄小，但他们和教师之间的关系是平等的人与人的关系。陈鹤琴说过：小孩子有小孩子的意志，小孩子有小孩子的人格。成人应当尊重小孩子的意志，尊重小孩子的人格，任意把小孩子当作出气筒，这我们应当力予反对。教师要将幼儿作为具有独立人格的人来对待，尊重他们的思想感情、兴趣、爱好、需要和愿望等。教师如果在言行中处处体现出对幼儿的尊重，注意倾听他们的想法，尊重他们的意愿，就会使幼儿意识到他们在这个世界上是有价值、有能力、不可缺少的，从而培养起他们的自信心，使他们获得良好的自我概念，为日后的继续学习和发展奠定基础。

幼儿是不同于成人的正在发展中的社会成员，他们享有不同于成人的许多特殊的权利。1989 年 11 月 20 日，联合国大会一致通过了一项保护儿童的具有法律约束力的国际性约定《儿童权利公约》。《儿童权利公约》明确规定：儿童生下来就是一个权利的主体，他们拥有生存权、发展权、参与权、受教育权、受保护权等，这反映了人类对儿童在社会中的地位和权利的认可和尊重。但是，幼儿毕竟是稚嫩、弱小的个体，必须通过成人的教育和保护才能有效行使自己的权利。保障未成年人的合法权益不受侵犯是全社会的责任。因此，教师不仅是幼儿的"教育者"，而且是幼儿权利的"维护者"。

（二）幼儿园教育要适应并引导幼儿的身心发展

格塞尔的成熟理论及维果茨基的最近发展区理论的研究表明，教育一方面要适应幼儿的发展，另一方面也要引导幼儿的发展。幼儿处于不同的发展阶段，有着不同的身心发展水平，这些不同的发展水平标示着他们不同的学习准备状况，如果教育过于超前于幼儿的准备状态，就会产生揠苗助长的现象，导致对幼儿的身心伤害，影响其他后续潜能的开发。例如，过早让幼儿进行大量知识的学习就会导致幼儿透支生命力去进行过度思考，这既会影响幼儿的健康，也会让幼儿在中小学阶段更易产生厌学心理，因此教育一定要建立在适宜发展的基础之上。但是如果教育的内容与方法过于滞后于幼儿的身心发展水平，又会造成教育的浪费，使幼儿产生"吃不饱"、发展需要得不到满足的现象，因此正确的做法是在适应的基础上促进幼儿的发展。幼儿园教育要克服"小学化"倾向，为每个幼儿提供适合其年龄特点的、适合其个别差异性的课程及教育教学实践，需要体现年龄适宜性、个体适宜性和环境适宜性。

1. 年龄适宜性

大量的人类发展研究表明，幼儿在出生后的头 9 年中，存在着共同的、可以预测的生长顺序和发展规律。这些可以预测的发展性变化存在于幼儿发展的各个方面：生理的、情绪情感的、社会性的及认知的，等等。幼儿在各个方面发展的大量研究成果为教师提供了极具教育意义的参考资料，使他们能够据此为不同年龄阶段的幼儿准备具备"年龄适宜性"的学习环境和活动。

就拿读书、写字来说，有些教师认为，幼儿只有会写很多字、会进行百以内的加减运算才是聪明的幼儿。但实际上，学前阶段的幼儿需要的是做好书写前的准备，教师可以利用各种形式，运用多种材料，如让小班幼儿练习穿珠，中班幼儿学习使用筷子，大班幼儿练习使用剪刀等，使幼儿不论从生理方面还是心理方面都做好书写前的准备工作，这样幼儿在上小学后就会很快学会写字了。如果不遵循幼儿发展的年龄适宜性，一味采用揠苗助长的做法，往往会适得其反。日本的一项研究表明，在学前阶段接受"以授课为中心"课程的幼儿在小学低年级阶段，其智能测试的结果确实明显地优于学前阶段接受"以游戏为中心"课程的幼儿。但是，继续追踪调查到 10～15 岁时，这种优势就完全消失了。不仅如此，调查 15 岁时这些儿童的社会性发展情况，发现"以授课为中心"课程的幼儿出现暴力、扒窃、毒品使用等反社会行为的次数是"以游戏为中心"课程的幼儿的 2 倍以上，其他诸如参加体育活动的频度、对家庭关系的满意度、学习热情等方面，"以授课为中心"课程的幼儿相对也是比较差的。[①]

2. 个体适宜性

每个幼儿都是独一无二的个体，有其独特的个体发展模式和发展进程，如个性品格、学习方式及家庭背景等均会不同。幼儿园课程在教育教学过程中的师生互动等方面均应考虑幼儿的个体差异性，并为其提供具备"个体适宜性"的学习环境和

学习笔记

———————————

① ［日］大宫勇雄：《提高幼儿教育质量》，李季湄译，114 页，上海，华东师范大学出版社，2014。

活动。例如，有的幼儿长期营养过剩导致身体过于肥胖，在活动中往往显现出笨拙或是力不从心的现象，教师在组织户外游戏时，就要为这类幼儿安排一些特殊的、与其能力相适应的活动，使他们不仅能参与到活动中，而且保护他们的自尊心。

事实上，幼儿的学习就是其作为一个主体与外界环境（客体）进行相互作用的过程。在这一过程中，幼儿的个体经验和认识因与外界物体、观点和人物的相互作用而发生变化，这便是学习的结果。教师和成人则必须提供适宜幼儿正在发展的能力，并能引起其兴趣、促进其发展的环境和活动。而有些教师却认为，只有自己教授的知识幼儿全都记住了，幼儿才是真正地学习了、进步了。这种观念是错误的。

一个高质量的幼儿园教育方案应该能考虑到幼儿的需要，并为其提供一个安全的，能促进其生理、社会性、情绪和认知等方面和谐发展的环境。虽然影响幼儿园教育方案质量的因素很多，但其中一个决定性因素就是我们在教育教学实践中在多大程度上应用了现有的幼儿发展方面的知识，也即这个方案在多大程度上是"发展适宜性的"。

3. 环境适宜性

不同的幼儿成长于不同的环境之下，影响其成长的因素各不一样，其所需要的教育帮助也是不一样的，教育要从幼儿的具体处境与具体需要出发，施以相应的教育，才能促进幼儿最佳的发展。这要求幼儿园教育既要了解幼儿的具体成长情境，也要考虑幼儿成长的时代环境。前者提供了幼儿发展的现实基础，后者提供了幼儿发展的可能基础。例如，两个同样生长于21世纪，但分别处于发达城市的幼儿与落后农村的幼儿，他们在成长条件与资源上都有很大的差异，要促进幼儿的最佳发展既要考虑理想的目标，也要考虑现实的条件。理想的目标是幼儿的健康与和谐的发展，对于21世纪的幼儿来说，随着全球环境的恶化，不管他们生长于城市还是农村，可能都面临一些健康发展的威胁，但具体的威胁要素可能并不相同，如城市幼儿面临的可能是空气的污染，农村幼儿面临的可能是水源的破坏。因此，幼儿园教师在借鉴他人成功经验的时候需要考虑到环境的适宜性，不能一味地生搬硬套。

（三）幼儿园教育要体现保教结合

当代神经生物学的研究表明，幼儿的智力成就和自我发展与感官功能的健康发展有关。教育家鲁道夫·史代纳早在20世纪初就指出：幼儿是一个完完全全的感官体，他的感官既敏锐，又易受伤害，因此保护幼儿感官具有重要意义。从某种程度上说，学前教育的真义就是对感官的照料与呵护。史代纳通过研究指出：人有触觉、生命感、运动感、平衡感、嗅觉、味觉、视觉、温暖感、听觉、语言感、思考感、自我感这 12 种感官，学前儿童需要特别注意滋养的感官是触觉、生命感、运动感和平衡感，因为这 4 种感官是学前儿童其他感官健康发展的基础。可见，幼儿园教育是以保育为前提的，在保育的过程中渗透教育。保教结合原则是保养幼儿使之正常发育、健康成长，又在知识、智力、品德上对其给予训练和教育的原则。

保育工作者要有健康的身体，更要拥有良好的心理素质。他们要对保教工作充满热情，关心幼儿、热爱工作，要充分了解幼儿生理、心理发展特点，掌握学前教育的基本知识和保教技能；在日常工作中，要时刻注意贯彻"保中有教，教中有保，保教一体化"的原则，在对幼儿实施保育的过程中穿插教育活动和要求；在日常生活中，贯彻相关的教育原则和要求。教师也应在各类教育活动中注意配合保育工作者开展相应的保育活动。只有做到了这几点，才能完成"保教合一"的任务。

（四）幼儿园教育要重视幼儿的整体综合发展

学前期是人生的第一个阶段，这一阶段的发展是人一生发展的基础。因而，教育是否能够帮助幼儿很好地完成这一阶段的发展任务，直接影响着幼儿未来成长的好坏。

在学前期，幼儿最基础的发展任务就是通过学习与行动体验自己与环境之间的关系，形成一种统合感觉意识，为找到自己的人生位置、创作自己的生命意义打好基础。这种统合感觉意识与身体平衡活动的能力、器官的敏锐感觉能力、明晰的语言能力、想象力和创造力、有效社会互动的能力、动机和专注能力、初步的价值判断能力等几方面的能力培养直接相关。这几方面的能力培养，也应该成为幼儿园教育的重点。仅仅关注幼儿表面知识技能的学习是远远不够的，不足以为幼儿的一生打下良好的基础。

幼儿的发展是整体性的，他的心灵状态与身体活动性是紧密相关的。早期儿童语言能力的发展与其身体运动能力有密切关系，直觉感官的发展会影响到幼儿理解事物和处理事务的能力。由此可见，幼儿的发展是整体的，因而，学前教育要重视幼儿各方面活动的平衡，使其获得和谐、完整的发展。

在进行幼儿园课程设计和教育活动时，必须以幼儿身心的均衡发展为最高目的，围绕着某一主题或方面，以幼儿的直接经验和实际生活为基础，配合其能力、兴趣和需要，尽量在课程和活动中促进幼儿多层次、多角度、多学科的发展。在具体

📝 学习笔记

实施过程中尽可能体现教育目的的综合、教育内容的综合和教育手段的综合。

教育目的的综合是指在为幼儿确定教育目的时，必须从幼儿全面发展的角度来看，其中包括了重视健全人格的发展，以及生理、心理、社会能力、语言、情感、道德、艺术等方面的全面发展。

教育内容的综合是指无论是采用哪种主题教育，都应该在教育内容方面考虑一定程度的综合性。例如，幼儿社会科学教学，必须注意到智力学习与综合教育相配合、过去经验与现在情境相配合、活动内容与学习过程相配合、行为发展和学习能力相配合等，而不再是以前的认识一只老虎，或是认识一棵树的单一教学。有这样一个例子：一天，一个幼儿发现了一条蚯蚓，许多幼儿也去围观。教师当场就组织幼儿进行了讨论。其讨论的内容包括了蚯蚓的外部形态与其他方面的特点。在讨论中，教师与幼儿都发现自己对蚯蚓的认识并不多，因此他们商量好当天回家后都去找有关蚯蚓的材料。在讨论后，教师把蚯蚓放进了一个有土的小盒子里。第二天，教师与幼儿都拿来了许多有关蚯蚓的材料进行分享。有些幼儿还为蚯蚓拿来了食品，于是教师同幼儿一起进行了"蚯蚓吃什么"的实验，幼儿们在观察中发现，蚯蚓只吃泥土而不吃别的物品。教师同幼儿一起讨论蚯蚓吃泥土的好处后，认为应该把蚯蚓放回花园，并在课后进行了花园写生，教师还找来一支有关蚯蚓的歌曲教给了幼儿。这就是教育内容的综合。

《3—6岁儿童学习与发展指南》

《幼儿园工作规程》

教育手段的综合是指教师不论在何时何地都要运用综合性的教育手段。我们要抛弃那种在语言课上只能讲故事，在音乐课上只能唱歌，在体育课上只能做运动的单一做法。我们要让幼儿在生活中充满欢笑，让幼儿在自由自在的环境中学习，让幼儿在自己所喜欢的方式中学习。如果教师的教育手段过于单一，不仅幼儿学习的内容过于狭窄，而且其对于教育教学内容也会失去应有的兴趣。例如，教师请一位小朋友讲故事。这位小朋友不仅讲了故事，而且还在讲了故事以后向在座的人提出了问题，这些问题就是："说说故事的名字是什么，故事里面都有谁，故事讲了一件什么事，这个故事告诉了我们什么？"幼儿一板一眼地回答提问，再现了教师在教育手段与教育方式方面对幼儿的影响，表现了一定程度上的单一与死板。

（五）幼儿园教育应以游戏为基本活动

活动主导论认为，幼儿的发展是通过活动实现的，在不同的发展阶段有不同的主导活动，如幼儿期的主导活动就是游戏，以游戏为主导促进幼儿身心的全面发展。皮亚杰认为，幼儿是在活动中建构他们的认知结构，从而发展他们的智力和社会行为，而活动就是幼儿这一主体与外界事物之间的相互作用。通过游戏与活动，幼儿表现出他的发展状况以及他与生活环境的关系，也通过游戏与活动来培养自身的意志、情感与思考能力，发展与世界的关系。对于教育者来说，通过观察幼儿的游戏与活动能够更好地把握幼儿的发展状态与倾向。这为教师更有效地帮助幼儿提供了可能。当然，在教育中教师也扮演着活动互动者的角色，教师与幼儿的互动能够为幼儿提供行动的榜样，使幼儿获得不同于同伴互动的经验，从而提升幼儿的活动水平。

同时，幼儿在努力学习坐、爬、站、走、游戏的过程中，也展现了自己的意志与动力。在教育中如果我们能够给予幼儿足够的活动空间和时间，就是为培育一个精力充沛的人、一个有能力且愿意承担责任的人奠定良好的基石。由此，在教育中，教师要善于为幼儿创设各种有利于其发展的游戏与活动情境，要鼓励幼儿活动的积极性、主动性和创造性，使幼儿在充分的游戏与活动中获得良好的发展。

 小任务

1. 认真学习领会《3—6岁儿童学习与发展指南》，把握3～6岁幼儿学习与发展的特点。

2. 学会如何在活动组织中体现出以游戏为基本特征。

 自我检测

一、单项单选题

1. 下列（　　）不属于《3—6岁儿童学习与发展指南》倡导的幼儿学习方式。

　　A. 强化学习　　　　B. 直接感知　　　　C. 实际操作　　　　D. 亲身体验

2. 幼儿看见同伴欺负别人会生气，看见同伴帮助别人会赞同，这种体验是（　　）。

　　A. 理智感　　　　　B. 道德感　　　　　C. 美感　　　　　　D. 自主感

3. 儿童最早玩的游戏类型是（　　）。

　　A. 练习游戏　　　　B. 规则游戏　　　　C. 象征性游戏　　　D. 建构游戏

4. 一个幼儿画小朋友放风筝，将小朋友的手画得很长，几乎比身体长了3倍，这说明幼儿绘画特点具有（　　）。

　　A. 形象性　　　　　B. 抽象性　　　　　C. 象征性　　　　　D. 夸张性

5. 教师要依据幼儿的个体差异进行教育，下列现象不属于幼儿个体差异表现的是（　　）。

A. 某幼儿往常吃饭很慢，今天为了得到老师的表扬，吃得很快

B. 有的幼儿吃饭快，有的幼儿吃饭慢

C. 某幼儿动手能力很强，但语言能力弱于同龄幼儿

D. 通常男孩比女孩表现出更多的身体攻击性行为

二、论述题

论述教师尊重幼儿个体差异的意义与举措。

【2016年上半年幼儿园教师资格考试真题】

参考答案

第二章
幼儿园一日生活的安排

>> 思维导图

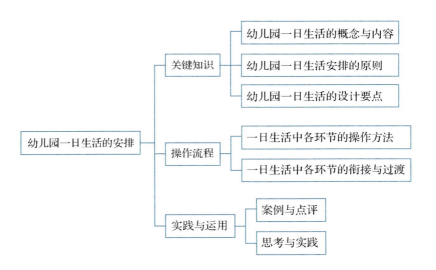

第一节
关键知识

一、幼儿园一日生活的概念与内容 >>>>>>>>>>>>

1990 年 9 月，联合国世界儿童问题首脑会议通过了《儿童生存、保护和发展世界宣言》，其中提出："儿童时代应该是欢乐、和平、游戏、学习和生长的时代，他们的未来应该在和谐和合作之中形成。"如何为幼儿安排好对其有价值的一日生活及每个生活日，是课程实施的基础，也是课程实施的重要过程。一日生活给幼儿最重要的价值，就是让幼儿坚信幼儿园是一个充满乐趣的地方，而且是他们明天还想再去的地方。

（一）什么是幼儿园一日生活

不同的人，对幼儿园一日生活有着不同的理解和看法。教师说：一日生活是教师组织幼儿在园一天的全部活动。幼儿说：一日生活就是在幼儿园玩。专家说：一日生活是幼儿生命充实与展现的过程。杜威说：一日生活是幼儿在幼儿园一天的全部经历，是幼儿生命充实与展现的历程，是个体在参与、体验与创造中，利用环境自我更新的历程。

我们认为，幼儿园的一日生活，对全日制的幼儿园来说，就是指幼儿从早上进园到下午离园，在一日内所要经历的活动内容，包括日常生活活动和其他活动。

教师可以从不同的视角看待幼儿园一日生活，但是最重要的是让幼儿在集体生活中感到温暖，心情愉快，形成安全感、信赖感，使他们在快乐的童年生活中获得有益于身心发展的经验。

想一想

你想给予幼儿怎样的一日生活？

（二）幼儿园一日生活的内容

幼儿园一日生活的内容主要包括：接待幼儿入园、早操、教育活动（有组织的集体活动或小组活动）、游戏、户外活动、盥洗、进餐、睡眠、劳动、散步、离园等。幼儿园要进行有序、合理的安排，使幼儿生活有规律、有节奏、有劳有逸，并使整个幼儿园生活、学习保持正常、稳定的节奏。教师应该充分认识和利用一日生活的各个环节的教育价值，通过科学安排、合理组织，使其成为一个有机的整体，在自然的生活中使幼儿身心健康发展。

二、幼儿园一日生活安排的原则 >>>>>>>>>>>>>

（一）动静交替的原则

幼儿园在安排幼儿一日生活时，要遵循幼儿身心发展规律和年龄特点进行。幼儿活动的时间要根据年龄的不同，在时间长短方面体现年龄的差异。安静的活动要与可以充分动起来的活动交替安排，一静一动、一动一静，使幼儿在活动中更容易集中注意力，释放自己的天性。例如，上午的集体活动结束后，教师安排幼儿进行户外体育活动，让幼儿在阳光下充分运动，回到活动室再安排区域的游戏活动，特别是对于特别活泼好动的幼儿，当集体活动静坐的时间已超过其耐心的极限时，就须给幼儿安排可以动一动的活动。

此外，动静交替的原则也表现在某一个具体的教育活动中。例如，在一些耗时较长、动手操作较强的教育活动中，教师可以根据教学目标设计能让幼儿动一动的游戏环节，这样既能顺利完成教学内容，又能使幼儿及时展现自己的学习成果并感受学习的快乐。同时，还有利于照顾个别差异，让速度慢的幼儿有更多的时间完成自己的操作，既能消除幼儿间的明显差异，又能使每个幼儿都体验到成功的快乐。对于乡村幼儿园教师而言，整体师幼比例较高，班级幼儿人数较多，教师在教育活动中很难做到有针对性的个别指导。虽然存在现实困难，但教师要有克服困难的勇气和决心，在每次教育活动中坚持指导几个特别需要帮助的幼儿，一个月下来，争取做到与班级的每个幼儿都有单独的师幼互动。

（二）相对固定的原则

幼儿园一日生活的安排要遵循相对固定的原则，这样才能保证幼儿在园的生活具有一定的稳定性，有利于幼儿形成秩序感。一天当中，幼儿需要知道一个环节完成接下来应该做什么事，对幼儿来说这意味着事件发生的顺序是可预测的。"可预测"使幼儿能在心理上为下一件事情做好准备，这样更有利于幼儿适应幼儿园的生活，给幼儿充分的安全感。因此，在幼儿园一日生活大的环节的安排上应保持相对的稳定。例如，生活活动、户外运动、游戏活动、学习活动等在每天相对固定的时间段进行，不要今天9：00开展户外体育活动，明天则10：00再开展户外体育活动。

（三）科学合理的原则

幼儿园一日生活的安排不只是幼儿园和教师对日常保教工作的内容进行时间上的简单安排，而且是根据幼儿的发展需求对教育内容以及教育方法的全面安排。一个科学合理的一日生活作息安排及其实施，能够保障幼儿的教育权益，能够保证幼儿受到系统的、全面的教育。

一日生活作息安排的科学性、合理性以及管理的有效性，取决于科学合理安排各类活动。除此之外，幼儿园和教师还应该根据不同的季节和幼儿的不同年龄，制定出不同的一日生活作息安排，以保证幼儿一日生活的科学性。在园所场地受到限制的情况下，还可以将不同年龄班一日生活作息的某些活动在不同的时间段交叉使用，以保证幼儿一日生活的有效落实。例如，有的幼儿园户外场地较小，无法满足小、中、大班幼儿同时进行户外活动，幼儿园可以根据各年龄班的个数，将户外活

📝 学习笔记

动分两批开展，一部分班级开展户外活动的时候，另一部分的班级则安排室内活动，然后交换进行，这样就能科学合理地充分利用场地，保证幼儿一日生活的有效落实。

（四）保教结合的原则

保教结合是幼儿园教育工作中最基本、最突出的特点。长期以来，我们对保育的理解往往是狭隘的、消极的。近年来，在贯彻《幼儿园工作规程》《幼儿园教育指导纲要（试行）》《3—6岁儿童学习与发展指南》的过程中，我们对保教结合的内涵和意义有了更深的理解，保育的过程总是离不开教育，保育工作具有很强的教育属性，在保育的实施过程中可以增加幼儿的生活能力，增强幼儿的自我保护意识与安全意识。乡村幼儿园教师在重视幼儿园教学活动的同时，还应重视幼儿的生理发育、卫生保健及幼儿的心理卫生等，对一些留守幼儿要给予特别的关爱和照顾，通过保教结合的手段和活动弥补家庭教育的不足，让留守幼儿感受到温暖、被关爱，规范他们日常的行为。例如，幼儿教育常常是从保育开始的，因为幼儿年龄小，许多生活习惯尚未养成，教师总是先教幼儿最基本的生活常识，如怎样养成良好的用餐习惯，尽量保持桌面、地面及衣服的干净，饭后主动漱口；学会正确的洗手方法，逐步养成饭前、便后及手脏时洗手的卫生习惯；学会正确的擦屁股方法，便后及时冲水，整理衣裤等，这既是保育，也是教育。通过学习基本的生活常识，幼儿不但学会了生活技能，而且掌握了相应的健康知识。

> **做一做**
>
> 根据幼儿园一日生活安排的原则，看看你所在班级的一日生活安排是否合理。

三、幼儿园一日生活的设计要点 >>>>>>>>>>>>>

对于入园的幼儿来说，他们一天的主要时间是在幼儿园度过的，如何为幼儿安排好有价值的一日生活，让他们在园感到安全、快乐，得到学习和成长，乡村幼儿园教师应该注意以下一些要点。

（一）建立良好的人际关系，使幼儿感到温馨、安全

在幼儿园里、班级里，要重视心理环境和氛围的创设，努力形成一种使人感到温馨、亲切、合作与具有同理心的氛围，每位教师应该真诚地关怀幼儿及他人，让幼儿对所在的集体有一份归属感和安全感。教师要合理而灵活地采用班级、小组、个别的活动形式，为每个幼儿提供与不同的成人、不同的幼儿进行不同形式交往的机会。例如，对于刚入园的幼儿，离开朝夕相处的父母，进入一个陌生的生活环境，他们难免会感到焦虑、担心、恐慌。教师应当理解幼儿的这种表现，对幼儿多一

点爱心，多一点耐心，时时以亲切的态度对待幼儿，和蔼可亲地与幼儿说话。此时，教师如果能坐在幼儿的身边，给他们擦擦眼泪，将他们抱在怀里，和他们一起玩，给他们讲一些有趣的事情，慢慢地幼儿对教师的戒备心理消除了，他们就会自然地融入新的集体生活中。

（二）幼儿自选活动与教师组织指导活动之间的平衡与比例

在一日生活的安排中，教师要保证幼儿每天有适当的自主选择和自由活动时间，这有助于促进幼儿独立性的形成，帮助幼儿形成计划自己的时间与活动的习惯。在自选活动的过程中，幼儿可以自由而真实地与其他幼儿互动，在交往的过程中逐步学会控制自己的行为，以适应团体的需要。教师直接指导的活动，有利于幼儿获得系统的经验，对事物的认识更为深入，形成较完整的学习能力。因此，在安排一日生活时，要注意幼儿自选活动与教师组织指导活动之间的平衡与比例。例如，有的幼儿园和教师盲目追求幼儿的自主性，一日生活中的户外活动、游戏活动、区域活动都是幼儿的自由活动，教师介入较少或者根本没有介入，让幼儿处于"放养"的状态，这样就失去了支持幼儿发展的教育时机。

（三）一日生活的安排应具有稳定性和灵活性

幼儿园一日生活应当有一个既有顺序又适度灵活的作息时间表，教师根据教学内容的需要和幼儿活动过程的实际反映，可以做出适当的调整，灵活安排。例如，当天大部分幼儿还对所参与的活动表现出极大的兴趣和积极性时，教师不妨将活动的时间稍作延长。反之，幼儿对某个活动表现出注意力不集中、疲倦时，若经教师的引导还是如此，教师可以将该活动的时间稍作缩短。

（四）活动要适合幼儿发展，使幼儿感到学习愉快

一日生活中为幼儿安排的各种类型的活动，要适合幼儿的年龄和能力，既适合幼儿的现有水平，又有一定的挑战性，幼儿就会被它吸引，想要去参与。教师要贴近幼儿的生活来选择幼儿感兴趣的事物和问题，这样有助于丰富和拓展幼儿的经验和视野。一日生活中各领域的内容要有机联系，相互渗透，注重综合性、趣味性、活动性，寓教育于生活、游戏之中。例如，教师给幼儿讲故事，如果给他们讲成人的故事，他们就会因听不懂而不感兴趣。乡村幼儿在大自然中的活动机会比城市幼儿多，能够接触较多花鸟虫鱼等，给他们多讲昆虫的故事、小狗的故事等，幼儿在生活中有所接触和了解，他们就非常感兴趣，

🖊 学习笔记

就会爱听，并能从故事中学到知识，懂得一些浅显的道理。教师可以提出一些问题与幼儿交流、讨论，引导幼儿更深入地探究大自然中的各种生物，帮助幼儿从小建立环保的意识。小班幼儿的思维比较简单，喜欢听重复的故事，有些故事教师一遍一遍地讲，幼儿也愿意一遍一遍地听，甚至还会提出让教师重复讲以前的故事。而大班幼儿的思维较小班幼儿的思维要复杂得多，他们不太爱听重复的故事，而喜欢听那些没有听过的、情节较为复杂的故事，如果教师一味地讲重复而简单的故事，他们会非常不耐烦。

（五）尽量减少不必要的集体行动和过渡环节

在乡村幼儿园里，班级各类生活配套设施相对不足、生活用房面积较小、班额较大，一日生活中，教师要注意尽量减少不必要的集体行动，如集体喝水、集体如厕、集体洗手等，减少和消除消极等待，避免浪费幼儿的时间。教师应尽量将流程板块化，尽可能减少环节的转换。每一个环节结束时要有明确的信号，让每个幼儿都意识到要转向下一个环节了，确定环节转换时幼儿的集合地点。此外，教师要建立良好的常规，避免不必要的管理行为，逐步引导幼儿学习自我管理。例如，有的教师在幼儿早餐后、进行集体教学活动前组织幼儿集体喝水、如厕，集体教学活动结束后又组织幼儿集体如厕、喝水。四十分钟左右，教师组织幼儿集体喝水两次、如厕两次。教师应将这两次的集体如厕、喝水的过渡环节统整到集体教学活动这一环节之中，使流程板块化，让幼儿自行按需如厕、喝水，在集体教学活动结束之后、开展户外活动之前组织一次集体如厕、喝水即可。

（六）游戏是幼儿学习不可或缺的形式和方法

《幼儿园工作规程》明确指出："以游戏为基本活动，寓教育于各项活动之中""幼儿园应当将游戏作为对幼儿进行全面发展教育的重要形式"。在幼儿园一日生活中，必须要有充分的时间让幼儿进行游戏，对幼儿来说，游戏不仅是玩耍，而且是学习和生活。虽然通过各类游戏，幼儿不仅可以发展动作技能、语言能力、解决问题能力以及想象力和创造力等，而且游戏是幼儿度过的最快乐的时光，有利于幼儿身心健康和全面发展；但是，教师也应该知道，并不是所有的自由游戏对幼儿的各方面发展都有利，教师要成为幼儿游戏的伙伴，根据幼儿的特点和实际经验及兴趣，创设游戏条件，并在游戏过程中给予适当的指导，以观察或直接参与的方式实际地帮助幼儿提高能力，充分发挥游戏的教育作用。

（七）教师养成每天评价一日生活的习惯

教育评价是幼儿园教育工作的重要组成部分之一，是了解教育的适宜性、有效性，调整和改进工作，促进每一个幼儿发展，提高教育质量的必要手段。评价的过程，是教师运用专业知识审视教育实践，发现、分析、研究、解决问题的过程，也是其自我成长的重要途径。乡村教师要有对专业的追求，自觉养成每天评价一日生活的习惯，每天执行完一日生活计划后，花半个小时左右的时间，回顾幼儿一天的活动情况，如能与本班教师共同交流和回顾幼儿一天的活动情况，将会取得更好的评价效果，更清楚地掌握幼儿每天的活动情况和教育成效，为幼儿设计更为有效的课程计划。

坚持每天评价幼儿的一日生活，是教师有效实施课程计划，促进幼儿发展的基本要求。教师每天的自我评价，可以从以下几个方面进行。第一，反思课程计划是否适宜，以评价计划落实的效果、幼儿的表现是否达到了预期的目标。第二，有什么不合适的地方吗？第三，明天还需要补充什么经验？第四，幼儿是否有新的兴趣或需要可以放在课程里？第五，根据今天的情况，明天的课程计划是否需要放在课程里？

> **练一练**
>
> 根据幼儿园一日生活的设计要点，进一步优化你所在班级的一日生活。

第二节
操作流程

幼儿需要安静的时间、活动的时间、休息的时间、进餐的时间等，设计一日生活应满足幼儿身体、社会、情感、认知和创造的需要。创设可预见、合理的流程，培养幼儿可预见的行为。

一、一日生活中各环节的操作方法 >>>>>>>>>>>

（一）晨间活动

1. 问候幼儿

入园及晨间活动是幼儿园一日生活的开始，幼儿此时的情绪会影响一天的生活，教师有责任开启幼儿愉悦的情绪，为幼儿美好的一天奠定基础。当幼儿走进教室时，教师要到门口热情接待幼儿，微微弯腰、面带微笑跟他们打招呼。一句"早上好"会及时、充分地传达教师的礼貌和态度，给幼儿潜移默化的良好影响。如果教师正在指导其他幼儿的晨间活动，不能走到门口迎接他们，至少需要向幼儿点头微笑，有眼神的对接。

有的教师往往会忽略这一细节。

2. 健康检查

问候幼儿还有另外一个目的，就是健康检查。教师在问候幼儿时可以从头到脚迅速扫视幼儿，注意观察幼儿的脸和眼睛，同时还可以摸摸幼儿的额头，看看幼儿是否有生病的迹象。有的幼儿是由年纪较大的祖辈照顾，而有的老人又比较容易忽视细节，教师更要注意做好健康检查的环节，切实关注幼儿的健康状况。

3. 自主签到

幼儿到园后，根据幼儿不同年龄特点和能力水平，提供不同方式的自主签到，帮助幼儿养成按时上学的好习惯。中、大班的幼儿可尝试用数字、图画或其他符号进行记录，通过每周、每月的汇总，知道简单的统计。具体方法如下。

小班。在家长的帮助下，幼儿选择相应的颜色卡片贴在自己的名字下（如绿色为按时到园，红色为迟到，黄色表示要多喝水）；也可选择照片牌签到的方式（图 2-1）。

（1）　　　　　　　　　　　　（2）

图 2-1　小班幼儿签到环境创设案例图

中班。引导幼儿与家长一起商定、设计记录表，可每周使用一张（图 2-2）。

图 2-2　中班幼儿签到记录表案例图

大班。改变以往教师点名的方式，幼儿对于时间概念不清晰，对准时、迟到、缺席等的认识来自教师的告知。教师把签到的主动权交给幼儿，从教师提供签到表到让幼儿尝试自主设计签到表，通过这样的方式，不仅使幼儿懂得准时、迟到、缺席的含义，并感受到自己是集体中的一分子，而且可以让幼儿学看钟表，能用数字、图画或其他符号进行记录等。这样的纸笔练习能为幼儿上小学做好衔接与准备。

教师创设供幼儿自主签到的环境及材料参考如图 2-3 所示。

（1）　　　　　　　　　　　　　　　（2）

图 2-3　大班幼儿自主签到环境创设案例图

4. 活动安排

相对而言，乡村幼儿家庭对幼儿的阅读不够重视，需要教师积极引导，晨间活动时间较短，教师可为幼儿选择适合的阅读材料，开展师幼共读活动，培养幼儿的阅读兴趣和习惯。班级两位教师做好分工，一位教师负责接待家长及幼儿，另一位教师负责开展共读活动。此外，晨间活动也可安排区域自选活动，开放的区域不宜过多，1～3 个即可，可进行一些简单易学且能具体操作的活动，如操控型玩具、瓶子与盖子的配对等。

（二）进餐活动

全日制幼儿园基本都会安排早餐、午餐、课间点心等，正餐间隔时间不得少于 3.5 小时。进餐活动是所有的幼儿一起围坐在餐桌旁享用美食，利用这个机会，教师可教给幼儿一些餐桌礼仪，培养幼儿良好的生活卫生习惯。

1. 进餐前

进餐前，教师要帮助幼儿养成认真洗手的好习惯。为了避免幼儿多，水龙头少，多个幼儿抢用水龙头的情况，教师可以通过制定规则保证幼儿洗手活动有序进行。例如，在准备进餐前，教师可以播放音乐供幼儿欣赏或与幼儿玩手指游戏，然后分批次请幼儿进入盥洗室洗手。

2. 进餐中

（1）共享式进餐

幼儿园通常会把桌子放在教室的中央或分散放到区域中，让幼儿围桌共同进餐，教师利用桌子和巧妙摆放的、适宜幼儿使用的餐具，为幼儿提供自主取餐的机会（图 2-4）。

（2）自助式进餐

幼儿园可尝试改变幼儿的进餐样式，创设班级自助餐厅，可一个月举行一次，以幼儿在班级自己动手制作食物的方式为主，如制作水果沙拉、制作汤圆、包饭团、包馄饨等（图 2-5、图 2-6）。班级自助餐厅的自助式进餐，可提高幼儿进餐的质量，突出幼儿园的生活文化对幼儿的熏陶，赋予幼儿生活活动时尚化，满足幼儿对饮食的趣味、选择、自助、共享的需要。

图 2-4　幼儿自己取餐

图 2-5　幼儿制作汤圆

图 2-6　幼儿包馄饨

进餐期间幼儿会自然地交谈，教师可允许幼儿用旁边小伙伴听得到的音量适当交流，但需要事先与幼儿约定好规则，如必须在规定的时间内把饭菜吃完，让幼儿的交流不影响进餐的速度，不影响其他的幼儿进餐。

3. 进餐后

进餐后，幼儿首先要做的是将自己的用餐区域清理干净，收拾好餐具，清理桌面，饭后主动漱口并将嘴擦干净，养成良好的用餐习惯。进餐后的常规活动安排因幼儿园而异，可以安排户外散步，可以自选玩具或者其他自主活动。不管安排什么活动，都应该让幼儿知道吃完饭收拾整理好餐具后他可以做什么。

（三）学习活动

在幼儿园里，教师应当为幼儿提供丰富多样的学习活动，有集体教学活动、区域自主活动、各种游戏活动等。学习活动可根据教育目标、幼儿的实际水平和兴趣，灵活地运用集体活动、小组活动和个别活动等形式，以循序渐进为原则，有计划地选择和组织。为每个幼儿提供充分参与的机会，满足幼儿多方面发展的需要，促进每个幼儿在不同水平上得到发展。在幼儿学习活动的过程中，教师应注重支持幼儿的主动探索、操作实践、合作交流和表达表现，不应片面追求活动的结果。教师应当将游戏作为对幼儿进行全面发展教育的重要形式，因地制宜创设游戏条件，提供丰富、适宜的游戏材料，保证充足的游戏时间，开展多种游戏。教师根据幼儿的年龄特点指导游戏，

🖊 学习笔记

鼓励和支持幼儿根据自身兴趣、需要和经验水平，自主选择游戏内容、游戏材料和伙伴，使幼儿在游戏过程中获得积极的情绪和情感体验，促进幼儿能力和个性的全面发展。

1. 集体教学活动

班级集体教学活动主要是指教师面向班级全体幼儿开展的教学活动，是教师按照教育目标与教育内容，有计划、有组织地引导幼儿获得有益的学习经验的一种途径。

（1）活动准备

教师从幼儿的兴趣和需求出发，制定适宜的教学活动方案。教学活动方案包括活动名称、活动目标、活动准备、活动过程、活动延伸等内容。教学目标是整个活动设计的方向盘，对整个活动过程具有指导性功能和评价功能；活动准备包括材料的投放和知识经验的准备，要从实际出发，不宜过多、过杂；活动过程是整个教学活动方案的主体部分，一般包括导入、教学过程主要步骤及结束部分，围绕活动目标，将活动内容由浅入深、由易到难地推进；活动延伸是教学活动方案的延展和继续，仅仅一次活动不能保证活动目标的有效实现，延伸的形式多种多样，可以是家园共育、环境创设、区域活动等。

（2）活动实施

教师在开展教学活动时应面向全体幼儿，尤其关注那些较为内向、胆怯或者调皮的幼儿，多给他们表现的机会，并通过多种方式支持和鼓励他们参与活动，使每一个幼儿在原有基础上都能得到更好的发展。活动实施是将教学活动方案付诸实践的过程，由于幼儿的表现是不可预测的，教学活动是一个充满变数的复杂的过程，会出现一些意想不到的情形，教师应关注教学过程中的突发事件，积极应对，妥善处理，以提高师幼互动的质量和教学活动的质量。

（3）活动反思

幼儿教师对教学活动进行有效的反思，能够提高自身的专业水平与教育素养，提高教育教学能力，进而促进教育质量的提高。教学活动结束后，教师对集体教学活动中材料的准备、活动内容的选择、实施过程、幼儿的反应与表现、目标的完成情况等进行反思和总结，对行为背后更深层次的原因进行探究，不断优化教学水平，提高教学活动的有效性。

2. 区域游戏活动

区域游戏是教师以幼儿感兴趣的活动材料和活动类型为依据，将活动室的空间相对划分为不同区域，让他们自主选择活动区域，在其中通过与材料、环境、同伴的充分互动进行学习

　　和发展。每个活动区要有适度的空间、足够可用的材料，并将材料分类，贴上适宜年龄段的标识，减少幼儿在取放材料时对教师的依赖，增强幼儿自主性。就目前现状，乡村幼儿园班额较大，有的幼儿园还是教寝合一，午睡时床铺放满整个活动室，且办园经费紧张，玩具资源有限，种种现实情况令乡村幼儿园教师创设活动区存在较大的困难。

　　区域游戏是幼儿园班级中最常见的游戏活动之一，乡村幼儿园教师应努力克服各种困难，因地制宜地在班级或走廊创设活动区，区域的个数及面积大小可根据园所和班级的实际情况而定，可选择创设角色区、美工区、图书区、建构区、益智区等。班额较大的班级可采取轮流或分批等的方式开展，教师应帮助幼儿建立良好的区域游戏活动常规，引导幼儿自觉遵守，从而更好地进行游戏。区域游戏所具有的教育价值需要通过幼儿操作游戏材料来实现，面对玩具资源相对匮乏这一困境的乡村幼儿园教师可多利用当地的自然资源为幼儿开发区域材料（图2-7至图2-12），引导幼儿在游戏时爱护操作材料，轻拿轻放，游戏结束后要将游戏材料物归原处，并收拾整理好。

图 2-7　利用纸盒等废旧材料创设娃娃家

图 2-8　利用竹子、稻草等自然资源制作区域活动架

图 2-9　利用木桩、石头创设美工区

图 2-10　利用树枝、竹子等自然资源创设美工区

图 2-11　利用砖块堆成作品展示区

图 2-12　利用麦秆进行粘贴活动

（四）户外活动

在正常情况下，幼儿户外活动时间每天不得少于 2 小时，每日户外体育活动不得少于 1 小时，高寒、高温地区可酌情增减，全日制幼儿园一天安排 2 次户外活动。教师应该按照幼儿的年龄特点和发展水平，有计划、有准备地组织丰富多彩的户外活动，合理安排幼儿户外活动的内容，保证户外活动的时间和活动量的同时，给予幼儿一定的自主选择和自由活动的空间，鼓励幼儿合作创新，体验各类游戏的快乐，随机对幼儿进行自我保护和行为规范训练，在保证幼儿安全的同时满足他们身心发展的需要。

教师积极开展适合幼儿的户外体育活动，充分利用日光、空气、水等自然因素以及本地自然环境，有计划地锻炼幼儿的身体，增强其身体的适应和抵抗能力。做好充分的活动准备，提供丰富的活动材料。活动前，教师应及时检查场地、器械、设施，确保安全无患。离开教室前，教师要清点幼儿人数，指导他们根据需要增减衣服，系好鞋带，使之能安全地参与活动。教师要注重户外体育活动的安全，站位合理，保证幼儿在教师的视线之内活动。正常情况下，在开展体育活动时，教师应当对体弱或有残疾的幼儿予以特殊照顾。

组织幼儿户外体育活动主要内容有早操、利用器械的体育锻炼活动、体育游戏等。

户外体育活动材料清单：秋千、自行车、踏板车、手推车、各种尺寸的球、可用来攀爬的设施、沙子及玩沙工具、滑梯、彩虹伞等。

如果注意到幼儿在户外活动时打闹或者四处闲逛，这意味着教师需要增加新的活动项目或材料了。

由于办园经费有限，户外活动材料相对较单一，乡村幼儿

园教师可利用日常生活中的一些自然资源及废旧材料为幼儿自制活动材料，尽可能地丰富幼儿户外体育活动（图2-13至图2-19）。

图2-13　利用竹竿进行户外活动

图2-14　利用废旧材料制作的玩教具

图2-15　小花伞可以吸引幼儿跳起来触摸

图2-16　利用饮料罐自制玩具进行跨跑活动

图2-17　利用饮料罐开展搭建活动

图 2-18 利用油漆桶进行跳高活动

图 2-19 利用油漆桶开展走独木桥游戏

（五）午睡

午睡是幼儿一日生活中的重要环节，对每个幼儿的健康成长有着非常重要的意义。日常生活中，幼儿午睡时间一般需达到 2～2.5 小时，确保幼儿充足的午睡时间和午睡质量，不但能消除幼儿身体上、精神上的疲倦，而且可以促进幼儿的身高发育等。午睡环节蕴含着许多的教育价值，教师可利用午睡环节，培养幼儿的生活自理能力，根据幼儿的年龄特点，在幼儿起床后让他们独立整理床上用品，整理的要求及程度要体现其年龄特点；让他们养成良好的生活习惯，如午睡换拖鞋、进入睡觉房前自行上厕所、将脱下的衣服放在指定的区域等，使幼儿在做中学，培养劳动意识，获得自信感。

和其他日常活动一样，午睡也需要一套常规程序：教师组织幼儿安静入寝，进行午检，注意幼儿身体、情绪状况；巡回检查幼儿的睡眠情况，纠正不良的睡姿，安慰入睡困难和情绪不稳定的幼儿。这样才能让所有的幼儿在午睡时间得到安静的休息，幼儿年龄越小，需要休息的时间越多。实现午睡环节的教育价值，让幼儿获得发展和自信。

1. 营造环境，培养情绪

幼儿进入睡觉房前教师将大部分窗帘拉上，营造午睡的昏暗环境，还可以播放柔和的轻音乐，营造适宜午睡的环境氛围，通过环境抑制幼儿兴奋的情绪。教师轻轻地在睡觉房里走一圈，为那些需要帮助的幼儿盖好被子，表扬那些已经主动准备入睡且安静的幼儿。

2. 睡前故事，助力入睡

午睡开始前，教师可以为幼儿读一段故事，时间可以是10～15分钟。教师可以选择经典的幼儿读物，也可以选择班级正在进行的主题活动的相关内容。不管选择什么内容，都要适宜这个年龄段的幼儿。在读故事的过程中，教师始终要求幼儿将头放在枕头上，安静地躺着，如果有幼儿遇到自己不懂的词语，允许他们举手提问。这时，绝大多数的幼儿被故事吸引，都安静地躺着，有的已经安然入睡，个别幼儿可能需要教师轻拍他们的后背，帮助他们进入梦乡。

3. 奖励入睡早的幼儿

教师可以根据班级幼儿的人数，准备班级人数三分之一的毛绒玩具，将其放在固定的容器里，作为对首批入睡幼儿的奖励。在午睡后的30分钟左右，教师轻轻在睡觉房里走一圈，将作为奖励的毛绒玩具放在已经入睡的幼儿的脚边，并记下首批入睡的幼儿的名字。幼儿醒来后，发现自己成为首批入睡者，一定会非常开心。第二天午睡前让获得奖励的幼儿自行将毛绒玩具放回容器中。

4. 结束午睡的做法

将幼儿从睡眠状态唤醒并让他们起床是需要费些时间的，接近起床时间时，教师可以让已经醒来的幼儿起床穿好自己的衣服（小班的幼儿需要教师的帮助），然后整理自己的床上用品，睡觉房里的声响会自然而然地唤醒其他的幼儿。当大部分的幼儿都醒了后，教师可以拉开窗帘，叫醒个别还在睡觉的幼儿。这时，教师要帮助幼儿养成起床后如厕和喝水的好习惯。后醒的幼儿，教师还要提醒他们加快整理的速度，尽快做完自己该做好的事情，然后加入其他幼儿的活动中。

对于那些不想睡觉或入睡困难的幼儿，教师可以特别指定其午睡的位置，使他们彼此分开，以免他们交谈或者玩耍。

二、一日生活中各环节的衔接与过渡 >>>>>>>>>>

过渡环节是指幼儿们结束一个活动而转入下一个活动，活动之间的过渡间隙，如果不做精心的安排，过渡时间就可能会拉得很长，会造成一部分幼儿花很多的时间做无谓的等待。过渡环节的组织需要教师用心设计与组织，来保证一日生活的流

畅性和有序性。

（一）音乐提示法

环节之间的转换，教师可选择适宜的音乐来提醒幼儿这个环节结束了，即将进入下一个环节。例如，早餐结束后幼儿们自然进入自主休闲活动，自主休闲活动结束后，下一个环节是户外体育活动，教师可以选择活泼欢快的音乐，在户外活动前播放，提示幼儿将进入户外活动。户外活动结束时教师可选择轻柔舒缓的音乐，提示幼儿户外活动结束了，幼儿听到该音乐就开始收拾整理自己使用的器械，准备回教室。每个环节的提示音乐一旦使用，就不要更改，以便幼儿能记住，并发挥音乐提示的作用和效果。针对乡村幼儿园班额较大的情况，音乐提示法特别适合、实用。

（二）有创意的过渡

有的环节是需要幼儿们在同一个时间共同进入下一个活动，如晨间活动结束后要转入户外活动。如果教师用一句"小朋友们开始排队，准备去户外活动了"就结束指令，所有的幼儿都会争先恐后地挤向门边，造成极大的混乱，存在一定的安全隐患。教师可以采取分组的理念，运用一些有趣的方法，使幼儿分组排队。

1. 伸腿法

在晨间活动结束时，教师请幼儿伸出自己的一条腿，然后让他们仔细观察自己所穿的鞋子，请穿贴贴鞋的幼儿先到教室口处排队，然后再请穿其他类型鞋子的幼儿去另一个门口处排队。有条件的乡村幼儿园，班级的两位教师可以分组将幼儿带到活动场地。

2. 分类法

教师可以使用各种分类的方法来召集幼儿排队，如分男生女生、长发短发、穿长袖短袖，以及其他教师和幼儿能想出来的分类方法。这样，幼儿会对教师将会使用哪种分类的方法总是兴致盎然，也会饶有兴趣地积极猜测下一轮将会是谁去排队。

（三）有效率的清场

一个活动结束后，紧接着的就是如何快速而有效地清场。在这段时间里，幼儿要将自己使用过的物品进行收拾、整理，有的还要放回原处，如果没有得当的方法，清场将会令教师头疼且抓狂。前面所说的音乐提示法就是非常实用的方法，避免教师重复地说该收拾整理了。在音乐响起前，教师可以先向全班幼儿做出口头提示，还有 5 分钟就结束活动，还有 3 分钟，还有 1 分钟，这样可以让幼儿做到心中有数。

（四）有意义的奖励

清场依赖于全班幼儿共同的努力，如果在音乐结束时，全班幼儿都能把教室收拾妥当，在常规建立的初期，可以给每一个幼儿物质奖励，如印章或者其他物质奖励，逐渐过渡到精神奖励，如竖大拇指或者语言奖励，来逐步代替物质奖励。

例如，罐子奖励法。在学期初，教师可以准备一个大小适宜的空罐子，罐子的中间贴上一条线。每次全班幼儿都能在音乐结束时完成清场工作，就可以往罐子里放一定数量的小石头（或其他替代物），目标是让幼儿们用小石头把罐子装满。当罐子内的石头达到中线时，教师让幼儿自行表决目标实现后的庆祝方式。这个罐子还可以作为别的奖励，如果教师看到幼儿善良的行为、积极的行为或者出色的团队合作，就可以往罐子里加一颗小石头。教师对幼儿正面行为的每一次强化，都会对幼儿产生长远的影响，罐子里的小石头不要取出，因为每一颗都是全班幼儿努力的见证。

> **想一想**
>
> 你还有哪些好方法组织过渡环节？

第三节
实践与运用

前两节已经介绍了幼儿园一日生活的内容、安排的原则、设计的要点和各环节的操作方法、衔接与过渡等。现举例不同类型幼儿园的一日生活安排，供大家在实践中学习。

一、案例与点评

（一）户外场地足够的幼儿园一日生活安排

户外场地足够的幼儿园小、中、大班一日生活安排见表 2-1 至表 2-3。

表 2-1　某幼儿园小班一日生活安排

时间	一日生活安排
7：40—7：55	幼儿晨间活动
7：55—8：30	幼儿早餐、餐后活动
8：30—8：50	幼儿餐后活动/户外活动前的准备
8：50—9：50	幼儿户外活动：自选体育器械活动/早操/体育游戏
9：50—10：10	幼儿生活：吃早点

时间	一日生活安排
10：10－11：10	主题活动/区域活动
11：10－11：30	幼儿餐前盥洗/餐前宝宝讲坛活动
11：30－12：00	幼儿午餐
12：00－12：20	餐后散步
12：20－14：40	如厕/幼儿午睡
14：40－15：10	幼儿起床/盥洗/指导幼儿整理仪表
15：10－15：30	游戏活动
15：30－16：00	幼儿下午营养餐
16：00－16：40	户外活动
16：40－17：30	自主喝水、如厕/离园前仪表整理/幼儿离园

表 2-2　某幼儿园中班一日生活安排

时间	一日生活安排
7：40－7：55	幼儿晨间活动
7：55－8：30	幼儿早餐、餐后活动
8：30－8：50	幼儿餐后活动/户外活动前的准备
8：50－9：50	幼儿户外活动：自选体育器械活动/早操/体育游戏
9：50－10：05	幼儿生活：吃早点
10：05－11：10	主题活动/区域活动
11：10－11：30	幼儿餐前盥洗/每日一讲活动
11：30－12：00	幼儿午餐
12：00－12：20	餐后散步
12：20－14：30	如厕/幼儿午睡
14：30－15：00	幼儿起床/盥洗/指导幼儿整理仪表
15：00－15：30	游戏活动
15：30－16：00	幼儿下午营养餐
16：00－16：40	幼儿户外活动
16：40－17：30	自主喝水、如厕/离园前仪表整理/幼儿离园

表 2-3　某幼儿园大班一日生活安排

时间	一日生活安排
7：40—7：55	幼儿晨间活动
7：55—8：30	幼儿早餐、餐后活动
8：30—8：50	幼儿餐后活动/户外活动前的准备
8：50—9：50	幼儿户外活动：自选体育器械活动/早操/体育游戏
9：50—10：00	幼儿生活：吃早点
10：00—11：10	主题活动/区域活动
11：10—11：30	幼儿餐前盥洗/每日一讲活动
11：30—12：00	幼儿午餐
12：00—12：20	餐后散步
12：20—14：30	如厕/幼儿午睡
14：30—14：50	幼儿起床/盥洗/整理仪表
14：50—15：30	户外活动
15：30—16：00	幼儿下午营养餐
16：00—16：30	游戏活动
16：30—17：00	师幼共读/离园前仪表整理
17：00—17：30	幼儿离园

【点评】

第一，场地足够的幼儿园各年龄班将同类型的活动安排在同一时间段，便于幼儿园保教工作的管理，也有利于跨班活动的开展，扩大幼儿的活动范围和交往范围。

第二，该园的一日生活安排符合国家对幼儿园的相关要求。例如，保证 2 小时的户外活动时间，正餐之间间隔 3.5 小时，有幼儿自主、自由的活动时间等。

第三，一日生活各环节安排具体清晰，便于教师操作，活动样式丰富多样，保证了幼儿的游戏活动。

第四，一日生活的安排体现了幼儿的年龄特点和差异。例如，在生活活动吃早点的环节，小班安排 20 分钟，中班安排 15 分钟，大班安排 10 分钟，既照顾和体现了幼儿的年龄特点和水平差异，又指导教师不断提升幼儿的自我服务能力和效率。

（二）户外场地不足的幼儿园一日生活安排

户外场地不足的幼儿园小、中、大班一日生活安排见表 2-4。

表 2-4　户外场地不足的幼儿园一日生活安排

周一 全园		周二至周五					
		小班		中班		大班	
时间	一日生活安排	时间	一日生活安排	时间	一日生活安排	时间	一日生活安排
7：30—8：50	活力晨光、早餐、自主时光	7：30—8：55	活力晨光、早餐、生活活动指导	7：30—8：50	活力晨光、早餐、自主时光	7：30—8：40	活力晨光、早餐、自主时光
8：50—9：50	升旗、集体舞、谈话活动	8：55—9：40	学习活动、自主时光	8：50—9：30	学习活动	8：40—9：40	户外活动
9：50—11：00	全园选择性活动	9：40—10：40	户外活动	9：30—10：30	户外活动	9：40—10：30	学习活动
11：00—11：20	自主时光	10：40—11：20	班级区域活动	10：30—11：20	班级区域活动	10：30—11：20	班级区域活动
11：20—12：25	餐前准备、午餐、餐后活动	11：20—12：20	餐前准备、午餐、餐后活动	11：20—12：20	餐前准备、午餐、餐后活动	11：20—12：25	餐前准备、午餐、餐后活动
12：20—14：40	午睡	12：20—14：40	午睡	12：20—14：40	午睡	12：20—14：40	午睡
14：40—15：15	起床、午点	14：40—15：15	起床、午点	14：40—15：15	起床、午点	14：40—15：15	起床、午点
15：15—16：15	户外自主游戏	15：15—16：15	户外自主游戏	15：15—16：15	户外自主游戏	15：15—16：15	户外自主游戏
16：10—16：30	离园前活动、整理	16：10—16：30	离园前活动、整理	16：10—16：30	离园前活动、整理	16：10—16：30	离园前活动、整理
16：30—17：00	快乐离园	16：30—17：00	快乐离园	16：30—17：00	快乐离园	16：30—17：00	快乐离园

【点评】

第一，该幼儿园虽然户外场地不足，但能因地制宜错时安排各年龄班的户外活动。

第二，一日生活安排中，户外活动具体安排不明确；周一全园户外体育活动时间不足；小班的学习活动时间长度不明确；中、大班的学习活动时间过长，不符合该年龄段幼儿的身心发展规律，建议以 30 分钟为宜。

第三，在一日生活环节安排的表述上有些过于笼统，不便于教师日常操作和管理人员的教学检查，如户外活动、学习活动、早餐具体开始的时间等不明确。

第四，该幼儿园在时间安排上个别环节设置不合理，存在两个相邻时间段的起止时间不能衔接的情况。

（三）乡镇中心幼儿园大班一日生活安排

乡镇中心幼儿园大班一日生活安排见表 2-5。

表 2-5　乡镇中心幼儿园大班一日生活安排

时间	一日生活安排
07：40－08：00	入园、晨间接待活动
08：00－08：50	早餐、餐后区域活动
08：50－09：30	早操
09：30－10：10	教育活动
10：10－10：50	区域活动/游戏活动
10：50－11：30	户外体能活动
11：30－12：10	午餐、餐后活动
12：10－14：50	午睡
14：50－15：30	午检、午点
15：30－16：10	游戏活动
16：45－17：10	幼儿离园

【点评】

第一，该乡镇中心幼儿园非常重视幼儿的游戏活动，在一日生活安排中充分保证幼儿的游戏时间。

第二，一日生活安排没能较好地体现动静交替的原则，长时间的教育活动和区域活动都是相对比较安静的活动，安静活动连续安排。建议将 10：50－11：30 的户外体能活动调整到 09：30－10：10 的教育活动之后，更为科学合理。一静一动，让幼儿在户外体能活动之后再进行区域活动或游戏活动，使幼儿的精力更充沛，注意力也更容易集中。

第三，从该乡镇中心幼儿园一日生活安排来看，幼儿每天的户外活动时间不足 2 小时，且户外活动都集中安排在上午，建议下午也要安排幼儿户外活动。

第四，教育活动时长达 40 分钟，时间过长，建议调整为 30 分钟，这样才比较符合大班幼儿的年龄特点。

第五，该幼儿园在时间安排上个别环节设置不合理，存在两个相邻时间段的起止时间不能衔接的情况。

（四）小学附设幼儿园一日生活安排

小学附设幼儿园一日生活安排见表 2-6。

表 2-6　某小学附设幼儿园一日生活安排

时间	大班一日生活安排	时间	中班一日生活安排	时间	小班一日生活安排
8：20－8：50	入园、晨检	8：20－8：50	入园、晨检	8：20－8：50	入园、晨检
8：50－9：20	早餐	8：50－9：20	早餐	8：50－9：20	早餐
9：20－9：40	休息、喝水、如厕	9：20－9：40	休息、喝水、如厕	9：20－9：40	休息、喝水、如厕
9：40－10：10	课间操	9：40－10：10	课间操	9：40－10：10	课间操
10：10－11：40	集体活动	10：10－11：40	集体活动	10：10－11：40	集体活动
11：40－12：40	游戏及户外活动	11：40－12：40	游戏及户外活动	11：40－12：40	游戏及户外活动
12：40－13：10	午餐	12：40－13：10	午餐	12：40－13：10	午餐
13：10－13：40	户外散步	13：10－13：40	户外散步	13：10－13：40	户外散步
13：40－15：20	午休	13：40－15：20	午休	13：40－15：20	午休
15：20－15：40	起床、午检	15：20－15：40	起床、午检	15：20－15：40	起床、午检
15：40－16：10	午点	15：40－16：10	午点	15：40－16：10	午点
16：10－17：10	集体活动	16：10－17：10	集体活动	16：10－17：10	集体活动
17：10－17：35	休息、喝水、如厕、离园准备	17：10－17：35	休息、喝水、如厕、离园准备	17：10－17：35	休息、喝水、如厕、离园准备
17：35	离园	17：35	离园	17：35	离园

【点评】

第一，该幼儿园一日生活安排没有体现出幼儿的年龄特点，小、中、大班在时间和内容的安排上完全一致。

第二，集体活动时间过长，不符合幼儿的身心发展水平，小学化倾向较严重。上午的集体活动时间长达 1.5 小时，下午的集体活动时间长达 1 小时。

　　第三，早餐时间相对较晚，不利于幼儿的身体健康；上午集体活动时间过长，导致上午的户外活动及午餐太晚，中午阳光比较强烈，不适合让幼儿长时间在强烈的阳光下进行户外活动。

　　第四，幼儿午休时间不足 2 小时，没能达到国家要求的标准。餐后的户外散步时间过长，安排 10 分钟即可，保证幼儿午休时间至少达到 2 小时。

　　第五，总体看来，幼儿一天当中的游戏时间不足，下午可增加一次游戏活动。

　　第六，下午没有安排幼儿的户外活动时间。

二、思考与实践 >>>>>>>>>>>>>>>>>>>>>>>>>>

　　表 2-7 是一份某幼儿园目前正在使用的一日生活安排表，请认真分析思考，这份一日生活安排表存在哪些问题？可以如何优化？

表 2-7　某幼儿园大班一日生活安排（冬季，调整前）

时间	一日生活安排
8：00—8：05	入园、盥洗
8：05—8：30	早餐
8：30—8：40	餐后整理、幼儿自选活动
8：40—8：50	共同性活动、晨会
8：50—9：00	活动间歇，喝水、如厕
9：00—10：00	共同性活动及区域选择性活动
10：00—10：10	课间点
10：10—11：10	课间操及户外体育活动
11：10—11：30	餐前准备盥洗、如厕
11：30—12：00	午餐
12：00—12：30	餐后盥洗、散步或安静活动、睡前准备
12：30—14：40	午睡
14：40—15：00	起床、盥洗、整理、简单律动
15：00—15：20	午点
15：20—16：00	共同性活动或选择性活动
16：00—16：40	户外游戏活动
16：40—16：50	离园前整理
16：50—17：30	离园

（一）思考

该幼儿园大班一日生活安排存在的问题主要有以下几点。

1. 环节的安排过于烦琐、细碎，转换环节较多

案例中的一日生活安排环节非常细碎，转换环节非常多，幼儿忙于环节的转换之中，浪费了较多宝贵的学习、游戏时间，频繁的环节转换也不利于教师的组织。

2. 部分活动时间过短，活动流于形式

部分活动只有短短的 10 分钟，如早餐结束后只给幼儿 10 分钟的自选活动时间，然后安排 10 分钟的共同性活动或晨会，接下来又是 10 分钟的喝水、如厕。对于大班的幼儿来说，这样安排活动时间严重不足，会导致幼儿活动不充分、不尽兴，无法保证幼儿探究的时间和深度。

3. 如厕不需要都以集体的方式进行

班级生活中的如厕有的应安排在统一的时间，如户外活动前、午睡前、集体教学活动前，教师有意识地提醒有需要的幼儿如厕，其他时间应引导、允许幼儿根据自己的需要如厕。这样既能满足幼儿的生理需要，又有利于幼儿养成良好的生活习惯，培养幼儿的自理能力。

（二）实践

尝试自己动手优化、调整流程，使其科学合理。

（三）调整

上述表 2-7 的一日生活安排可调整为表 2-8 所示的内容。

表 2-8　某幼儿园大班一日生活安排（调整后）

时间	一日生活安排
8：00—8：30	幼儿入园，盥洗/早餐
8：30—9：00	幼儿自由活动/晨会/集体活动前的准备（自由如厕、喝水）
9：00—10：20	共同性活动/课间点/区域游戏活动
10：20—11：20	户外体育活动
11：20—11：30	自由如厕/餐前盥洗
11：30—12：30	午餐/餐后自主活动/散步/睡前准备
12：30—14：40	午睡
14：40—15：20	起床/盥洗/午点
15：20—16：00	共同性活动或选择性活动
16：00—16：40	户外游戏活动
16：40—17：30	离园前整理/离园

小任务

1. 你认为幼儿园一日生活对幼儿发展有哪些价值?

2. 根据你所在的幼儿园和班级的实际情况,因地制宜地安排一日流程。

自我检测

一、单项选择题

1.《幼儿园工作规程》指出,幼儿园应当制定合理的幼儿一日生活作息制度,正餐间隔时间不少于( )。

A. 2.5 小时　　　　B. 3 小时　　　　C. 2 小时　　　　D. 3.5 小时

2. 活动区活动该结束了,可是晨晨的游乐园还没有搭完,他跑到老师面前:"老师,我还差一点就完成了,再给我 5 分钟,行吗?"老师说:"行,我等你。"老师一边说,一边指导其他幼儿收拾、整理……该教师的做法体现了幼儿园一日活动安排应该( )。

A. 与幼儿积极互动　　　　　　B. 根据幼儿活动的需要灵活调整

C. 按作息时间表按部就班地进行　　D. 随时关注幼儿的活动

3. 初入园的小朋友害怕幼儿园厕所里的蹲坑,黎老师就在每个蹲坑的两边合适的位置,用环保油漆画上了可爱的小脚印。幼儿们看了既新奇又喜欢,如厕时都去踩自己喜欢的小脚印。这说明教师劳动具有( )。

A. 长期性　　　　B. 示范性　　　　C. 复杂性　　　　D. 创造性

二、简答题

举例说明如何在幼儿园一日生活中实施"动静交替"的原则。

【2015 年下半年幼儿园教师资格考试真题】

三、活动设计题

新入园的小班幼儿在洗手时出现了许多问题:有的把袖子弄湿、不洗手背、冲不干净皂液;有的争抢或拥挤、玩水忘记洗手、擦手后毛巾乱放在架子上;有的握不住大块肥皂;有的因毛巾架离水池远,一路甩水把地面弄得很湿……

请针对上述问题,设计一份改进洗手环节的工作方案。要求写出对问题的分析、工作目标、解决各类问题的主要方法。

【2012 年下半年幼儿园教师资格考试真题】

文本资源

参考答案

第三章
幼儿园环境创设

>> 思维导图

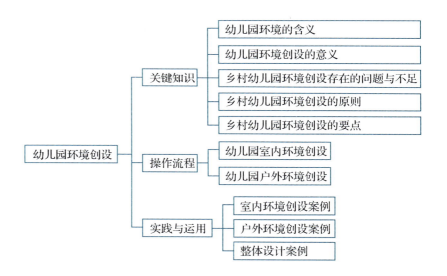

第一节
关键知识

一、幼儿园环境的含义 >>>>>>>>>>>>>>>>>>>>

（一）幼儿园环境的定义

广义的幼儿园环境是指幼儿园教育赖以进行的一切条件的总和，既包括人的要素，也包括物的要素；既包括自然环境，也包括社会环境，具体表现为幼儿园小环境、幼儿家庭环境、社会环境、自然环境以及影响幼儿园的文化环境。

狭义的幼儿园环境仅指幼儿园的内部环境——内部物质环境和人际环境，包括幼儿园全体工作人员、幼儿、幼儿园设施设备、空间布局、信息要素等。

（二）幼儿园环境的基本构成

1. 从管理角度分，可以分为宏观环境、中观环境、微观环境

作为一所幼儿园，幼儿园整体是宏观环境；幼儿园的教学楼、围墙、户外活动区等属于中观环境；办公室、楼梯、走廊、教室等属于微观环境。

宏观环境可以影响中观、微观环境，中观、微观环境的更替也在逐渐改变幼儿园的宏观环境。微观环境是整个幼儿园环境的基础。

2. 按组成性质分，可以分为物质环境和精神环境

物质环境包括教学场所、教学设施、玩教具材料等；精神环境是指幼儿园的集体氛围、活动气氛、心理因素构成的复杂环境系统，即对人的心理发挥着实际影响的社会生活环境，包括对人产生影响的一切人、事、物。

健康的精神环境有四点标识：尊重、平等、开放、民主。这四点标识表现为师幼之间相互尊重，在心理上处于平等关系，教师充分考虑幼儿意见，幼儿园表现为开放型心理环境。幼儿在园内愿意说、敢说、敢做，但教师需要和幼儿事先订立行为规范；教师需要宽容，允许幼儿大胆表达其正常想法和需要；教师需要审慎，及时正确判断自身行为与幼儿行为所产生的后果，并采取合理应对；教师需要克制，克制住园内园外的不当示范，引导幼儿自律懂礼。

二、幼儿园环境创设的意义 >>>>>>>>>>>>>>>>>

幼儿园环境的重要性主要体现在幼儿园环境对幼儿发展的推动作用上。幼儿最初是凭借自身与环境的相互作用来实现对周围事物的认知的，学龄前儿童对环境具有极强的依赖性。创设良好的幼儿园环境的意义表现在以下方面。

（一）促进幼儿的学习与发展

建构主义和生态学理论都认为，儿童的学习与发展是与环境不断相互作用的结果，儿童与环境相互影响，共同作用。其一，环境是影响儿童发展的重要因素之一，环境中的人、事、物以潜移默化的形式对儿童的活动方式和行为反应产生影响，

> **想一想**
>
> 你所在幼儿园的人际环境有哪些？请将这些元素列表归类，想一想如何做能让幼儿园环境更好。

能促进其身体、心理、认知、社会性、审美等多方面全面健康发展。而儿童作为主动的个体，他们内化环境给予的各种信息，建构自身的认知，促进自身发展。其二，儿童在环境中通过自身的活动，获得了应付环境变化的方式和能力，并对环境起到了影响甚至改造作用，儿童在影响和改造环境的过程中也获得了多方面的学习经验，促进了自身的发展。[1] 蒙台梭利的环境教育理论认为，环境能为幼儿心理发展提供必要的条件，幼儿的发展必须依赖其与环境交往而取得经验。

（二）环境是幼儿园的课程资源

环境是学前教育中的重要资源。瑞吉欧幼儿教育体系，其特色之一就是教育者善于利用环境：一是环境可以生成课程，即环境是课程的内容来源；二是通过课程创设环境，如教师依据教学活动的进程创设主题墙[2]，将课程活动材料投放至活动区域。教师善于发现环境中蕴含的教育价值，把环境创设与幼儿发展紧密联系起来，是教育性环境创设的关键。趣味性环境能够激发幼儿学习的积极性，适宜的游戏空间和材料，如沙池、泥地，能够让幼儿自发开展多种游戏。

（三）彰显幼儿园的特色

想一想

你所在幼儿园的外观环境要体现什么样的办学理念和价值观？

社会大众对一所幼儿园的最初认识，往往是从对幼儿园环境的了解开始的，如幼儿园的选址、建筑、设施设备、空间规划等方面。因此，良好的幼儿园环境有利于彰显幼儿园的特色和基本价值观。幼儿园的环境布置，包括空间格局，也包括装饰布置，这些能折射出该幼儿园的办学理念和基本价值观。优美的环境是极好的广告，发挥着隐性的、巨大的作用。

三、乡村幼儿园环境创设存在的问题与不足 >>

（一）观念上的问题与不足

1. 教育资源紧缺、受限大：政府和社会层面

园所办学资金不足、政府支持资金有限，幼儿园的环境创设受到人力资源上的限制。就某乡村幼儿园教育资源的现状来看，"每班 1 名教师负责 40～50 位孩子的吃、住、学等各方面的生活，本身的劳动量就已经过大，再加之部分幼教不够专业，在课程设置、特色教育上不能凸显乡村的优势"[3]，更不能对教

---

① 谢芬莲：《我国幼儿园环境创设研究述评》，载《宁波大学学报（教育科学版）》，2016（3）。

② 李俐：《幼儿园班级环境建设》，载《学前教育研究》，2008（8）。

③ 张敏：《"自主共建"模式下乡村幼儿园环境设计的研究与实践——以腾冲刘家寨兴兴幼儿园改造为例》，硕士学位论文，四川美术学院，2018。

师在环境创设上有更高要求了。教师在做好基本的照管幼儿与教学工作的基础上，有富余的时间和精力，才会有积极性来思考和进行环境创设。"幼儿园整体教育水平偏低，幼师质量远远低于国家平均水平。"[1] 从乡村出去学成的幼师往往更愿意留在城市，不愿回到乡村从教。而愿意在本地从事幼儿教育的工作者不一定有专业的学习背景和培训机会，在环境创设的水平和方法上较难及时满足幼儿的需要。教育人才缺失造成环境创设的严重不足；而环境的不足，造成教育质量低下，难以吸引人才。教育人才的紧张度与幼儿园环境呈负相关。希望地方政府教育行政部门能够采取正面积极的措施，引进和吸引教育人才，争取和提供各类教育培训机会，缓解教育人才资源紧张的现状。

📝 学习笔记

2. "环境育人"的意识和能力有待提升：教师层面

（1）幼儿园课程开发能力不足，教育资源开发程度不深[2]

环境作为幼儿园课程资源，关键在于教师。教师应该发现环境蕴含的教育信息，将环境创设和教育目标结合起来，看到环境对幼儿学习与发展的影响。[3]

有些幼儿园在环境创设中无意识开发了一些自然资源，如有的幼儿园采用了竹条、石头、贝壳之类的自然材料布置室内空间环境，有的在区域中投放了树叶、贝壳、石头等作为操作材料。但大多数幼儿园未从整体上考虑材料本身的色彩、质量、结构和布局，没有形成有机课程体系，没有持续深入的探究性活动。相对来说，乡镇中心幼儿园开发自然资源种类多一些，部分乡村民办幼儿园几乎没有开发自然资源。

有一些乡村幼儿园开始重视环境创设，园内墙面、走廊不再空荡荡，贴满了或者挂满了各种东西，但墙上的图片色彩已褪，墙面的油漆剥落，墙面布置存在长期不更换的现象，问及幼儿园多久更换一次墙面布置，得到的回答是"一学期更换一次"，或"旧了再换下来"。这样的墙面布置基本谈不上激发幼儿的学习兴趣，也谈不上能让幼儿生成新的学习经验的课程

① 张敏：《"自主共建"模式下乡村幼儿园环境设计的研究与实践——以腾冲刘家寨兴兴幼儿园改造为例》，硕士学位论文，四川美术学院，2018。

② 罗竞、龙路英、谢永爱：《广西乡村幼儿园自然资源开发的现状及建议》，载《基础教育研究》，2018（9）。

③ 张莉、张宇、袁爱玲：《从物化装饰转向意义创设——从课程视角看农村幼儿园环境创设》，载《幼儿教育（教育科学）》，2015（1、2）。

资源。①

（2）创设幼儿园环境盲目跟风，忽视乡村自然资源优势

一些乡村幼儿园喜欢模仿城市幼儿园，不管环境创设还是教学活动各方面都在向城市幼儿园看齐。城市幼儿园环境看起来光鲜亮丽，却不一定适合乡村幼儿园。例如，某乡村幼儿园地处著名的旅游目的地——某民族聚居区，配置了城市幼儿园的大型滑梯等设备，却在古朴民居的大背景下显得异常突兀。一些城市幼儿园的玩具和设备较为昂贵，不一定适合乡村幼儿园，不少幼儿园添置了大型玩具乃至戏水池、玩沙池等，但很多玩具被锁在箱柜中，戏水池基本是干涸的，各种设备形同虚设，幼儿很难得到玩耍的机会。而过分关注环境的布置，将过多时间投入操作材料的制作中，往往容易导致师幼互动时间减少，使得幼儿缺少高质量的互动。

乡村幼儿园盲目模仿城市幼儿园的硬件资源建设，不仅耗费大量资金，而且失去了本地独有的特色，忽视了乡村良好的生态环境，特别是缺失乡土情怀教育。

（3）环境创设的参与者主体较单一

幼儿园环境主要是为幼儿创设的。在乡村，幼儿园室内外环境通常由教师在园长、年级组长的带领下设计制作而成，幼儿最多根据教学需要展示一下自己的绘画或手工作品。② 在很多乡村幼儿园，教师在布置墙面时，常设置类似"字宝宝乐园"的栏目，将汉字直接贴到墙上供幼儿辨识，或在墙上贴数字1～100，要求幼儿进行机械识记。这些做法具有小学化倾向，体现的都是外塑型课程知识观，即希望通过外部输入的方式，将知识尽可能多地传授给幼儿，幼儿主要通过被动接受外部信息刺激进行学习。③

究其原因，幼儿园看到了环境有装饰和美化的功能，但没有意识到环境具有丰富的课程价值，没有意识到幼儿是主动的学习者和环境创造者。人本主义的环境教育观认为，环境布置要给幼儿参与的权利，人和环境是互动的。建构主义的环境教育观则认为，学习是主动探索的过程，幼儿依靠自

---

① 张莉、张宇、袁爱玲：《从物化装饰转向意义创设——从课程视角看农村幼儿园环境创设》，载《幼儿教育（教育科学）》，2015（1、2）。

② 张莉、张宇、袁爱玲：《从物化装饰转向意义创设——从课程视角看农村幼儿园环境创设》，载《幼儿教育（教育科学）》，2015（1、2）。

③ 张莉、张宇、袁爱玲：《从物化装饰转向意义创设——从课程视角看农村幼儿园环境创设》，载《幼儿教育（教育科学）》，2015（1、2）。

己已有的知识，与世界相互作用，在这个过程中建构新的思想和概念。

3. 幼儿园环境缺乏"家"：家长层面

（1）"家园共育"亟待重视

影响乡村幼儿园精神环境创设的原因之一，是幼儿缺乏家庭的关爱，缺乏父母的参与和陪伴。在幼儿园定期开展亲子活动的时候，一部分留守儿童跟随年迈的老人长大，老人没有参与活动的能力；一部分家长对于幼儿园举办的各种亲子活动不在意，他们认为没有这个必要，不想参加这些他们认为浪费时间的活动。①

留守儿童在乡村幼儿园占有相当比例。他们有相似的家庭背景，有些幼儿在性格上有孤僻、不喜与人交流等特点，如何更好地关爱这部分幼儿，营造家园共育良好氛围，创设家庭般温馨的幼儿园环境，让留守儿童获得家的温暖，也是幼儿园教师要重视的事情。

（2）幼儿家长教育观念落后，不认可"乡村特色"幼儿园环境

一些家长认为幼儿入园是为了学习现代化本领，因此配套环境也应是现代化的。他们羡慕城市幼儿园的环境，喜欢工业化制造的玩具和设备。自然资源在乡村司空见惯，并不稀罕。利用乡土资源创设幼儿园环境，他们认为是在浪费人力、物力，多此一举。在这种错误的观念下，一些幼儿园为了保证生源，也会存在迎合家长心理的现象，将幼儿园布置得像城市幼儿园一样，引进大型滑梯、桌面玩具等，生怕因为一些自然物的装饰而显得低级，这些布置看似上档次、高级，却与乡村周围环境显得格格不入。

（二）环境上的问题与不足

1. 学习环境较差，基本配置不够完善

一些乡村幼儿园缺乏基本的教学设备，玩教具缺乏或种类单一，活动场地和设施紧张，难以满足幼儿玩耍和学习的需要。例如，某幼儿园，十几名幼儿挤在一间阴冷、潮湿、基本没有阳光的陋室里接受学前教育。幼儿要对付阴冷的环境，更糟糕的是幼儿园根本没有教学设备，连起码的玩具都没有。整个房间最值钱的是那台从别的幼儿园"退休"的教

学习笔记

---

① 张敏：《"自主共建"模式下乡村幼儿园环境设计的研究与实践——以腾冲刘家寨兴兴幼儿园改造为例》，硕士学位论文，四川美术学院，2018。

学一体机，只有当幼儿啼哭不止时，教师才会打开这台慢得不行的机器。

福禄培尔的环境教育观认为，人生的最初技能需要丰富的环境刺激，只有把幼儿放到适合其年龄和经验的环境中，才能促进其潜能的发展。

幼儿园只有具备一定的物质条件，其教育质量才能得以保障。只有具备必要的物质条件，才可能有优质的教育。幼儿需要更多的可以亲身体验、直接操作、实际感知的玩教具和活动器材、场地。

2. 玩教具随意堆放，不适宜幼儿选取

有些幼儿园的玩教具、书籍随意摆放，缺乏整理，难以吸引幼儿，或有需要的材料不易寻得，会打消幼儿自主学习的积极性。在教具的选用设计上，仿照城市幼儿园的模式，运用大量颜色艳丽、造型简单的玩具，没有发挥乡村现有资源优势。

行为主义心理学的环境观提出，人的所有行为都是对环境刺激做出的反应，有什么样的环境就会有什么样的人。过于随意的幼儿园环境，不利于幼儿秩序性和审美能力的培养。

3. 园所环境设计不够，缺乏乡村地域文化特色

有些幼儿园由其他场所改造而来，活动室窄小或过于宽大，不便于幼儿各项活动的开展。

在建筑外观上，幼儿园与周围环境难以融合，幼儿园外墙色彩艳丽，或采用工业化高饱和色彩，与大自然环境格格不入；在环境色彩上，有的幼儿园墙饰缺乏整体设计，用色过多过于花哨，不精心挑选主题图案，缺乏美感。

有些幼儿园缺乏乡村文化特色和地域文化特色，没有凸显本园文化和本地文化的环境和材料，很少见到中国文化元素，暴露了文化底蕴缺失的问题。

综上所述，乡村幼儿园应当积极考虑环境对于幼儿的潜在影响及幼儿园环境创设的正确做法。

四、乡村幼儿园环境创设的原则 >>>>>>>>>>>

（一）多角度

幼儿园环境作为一个有机整体，对其进行有效创设不仅涉及学前教育领域，而且包括了心理学、艺术学、生态学、社会学、环境设计学等学科。创设者应充分根据现有情况，综合考虑各方面因素来进行环境创设，促进幼儿及幼儿园当下和未来

> **想一想**
>
> 根据你的观察和思考，你觉得除了书中所讲的问题外，乡村幼儿园在环境创设方面还存在哪些不足？可以怎么改进？

的发展。

（二）整体性

幼儿园整体和各区域需要整体设计，精心构思，呈现出多种创设样式，既要体现本地的乡土风情、文化底蕴、气候条件，又要体现幼儿园的办园实力、师资建设，尤其是教学特色，还要注意整体设计幼儿园的环境色彩。幼儿园环境色彩与园所文化相辅相成。在环境中色彩的合理运用、科学搭配，不仅能够发挥艺术的美育功能，而且可以传递园所文化和促进园所文化发展。

（三）适宜性

适宜的学习环境表现在适宜的内容、形式及背后隐含的目标上。随着时间的推移，幼儿的行为会随着他们的成长、思维的发展和想法的变化而变化，原有的适宜环境也许会变得不适宜。因此，教师要一直密切地观察幼儿，及时调整环境布置，积极回应他们。

（四）多主体

幼儿园环境创设应当有多主体参与。在以探究为基础、采用生成课程的幼儿教育环境中，参与主体包括幼儿、教师和家长。大家是平等的参与者，而且幼儿是强大的、有能力的学习者。

幼儿和教师都是环境创设的主体。幼儿活动室不仅属于教师，而且属于幼儿，他们在幼儿园有权获得安全感和自由感。如果有了这样对环境的思考，随后采取的实际行动就会发生变化，空间的改变将反映教师的价值观、理念，满足幼儿的需求。

（五）乡土性

人在生命早期接触的东西会长久地影响其一生。要想幼儿爱家乡、具有浓厚的乡土情感，必须引导幼儿更多地接触乡土材料、爱玩乡土游戏、了解乡土文化。因此，在幼儿园环境创设中，教师应合理投放反映幼儿生活和文化的多种材料，让所有幼儿都能在教室中看到体现他们自己和他们文化的东西。

（六）安全性

幼儿年龄小，抵抗力相对较弱，因此室内操作材料尽量用天然材料，如用废旧材料应当清洗干净，确保安全无污染。

幼儿的生活经验较少，安全意识和自我保护能力相对较弱。在游戏器材设计上，由于幼儿好动，其游戏动作如跳跃、摇晃、冲撞、摩擦等要求游戏器材应当安全、耐用。中大型游戏设备应有多个出口，动态性的游戏器材应在其进出活动方向保留适当的安全距离。游戏器材下面应设置沙坑、草坪。

五、乡村幼儿园环境创设的要点 >>>>>>>>>>

（一）多方支持

为了能够多学科多角度融合创设幼儿园环境，创设者应认真研读学前教育相关文件政策，争取多方支持，将园所环境创设与乡村整体规划建设有机结合，获得镇村教育行政部门和家长的理解和助力，共建乡村和谐教育大环境。

（二）整体设计

1. 精心规划幼儿学习和生活环境

整体设计幼儿园各区域的作用，动静分区，将学习区和运动区分片，精心选择环境创设的内容，让树、木、花、鸟协同育人，呈现出多种创设样式，凸显幼儿园的教学特色。每所幼儿园都依据本地乡土优势，充分体现本园特征，而且在环境创设时按照本园的教学特色，取长补短，适时而定，有针对性地创设环境。①

2. 整体设计幼儿园环境色彩

重视幼儿园环境创设中的色彩搭配，主要策略有：第一，根据幼儿园的园所文化来确定颜色；第二，根据班级年龄特点来确定主题的颜色；第三，根据主题活动来确定颜色；第四，根据原本的材料来确定颜色；第五，运用色彩本身特质，创设互动性环境。

（三）教学适宜性

1. 不断调整出多个适应幼儿需要的教育环境

教师在创设幼儿园环境中具有重要作用：准备环境、控制环境、调整环境。

考虑幼儿园的物理空间和材料，不断设计、调整，以适应幼儿的学习方式。即使是在一个专门创建的理想化空间里，在投放物品之前，教师也需要先考虑一些问题：

"环境为谁创设？"

"幼儿如何运用和操作这些材料？"

"这个空间如何使用，幼儿是否有自己的想法？"

"如果幼儿还不能用语言表达，那么他们会用什么方式来表达？"

> **练一练**
>
> 请你在学习完本部分内容后，尝试按照"教学适宜性"要点进行班级环境创设，并总结自己的心得。

---

① 骆萌：《从简单装饰转向意义创设——农村幼儿园环境创设的研究》，载《戏剧之家》，2016（2上）。

教师要经常反思这些问题，尤其是遇到教学困惑时。

时刻牢记自己以及所在园的教育理念和目标。比如，教育理念重视幼儿独立能力的培养，那么需要创设什么样的环境？

充分利用现有的资源。比如，教室里某一区域的自然光线充足，那么应该利用这种光线开展哪种游戏或者什么样的探究活动？

活动中有哪些不如意的效果？受哪些环境影响？需要如何控制和调整这些环境？

学习笔记

2. 创建一个吸引教师与幼儿一起思考和合作的环境①

对于幼儿而言，是否存在一个能让他们安静思考的空间？

某教师在班级里投放了圆形草垫子，可以让幼儿舒服地坐在上面阅读、观察、独立思考。一些幼儿对小鸟表现出了持续的兴趣。一天，他们开始自发地统计教室外面喂食器上的小鸟的数量。幼儿们舒舒服服地坐在草垫子上从最佳的角度观察着小鸟。观察之后，他们进行了一场有关小鸟为什么喜欢这种喂食器的讨论，并且探究了小鸟最喜欢的食物是什么。

当幼儿游戏时，教师应该在一旁仔细地观察他们。如果班级为幼儿提供了丰富的材料，那么教师应该观察幼儿实际操作材料的情况，并非教师想要他们做什么，或者教师认为他们可能会做什么，而是幼儿实际做了什么——他们是如何从一个区域转换到另一个区域的，他们喜欢哪些材料或者活动，他们故意忽略哪些材料或者活动等。教师能通过幼儿的这些行为了解幼儿的心理过程和他们的认知社会、交往等情况。

3. 营造一个幼儿主动学习的氛围

教师与幼儿一起收集各种材料，在教室里为幼儿提供多种有趣的材料以供他们表达自己的想法。

盛放各种自然材料的篮子放在低矮的架子上，幼儿很容易就能看到并取放材料。此外，对幼儿当前探究活动有帮助的书籍也摆放在架子旁边。材料可以摆放得很整齐，如存放在透明广口瓶里的小物品，能让幼儿看到，又便于他们取放。

为存放空间灵活安排新的用途。比如，橱柜不仅可以作为一般的存储空间，而且可以存放幼儿未完成的探究作品。

在某一个区域，教师把各种开放性材料摆放到一起，让幼儿可以在附近的开放式空间中连同积木一起使用，灵活地摆放

――――――――――――

① ［美］苏珊·斯泰茜：《幼儿园探究性环境创设：让孩子成为热情主动的学习者》，康丹、陈恺丹译，15页，北京，中国轻工业出版社，2019。

和移动材料。

要想让幼儿真正随意使用材料，教师必须让这些材料能被幼儿看得见且富有吸引力。教室里的存储空间通常很有限，因此必须打破思维定式，采用创造性的方法存放材料。此外，教师应适当降低对整洁的要求，因为幼儿试图了解材料或表达自己的想法时，可能会把材料弄得乱糟糟的，这是一种正常现象。

教师在教室里摆放玩具和划分不同区域时，需要考虑以下实际问题：要能看见各区域的活动，室内的"交通"要畅通无阻，要提供最能满足这一年龄段幼儿探究需求的材料。教师应该有目的地选择材料，而不是习惯性地认为幼儿园教室应该是什么样子的。

教师需要拓宽视野，思考所有年龄段的幼儿都想知道的事情。比如，世界是如何运作的，如何寻找答案，这个东西有什么用，等等。当教师与某些幼儿建立了密切的关系时，自然会有一些特别的探究活动或短暂的时刻，需要用材料来回应幼儿。

（四）幼儿是环境创设的重要主体

幼儿是幼儿园环境创设的重要主体，其主体性主要体现在两个方面：其一，幼儿要参与环境创设；其二，幼儿与环境要产生互动。改变幼儿被动观赏和参与环境布置的处境，培养幼儿主动参与，"树立互动与创造并举的环境观"[1]。布置环境时，幼儿可以和教师一起商议怎么布置，他们可以是设计者、讨论者、参与者、实施者和创造者。在环境创设过程中遇到的问题和挑战，会引发他们的思考；在环境创设中得到的启发，会使他们将其迁移运用到生活中的其他地方。环境创设能够培养幼儿积极、合作、互助的优良品质，让幼儿产生成就感和自豪感。

考虑到环境创设的服务主体——幼儿，教师在进行环境创设时要更多地从幼儿角度出发。例如，幼儿天性好奇，有强烈的探索欲望，教师就应为幼儿创设问题情境，使幼儿有发现问题、解决问题、提高思维水平和动手能力的机会；幼儿知识经验少，需要积累感性知识，教师就应多为幼儿提供接触实物、实景的机会；幼儿表现不够大胆，教师就应鼓励幼儿大胆参与和体验环境的创设，与幼儿共同商量环境创设的主题，选择创设环境的材料，并在教学活动的组织过程中创造性地利用创设的环境，充分发挥环境的教育价值。[2]

① 杨莉君、黎玲：《贫困山区幼儿教师的教育质量观及其转向》，载《教师教育研究》，2019（2）。
② 杨莉君、黎玲：《贫困山区幼儿教师的教育质量观及其转向》，载《教师教育研究》，2019（2）。

（五）乡土资源成为课程资源

当幼儿步入幼儿园时，他们如何判断出自己身处何处？有哪些材料和乡土制品反映了幼儿的文化、生活经历以及他们所在的地区？如何让幼儿建立与乡土的紧密联系？

教师应了解本地自然资源和文化资源，将反映幼儿生活和文化的材料引入幼儿园环境中。不同地域的环境创设应当呈现出不同程度的本地文化特色，让环境创设具有文化指向。一些幼儿接触本地文化和本民族文化的机会很少，为了让其多了解一些，环境创设时应加入一些地方元素和民族文化元素。例如，内蒙古某幼儿园创设了与草原有关的墙面环境，包括草原、蒙古包和骏马等，所采用的材料主要为毛线、纸壳和棉线；在细节上，该园也利用了蒙古族的许多图腾图案。又如，广西德保县幼儿园创设德保风情长廊，结合本地特产，设计建造了德保矮马塑像，并让幼儿了解本地特有物种，增加乡土自信。

综上所述，教师应当切实转变儿童观和教育观，利用乡土资源创设有效的环境，把工作的重心放在引导、促进幼儿对周围世界的探究中。

> **做一做**
>
> 联系你所在地区的自然资源和文化资源，尝试将它们设计在幼儿园环境之中，发挥教育作用。

第二节
操作流程

幼儿园环境分为室内环境和户外环境。

一、幼儿园室内环境创设 >>>>>>>>>>>>>>>>>>>>

幼儿园室内环境主要包括门厅、走廊（楼梯）、活动室和生活区四大方面。

（一）门厅

幼儿园的大门，通常用简约、醒目而有趣的文字标明园所名称。无论大门用什么材质、通道如何设置，都应将保证幼儿安全进出、方便管理作为第一原则。

门厅是幼儿园重要的文化场，能在第一时间传递园所文化，展示办学的教育理念。门厅的布置内容有以下几种。

1. 展示办园历史、师资风采和园所荣誉

办园历史的呈现越来越图像化，用时间轴带领观者观看幼儿园的发展历程。师资风采由原来单纯地展示教师形象，到越来越重视展示教师和幼儿在一起的美好的状态，这是一种积极的导引。园所荣誉通常来自非"家""园"的第三方评价，可以

在一定程度上反映幼儿园教育的质量。

2. 展示幼儿园的办园文化主题

一些幼儿园以较大的面积用图像突出展示本园的园所文化——吉祥物或园所标志，并辅以文字说明。建议乡村幼儿园用天然材料或幼儿美术作品开展文化建设，突出园所特色。

3. 根据节日活动、季节进行主题设计，集体展示作品

在特定的节日，集体展示教师和幼儿作品，烘托节日气氛，增强班级凝聚力，深化师生情感。

(二) 走廊 (楼梯)

幼儿园的走廊和楼梯，可以发挥文化传递和教育的作用。

1. 公共走廊 (楼梯) 的设计

第一，提供家园之间、家长之间和幼儿之间的交流活动场地。一些幼儿园在公共走廊设置开放式书柜，摆放幼儿喜爱的绘本，并摆上桌椅，营造阅读的氛围，同时方便不同人群坐下来交流。

第二，全面展示幼儿园及班级文化。有的幼儿园在公共走廊里设置若干个橱窗，安排给各个班级负责，由班级教师收集本班活动情况的资料并进行设计展示，按月进行更换和汇报评比。有的幼儿园在楼梯间展现本园丰富活动的精彩瞬间，体现教师和幼儿良好的精神风貌。

第三，根据园所工作的不同板块，分别设置橱窗展示。根据幼儿园不同时段的教育教学、生活管理、后勤保障等方面，分内容进行展示。

第四，陈设一些关于社会常识、科学常识的资料。社会常识方面提供相关绘本，如十二生肖、二十四节气、中华五十六个民族等。科学常识方面提供丰富的材料，如在墙上设置不同的触觉材料、天然石头、植物种子等。

2. 班级外走廊的设计

第一，设置家园互动栏，如教师电话、我（幼儿）的表现、家长信箱、温馨提示、活动预告等。

第二，设置橱窗、展示栏等，展示教师和幼儿的作品。作品的布置可以是平面式的，也可以是立体悬挂式的。在少数民族地区，可以悬挂刺绣香包、扎染、竹帽等艺术品，利于幼儿在日常生活中接受艺术的熏陶。

第三，设置幼儿的活动区域，如图书角、植物角等。图书角放置儿童书架，配备长凳，注意遮风挡雨；植物需要阳光和雨水，将走廊设为植物角是比较因地制宜的，可配以相应的记

练一练

请结合办园理念，布置一个门厅。列出必要的呈现内容和设施等，并考虑如何以美观的形式组合。

录本，让幼儿观察天气和植物变化。

（三）活动室

活动室内包含教学区域和活动区域。根据各个区域的需要和班级活动室特点灵活布局安排。

这是一间空置的班级活动室，如图3-1，如何设置环境？哪些环境是必要的？

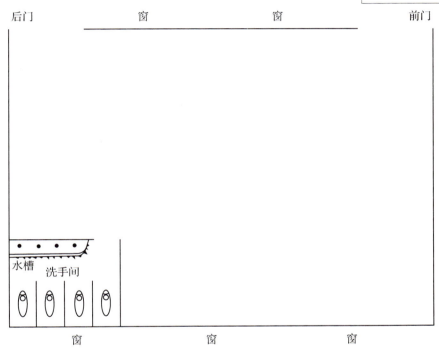

图 3-1 待布置的班级活动室平面图

回忆幼儿园一日活动流程，列出必要的环节：晨间盥洗、早餐、晨间锻炼、整理环节（如喝水）、教学活动、区域活动、午餐、午休和放学接待家长等。上述环节需要用到的设施和物品有：盥洗台、桌椅、餐具、运动器械、水杯、玩教具、床铺、登记表、班级标志等，将之一一列出。

根据幼儿的兴趣和发展、班级人数、活动室空间、集体教学活动和区域活动的特点以及一日活动流程的需要拟定活动区域的种类、数量和规模，合理布局。

第一，整体规划布局。分开教学区域和活动区域。

第二，区分动静两大区。活动区域中较安静的区域离教室门和卫生间相对较远，活动性较大的区域离卫生间较近。

第三，合理分隔活动区域。设置区域所在方位后并进一步布置各区域中的必需品，如桌子、工作柜，布置时考虑适宜幼儿的高度；明确各区域标记；还要寻找创设环境必要的幼儿互动材料。布置后的班级活动室平面图如图3-2所示。

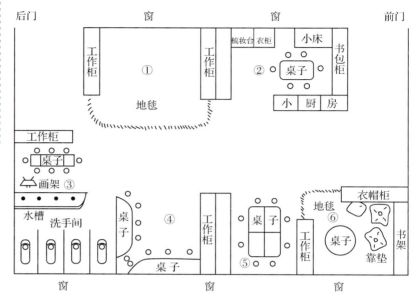

注：①建构区；②娃娃家；③美工区；④科学区；⑤益智区；⑥语言区

图 3-2　布置后的班级活动室平面图

（四）生活区设计

幼儿的生活区主要包含睡眠和盥洗功能，有的幼儿园把生活区和活动区分开，设有专门的寝室、卫生间；有的幼儿园则是按班级把幼儿的活动、午休、盥洗等功能集中在一起分区域设置。

午睡室的布置应该遵循以下原则：午睡室要安静、通风、温度适宜；儿童床的摆放要统筹安排，小床要坚固稳定；午睡室的色彩、光线要柔和、温馨；定期给予幼儿选择床位的机会，但消毒措施要及时跟上。

盥洗室的布置应该符合以下要求：卫生整洁、通风采光好；卫生设施如便池、水杯架、毛巾架等的高度和大小要方便幼儿使用；环境标语、图示等应该简洁、便于辨识；颜色使用应简单、明快。

二、幼儿园户外环境创设 >>>>>>>>>>>>>>>>>>>

幼儿园的户外环境应包括地面铺设、道路设计、游戏场、种植饲养区以及园内景观等内容。关于户外环境，这里主要讨论户外游戏场和种植饲养区的创设。

（一）户外游戏场

创设良好的户外环境是提高幼儿教育质量的重要措施之一。相较于城市而言，乡村有着天然的自然环境优势，要开展有特色的乡村幼儿户外活动必须充分发挥自然环境资源的作用和优势，改善优化幼儿户外游戏场，回归自然，释放幼儿的天性。

1. 游戏场的类型

（1）传统游戏场

传统游戏场是一种正式的游戏场，由金属或钢具结构的设备组成，并零星地散布或成排地固定在平坦的地面上，较单调、无趣，典型的设备包括秋千、滑梯、跷跷板、攀登架、立体方格铁架和旋转装置等，皆为运动游戏和大肌肉游戏而设计。

这种传统游戏场的设计最大的好处在于不需要太多的保养，也提供了空间以及设备，让幼儿做大肌肉的活动。传统游戏场也有许多缺点，首先，这些固定的设施的使用方法有限，会使幼儿感到枯燥乏味，结果是幼儿很少使用，即使有幼儿玩也是玩一会儿就不玩了；其次，它仅能鼓励幼儿做大肌肉活动，在游戏中属于社会性交往层次较低的游戏；最后，是安全上的问题，传统游戏场中如幼儿跌落到坚硬的地面及金属设施上，容易受伤甚至可能会有生命危险。

（2）现代游戏场

现代游戏场是一种正式游戏场，也称为设计者游戏场，由专业建筑师设计或设计者运用制造业者的设备所创作，通常具有高美感品质，配有多样化功能的设备和连接的游戏区，其设备由木具、金属机械和横木（如铁轨枕木）所组成。现代游戏场通常包括木质攀爬台、围起来供扮演游戏的场地、架梯、轮胎阵、吊桥、滑轮、缆绳、秋千、平衡木、隧道以及滑梯等。最广泛使用的是沙区，其次是土堆和滑梯。这些设施并非如传统游戏场般各自独立和散布，而是集中摆设。通常分为 3 个区域：其一，坚固的地面或柏油地面，专供三轮车、四轮车及其他有轮子的游戏器行驶；其二，在游戏设施底下或四周铺有沙土及木屑的柔软区域；其三，有草地可供孩子游玩或坐，沙箱、小池塘及花园通常也会被包含在内，以展示一些自然的生物让幼儿探索（图 3-3）。现代游戏场比传统游戏场提供给幼儿更多样化的游戏体验，幼儿能参与较多扮演游戏以及团体游戏。

幼儿园户外
运动环境创设

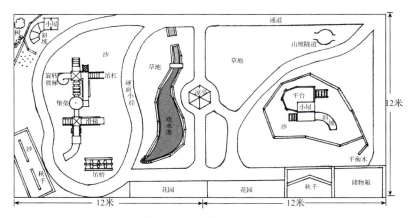

图 3-3　现代游戏场示意图

（3）冒险游戏场

冒险游戏场是一种高级的非正式游戏场，运用一个围篱区，以自然的环境及各式各样的废弃材料建造而成，幼儿在受过训练的游戏指导员督导和协助下运用原始器材建构和重建他们自己的游戏世界。冒险游戏场与前述游戏场有许多不同，除了储物架或储藏室不同之外，冒险游戏场的设备都是临时性的，如池塘、花园、消防洞以及经常栖息在此地区的小生物；另外，有更多的材料供儿童操作，如木材、条板、绳索、缆绳轴、轮胎以及其他旧的工具。该类游戏场可让幼儿在多样的创造性游戏形式中自由表现他们自己，包括建造、拆解、挖掘、在泥地滑行、栽培花木及照顾动物等，但必须有一位或多位游戏指导者来协助和督导幼儿进行游戏。[①] 冒险游戏场示意图见图 3-4。

图 3-4　冒险游戏场示意图

---

①　汤志民：《幼儿园环境创设指导与实例》，160～163 页，上海，华东师范大学出版社，2013。

（4）创造游戏场

创造游戏场是一种半正式的游戏场，介于高级正式游戏场和冒险游戏场之间，结合其他类型游戏场的特色，以满足特定的社区或学校的需求。创造游戏场广泛运用轮胎、破旧家具、木杆、铁轨枕木、废弃水管、网子和电缆线轴等。

创造游戏场与现代游戏场有明显的不同。首先是场地器材不同，创造游戏场的闲置或废旧器材和创造性活动的设计比现代游戏场多，而金属和木具组合的多功能连接设备比现代游戏场少。其次是建构者不同，创造游戏场通常由家长、教师和幼儿来规划和创造建构，现代游戏场则由专业建筑师或设计者运用制造业者的设备来创作。此外，创造游戏场的场地通常较小，器材运用的安全性比冒险游戏场高。[①]

乡村幼儿园可设置不同的地形，配上一些木板、木栏等让幼儿自由摆弄，创造性地设计房子、园圃，开展不同主题的游戏。

不同类型游戏场的特点比较见表3-1。

表 3-1　不同类型游戏场的特点比较[②]

游戏场设计特色	传统式	现代式	冒险式	创造式
结合性	－	＋＋	＋	＋＋
弹性器材	－	＋	＋＋	＋＋
不同程度的挑战性	－	＋	＋	＋＋
经验的多样化	－	＋	＋＋	＋＋
促进功能游戏（运动游戏）	＋	＋	＋	＋
促进建构游戏	－	＋	＋＋	＋＋
促进戏剧游戏	－	＋＋	＋	＋
促进团体游戏	－	＋	＋	＋

注：1. 假定现代游戏场有所有正向特色（沙、不同的运动设备、适用戏剧游戏的大而宽的滑溜梯和平台），否则，原有＋就变成－。

2. －表示缺点；＋表示优点；＋＋表示极优。

2. 游戏场的创设

（1）依托自然资源，优化活动设施

《幼儿园教育指导纲要（试行）》指出："充分利用自然环境和社区的教育资源，扩展幼儿生活和学习的空间。""环境是重

---

① 汤志民：《幼儿园环境创设指导与实例》，164～165 页，上海，华东师范大学出版社，2013。

② J. E. Johnson，J. F. Christie，T. D. Yawkey：《儿童游戏：游戏发展的理论与实务》，吴幸玲、郭静晃译，252 页，台北，扬智文化出版社，1992。收入本书时编者有补充。

要的教育资源，应通过环境的创设和利用，有效地促进幼儿的发展。"乡村有着更为丰富的自然环境资源，园内活动场地的创设可以依托自然资源进行改建优化，有效地促进幼儿的发展。例如，从适宜高度的大树上垂下麻绳便成了一处攀登设施，幼儿可以大胆地往大树上攀爬；从大树上垂下一些高高低低的麻绳，挂上小球便成了一处跳跃设施，幼儿可以选择适宜高度的小球进行跳跃抓取的游戏；将横倒的树干放置于场地上，便成了一处平衡设施，幼儿可以采取站或爬等方式通过"独木桥"……①

幼儿是好奇好玩的，多彩多样的自然资源会激发幼儿进行体育活动的兴趣，因地制宜，因势利导，在幼儿园中营造山坡、桥洞、树屋等，保留天然的土地，让幼儿尽情攀爬翻滚、跳跃穿梭，发掘自然泥土中的石头和小生物，使他们在自由探索游戏中既发展了身体的各项技能，又增强了探索精神，体验了体育活动的乐趣。

（2）就地取材，在游戏场中提供丰富的活动材料

《幼儿园工作规程》提出："幼儿园应当因地制宜，就地取材，自制玩教具。"

①有效利用自然材料。

乡村有丰富的自然材料资源，如泥土、稻草、麦秸、棉花、玉米秸、竹子、柳条、丝瓜筋、木桩等。在户外活动配套设施中投放用自然物制作的游戏器材，能丰富幼儿的户外活动。在搬运的游戏中投入木桩和石块，能让幼儿在搬运的过程中锻炼平衡能力和上肢力量；用竹子做成梅花桩，能让幼儿练习跳跃和非平地行走，锻炼平衡能力；在投掷游戏中投放丝瓜筋，柔软的丝瓜筋不会对幼儿造成伤害，也能帮助幼儿练习投掷长条状物品的技巧；在跳房子时，用贝壳和螺蛳壳来投掷，能练习幼儿的手臂力量和眼手协调能力。

②智慧改造自然材料。

适当改造自然材料，能使之更符合幼儿的现有水平和发展的需要，吸引幼儿参加体育活动。例如，将木头钉装成木梯，幼儿可以练习跳过木梯，也可以利用木梯练习走"平衡木"，还可以和小伙伴一起用木头搭成山洞，或爬、或钻。又如，以稻草为例，将其做成草球可开展推、滚、踢等游戏；做成草垫，安全又舒适，幼儿可以进行爬行翻滚的游戏，必要时也可作为

做一做

请你运用稻草、纸盒、树叶、木块等乡村随处可见的材料制作一种户外游戏玩教具，供幼儿使用。

① 俞佳顺：《驰骋乡野 归于自然——开展有特色的乡村幼儿园户外体育活动》，载《读与写（教育教学刊）》，2019（10）。

安全器械使用；将多根稻草棒组合在一起可以制作成跨栏，幼儿可以进行钻爬或跨越的游戏；将稻草编成长龙，教师可以引导幼儿合作舞龙，感受民俗节庆……幼儿在利用自然材料进行游戏的过程中能发现自然材料的重要作用。在游戏中潜移默化地培养幼儿节约资源、废物利用的良好习惯，还能培养幼儿的创造力。①

　　③有效利用废旧材料。

　　对废旧材料的有效回收利用，能促进幼儿的创造性思维发展。例如，废旧轮胎可以用来垒高、制作秋千和跷跷板、叠加作山洞、半嵌入地面作平衡木或跳山羊……废旧轮胎的用途见图 3-5 至图 3-8。

图 3-5　废旧轮胎作水池、平衡木、围栏

图 3-6　废旧轮胎作攀爬墙

图 3-7　废旧轮胎作山洞

图 3-8　废旧轮胎的别样利用

---

　　①　俞佳顺：《驰骋乡野 归于自然——开展有特色的乡村幼儿园户外体育活动》，载《读与写（教育教学刊）》，2019（10）。

图 3-9　种植角的一次科学活动

（二）种植饲养区

乡村地区幼儿园要充分利用当地的资源优势，结合幼儿平时的生活场景来创设一个和谐、完美的户外自然环境，让幼儿在享受大自然美景的同时也领悟到一些道理。例如，幼儿园可以在园内开辟一块专门的种植区，里面种上一些生活中常见的粮食作物或蔬菜，每个班划分一小块区域负责，幼儿在教师的指导下学会如何浇水、松土、除草、收获，体会亲自动手的劳动乐趣和餐桌上每一样食物的来之不易；观察植物的生长过程和结果，发现影响植物生长的各种因素，了解植物的生长规律，积累种植经验，逐步内化科学探究精神。如图 3-9，幼儿发现同一片土地长出来的玉米有的大、有的小，有的饱满、有的稀疏，有的甚至不长玉米粒儿。经过观察玉米不同植株成长的环境，有的幼儿说出了植物成长与光照的关系；在教师的引导下，幼儿还理解了植物生长需要营养，营养是否充足与种植间距之间的关系。

基于种植饲养区活动的经验基础，结合儿童读物拓展相关的自然和人文知识，以点带面，教师带领幼儿通过亲身感知、实际操作等方式开展系列种植饲养活动、食育课程、环保课程等，系统了解与生活息息相关的内容，帮助幼儿形成做中学、做中思考的习惯。

第三节
实践与运用

一、室内环境创设案例 >>>>>>>>>>>>>>>>>>>>

案例一

幼儿园教室合理收纳[①]

幼儿园教室的面积有限，需要用到的物品多且杂，因此教

---

① 梁英：《转角遇到爱——幼儿园环境创设角落优化案例》，载《农家参谋》，2019（2）。收入本书时有改动。

室空间显得尤为珍贵，空间利用尤其重要。教室里寝具的占地面积最大，堆放不合理的话会浪费较大空间。其实幼儿寝具轻便，完全可以堆得高一些，腾出一排的空间。为了合理利用，在寝具堆放区画上框框；为防止高处寝具倾斜和垮塌，在寝具顶部天花板上悬挂粗麻绳，并用编织艺术壁挂的方式进行处理。这样，绳子不仅可以保护和稳定寝具，而且能成为一道风景线，还也可作幼儿的作品展示区，既增加了活动面积、拓展了空间，又美化了环境。玩教具、幼儿书包是教室里的主要物品，使用频率高，而且种类多，如果收纳不合理，就会显得杂乱无章。教师充分利用现有资源，在收纳柜上贴上标签，将玩教具分门别类收纳进柜，把小矮柜腾出来放书包。家、园一起收集干净的月饼盒、鞋盒等废旧物品，用来分类收纳玩教具。这样，教室一下子就整齐、宽敞了。

学习笔记

 案例二

巧设隔断，创设区角①

幼儿园某教室原来两侧均有阳台，借鉴小户型室内装修案例，该园进行大胆改造，将一侧开放的阳台砌墙封住，该侧原墙体除承重墙外，其余打掉，这样便创造了更多的室内空间。活动区的布局利用玩具矮柜、承重墙体等将教室边角分割成可供 3～6 个幼儿活动的多个小空间，为每个小空间命名并投放材料。玩具柜数量有限，教师仔细寻找教室的角落，在寝具摆放区利用屏风做成一个临时隔断，人为创造一个临时性角落，使其成为一个私密角落——悄悄话区角。这样位置固定的区角与可移动区角相结合，使区角活动内容丰富、灵活多变、富有趣味性，激发起幼儿参与的欲望。

 **案例三**

合理布局教室空间②

幼儿园某教室里区域摆放不合理，导致可用空间浪费较大。比如，教室的办公区摆放到教室前面一个半圆形舞台上，使教

---

① 梁英：《转角遇到爱——幼儿园环境创设角落优化案例》，载《农家参谋》，2019（2）。收入本书时有改动。

② 梁英：《转角遇到爱——幼儿园环境创设角落优化案例》，载《农家参谋》，2019（2）。收入本书时有改动。

室前面一大片空间都成了不可用区域。在创设环境时，教师选择保留多媒体白板，将电脑、教室办公区域的资料柜等移动到舞台下面，将不常用的音响设备挂到墙角距地面 2 米以上的位置，减少占用地面面积，这样便腾出了大面积的空地。并利用舞台的优势，把舞台设计成表演处，降低了布置难度。

由教室通往卫生间有一处转角，面积较大，原来堆放了课间活动用的篮球，这样既浪费面积，又不美观。教师把放篮球的框子移到舞蹈道具柜背后的走廊里藏了起来，腾出的转角作为植物角和美工区，并用麻绳制作挂帘作为美工区作品展示墙，增加可用墙面，创设立体空间。

幼儿园室内环境色彩搭配

某幼儿园周围长了一片竹林。教师将园艺师修剪下来的竹子收集起来，插在教室中让幼儿观察，可在"竹子放在教室哪个地方"与"竹子和什么搭配在一起更突显它的教育价值"这两个问题上犯了难。于是，教师引导幼儿仔细回忆竹子的生存环境，最后得出竹子和石头及松、梅、菊"三君子"搭配在一起最适合——它是属于大自然的，一来自然的材料应与自然的材料搭配，二来"四君子"在国画中常常一起出现。可教室中没有这些材料，师生尝试家园合作搜集松枝、木头制品、石头与竹子搭配，又找来竹板作为背景墙。幼儿又绘画并剪下竹子、菊花的图案，这些黄色、绿色的相近色物品，让竹子在教室中有了一个"大家庭"，它们搭配在一起显得十分和谐、温馨。这样的搭配就具有观赏性、艺术性，在提倡注重优美、环保、低碳环境的同时，也达到了色彩的和谐。这样，环境创设中材料的多元化与色彩的搭配有效组合，达到了教育目的。

幼儿用自然材料自主打造主题墙

幼儿园某大班在开展"我爱祖国"主题活动时，布置了"欢乐广西行"主题墙，幼儿用身边的材料把游玩过的足迹呈现在眼前：丝瓜筋、蛋壳贴成的"南宁国际会展中心"；绿叶、高粱秆组成的"桂林山水"；棉花、贝壳、芝麻贴成的"钦州三娘湾""北海银滩"；稻秆、葵花籽组合成的"广西三江侗族风雨桥"；各色毛线、黑白芝麻粘成的"山川河海"等。又如"三月三"节日主题，教师引导幼儿巧用不同大小、不同颜色、不同形状的豆类来粘贴壮族服饰图案。开展"春夏与秋冬"主题时，教师用野草野花、枝条装饰活动室，使活动室始终充满欢乐、童趣和生机。丰富多样的操作材料给了幼儿想象的空间，充分调动起幼儿的操作兴趣，使他们积极主动地去尝试。在系列环境创设中，幼儿充分利用感官去体验、去思考，在轻松愉快的活动中陶冶情操，获得知识，增长能力。实践证明，活动室主题墙的变换，不仅是课程内容的体现、教学活动的反映，而且是幼儿学习过程与结果的承载体和记录平台。

案例六

班级"自由墙"

教师和幼儿商量留出环境创设的空白处，作为班级"自由墙"，鼓励幼儿运用乡村丰富的材料，如各种颜色的石块、形状各异的种子、不同大小的树叶进行粘贴、拓印等创作；[①] 鼓励幼儿自由表达自己的情绪，高兴、难过都可以表现出来；还可以将"自由墙"作为"提问墙"，让幼儿把自己想不明白的问题用绘画的方式表达出来，引发教师和幼儿的共同探讨。

二、户外环境创设案例 >>>>>>>>>>>>>>>>>>>>>

（一）园舍改扩建

该幼儿园位于西部某省农村，幼儿园周边就是稻田。该幼儿园经过与村民们商量，将幼儿园旁边的一片稻田区归幼儿园使用，并将其变成亲子种植区。将亲子种植区按班级分成大小不一的4个区域，小小班和小班分面积相对较小的区域，中班和大班分面积相对大一些的区域。各班幼儿自己管理自己班级的田地，需要家长协助幼儿一同完成一些耕地播种的任务。农村家长大多擅长农活，在耕种自家田地的基础上带着幼儿多种一些田地，加上这些田地面积很小，家长不用过于费心。此举解决了家长没有参与幼儿成长的问题，幼儿收获的不仅是父母的陪伴，而且学会了更多生活技能。从播种到收获的过程，亲子之间、幼幼之间、师幼之间一起分享栽培时的用心，一起观察种子生长的变化，感受粮食来之不易，从内心深处体会"粒粒皆辛苦"。

引田入园，并设计景观栈道，高低错落地搭建栈道，将大

---

① 杨莉君、黎玲：《贫困山区幼儿教师的教育质量观及其转向》，载《教师教育研究》，2019（2）。

片稻田景色引入园内，形成独特的乡土景观，如图3-10所示。

图 3-10　连通稻田的景观栈道

幼儿园可以利用稻田，做一些有趣的乡村运动，开展运动会；让幼儿自由观察，了解水稻如何生长、蝌蚪如何长成青蛙；在田间举办乡村"音乐会"，不一定必须有各种乐器，教师带领幼儿聆听大自然的声音，行走在稻田间倾听大自然中每一种生命的声音。

（二）饲养区

图3-11中的木质玻璃房子，用来圈养家禽家畜，如鸡、兔、猪等易养活的动物。幼儿观察并参与喂养，探究动物的生活习性。在幼儿园的几年时光，幼儿有小动物的陪伴，和小动物一同成长，能够从小培养关爱动物的情感。幼儿园可以开辟一片小鱼塘。天气暖和时，在保证安全的前提下，幼儿在鱼塘里摸鱼或玩水。幼儿园适当给予农闲村民一些报酬，请他们来帮助幼儿进行喂养或环境护理。此外，还可以开展一些有趣的乡村运动会，如猪赛跑、兔子跳远等。让乡村的生活有更多种可能，让幼儿的成长充满欢乐。

图 3-11　改造后的饲养区

（三）户外景观

在户外，设计一些供幼儿感受乡土文化并能于其中嬉戏的景观。例如，某幼儿园在家长的帮助下利用家乡盛产的竹子和木头搭建了户外小木屋（图 3-12），六角形的稻草屋顶能引发幼儿对艺术与科学的思考。木头围成的小房子墙面留有窗户，让空间变得通透，便于幼儿互动。架空的底层既增加了空间的多元化，又能引发幼儿新的游戏情境。

图 3-12　幼儿园户外的小木屋

三、整体设计案例 >>>>>>>>>>>>>>>>>>>>>

案例一

日本"四叶草之家"①

由中国著名建筑师马岩松设计的日本一家纯白色乡村幼儿园，外表像巨型白色帐篷，里面运用大量原木进行隔断和分层。该园连连斩获"最佳幼儿园"等大奖。透过大面积的窗户，外面的风景映入眼帘，无形中拉近了室内与室外的距离。整个建筑主要有白色和原木色两种颜色，入口有一幅黑色的世界地图剪影，墙面没有多余的色彩。设计师认为，"幼儿园不是游乐园，不需要那么多色彩"。白色与原木色，能够促进幼儿的想象自由。

幼儿园的一层、二层是幼儿学习、玩乐的区域，三层设置了一个小型图书馆。屋顶和墙壁采取窗户的方式，很好地运用了自然采光。

案例二

越南同奈省"农场幼儿园"②

图 3-13　越南同奈省"农场
幼儿园"俯瞰图

越南同奈省一家"农场幼儿园"的设计吸引眼球。如果从上空俯瞰，这所幼儿园就像是一大片绿地上的一个三连环的结，草木在这些高低起伏的环形中生长（图 3-13）。

弧形教学楼的设计，让人联想起日本的藤幼儿园。二者的区别在于藤幼儿园屋顶是跑道，该幼儿园在屋顶上铺了草坪，种植了植物、蔬菜。幼儿可以在草地上自在地奔跑、游戏，又能参与种菜等活动，体验和学习农业。

小任务

1. 反思你所在园所的环境创设有哪些问题。
2. 列出 3 点你对所在园所环境创设方面的改进想法。

---

① 米津孝祐、李悠焕、藤野大树等：《一座像家一样的幼儿园——四叶草之家》，载《建筑技艺》，2016（12）。收入本书时有改动。

② 谢舒敏：《越南有一所"农场幼儿园"》，载《上海教育》，2016（6）。收入本书时有改动。

 自我检测

一、单项选择题

1. 幼儿园环境可以分为宏观环境、中观环境和（ ）。

A. 微观环境 　　B. 具体环境 　　C. 班级环境 　　D. 细节环境

2. 下列（ ）不属于幼儿园物质环境的范畴。

A. 教室环境 　　B. 鸟语花香 　　C. 轻声细语 　　D. 丰富区角

3. 创设幼儿园环境时应考虑不同地区、不同条件幼儿园的实际情况，因地制宜，因陋就简，这体现了（ ）原则。

A. 开放性 　　B. 经济性 　　C. 发展适宜性 　　D. 参与性

4. 下列关于科学区的说法错误的是（ ）。

A. 科学区应有季节性材料，以应对幼儿的转变

B. 虽然自然的现象会随季节变化，但科学器材仍要整年保持一样

C. 每一实验阶段（约2～8周），应以1个主题深入探讨为宜

D. 可以同时有"彩虹实验"、"浮力实验"和"清洁剂实验"等

5. （ ）区域不适合接近取水区。

A. 美术区 　　B. 科学角 　　C. 手工陶泥区 　　D. 阅读区

6. 以下不属于教师在幼儿园环境创设中的重要作用的是（ ）。

A. 指导者、引导者 　　　　　　B. 控制者

C. 组织幼儿参与环境创设 　　　D. 准备环境、调整环境

7. 环境与教育目标相一致的原则是指环境的创设要体现环境的（ ）。

A. 目的性 　　B. 优美性 　　C. 多样性 　　D. 教育性

8. 学习区应有各种教材，供幼儿观察、感觉、试闻、倾听或品尝。这体现了幼儿活动室配置的（ ）原则。

A. 舒适性 　　B. 感官性 　　C. 稳定性 　　D. 安全性

9. 幼儿园图书区的书籍应当（ ）。

A. 让幼儿看到封面 　　　　　　B. 让幼儿看到书脊

C. 无所谓 　　　　　　　　　　D. 成堆摆放，越多越好

10. 在幼儿园环境创设中，要把大小环境有机结合，实现学校和家庭、社区的合作，这体现了（ ）原则。

A. 目的性 　　B. 开放性 　　C. 灵活性 　　D. 教育性

二、多项选择题

1. 幼儿是幼儿园环境创设的（ ）。

A. 设计者 　　B. 讨论者 　　C. 参与者 　　D. 实施者

2. 游戏场的类型可分为（ ）。

A. 传统游戏场 　　B. 现代游戏场 　　C. 冒险游戏场 　　D. 创造游戏场

三、简答题

1. 幼儿园环境创设的意义有哪些？

2. 幼儿园环境创设的原则有哪些？

3. 乡村幼儿园环境创设的要点是什么？

4. 如何确定班级区域的种类和数量？

参考答案

第四章
幼儿园班级管理

>> 思维导图

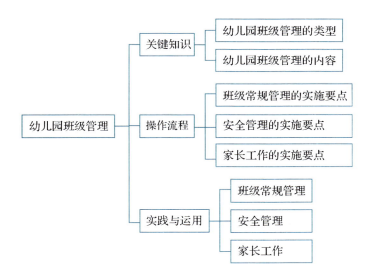

第一节
关键知识

　　幼儿园班级管理的内容相当宽泛，本章综合考虑班级管理的各个方面，选取幼儿园班级管理中一些重要的活动，总结出班级管理的关键知识。

一、幼儿园班级管理的类型 >>>>>>>>>>>>>>>>>>

（一）班级常规管理

班级中的一日常规管理是幼儿园班级管理的重要内容，一日活动的顺利开展需要班级常规的约束，班级常规管理的好坏，直接关系到幼儿和教师的班级生活质量的好坏。班级一日常规涵盖了幼儿从来园到离园的整个过程，涵盖班级生活的方方面面。从班级常规涉及的活动范围来看，主要有生活常规、学习常规、运动常规和游戏常规，这些常规有的以显性的形式呈现，有的则是以隐性的方式发挥着影响。

（二）安全管理

安全是幼儿园一切工作顺利进行的首要前提，也是幼儿身心发展的重要保障。从幼儿园的环境到一日生活的各个环节，安全隐患无处不在。教师应对其中的安全隐患和操作要点非常清楚，尽可能做到防患于未然。当意外发生时，教师应做好危机应对与善后处理，这就需要幼儿园有相应的危机处理制度及应对策略。此外，在班级安全管理中，教师要避免对幼儿安全一味地消极保护或对幼儿活动安全放任自流，注重身体安全而忽视情感安全等情况的发生。

（三）家长工作

家庭教育在幼儿健康发展中起着重要的作用，充分发挥家庭的教育作用，提高家长的教育能力，实现家园共育是建设高质量乡村幼儿教育的重要任务。然而，乡村家长教育水平参差不齐，他们的职业、思想等各有不同，对幼儿的期望也各不相同。可以说有多少个家庭就有多少种家庭教育，乡村幼儿园开展家长工作尤为重要。

幼儿园家长工作的内容丰富多彩，主要体现在以下几个方面。首先，向家长传递幼儿园的教育理念。幼儿园可以围绕工作重点，有目的、有计划地向家长宣传学前教育法规政策，办园理念，教育目标、内容和途径等，使家长能够全面、深入地了解幼儿园教育，为配合幼儿园教育提供坚实的基础。其次，向家长介绍家庭教育的科学知识。乡村的大多数家长对幼儿的发展与学习特点不了解，往往把读书认字当作幼儿学习的重要内容，以幼儿园教会幼儿认字、数数、唱歌等作为衡量幼儿园教育的标准，无形中加剧了乡村幼儿教育小学化的倾向，因而，帮助乡村家长了解幼儿发展与学习的特点，引导家长科学育儿，提升乡村家长的育儿水平是家长工作的重要内容之一。幼儿园可以以家庭为中心，根据家长和幼儿的实际情况，向家长介绍先进的家庭教育理论、最新的家庭教育研究成果，使家长能够在家里及时地对幼儿进行相应的教育，为强化幼儿园教育创造良好的条件。再次，向家长介绍可利用的教育资源。幼儿园可以结合季节的变化和节日的特点，向家长介绍生活中各种可以利用的、免费且有益的资源，特别是乡村本土特色的各种资源。最后，向家长介绍幼儿在园的发展情况，包括幼儿的身心发展和社会性的发展等方面，此外，教师也应向家长了解幼儿在家的情况，为充分了解幼儿各方面的发展奠定基础。

二、幼儿园班级管理的内容 >>>>>>>>>>>>>>>>>

（一）班级常规管理的内容

幼儿园班级常规管理内容如表 4-1 所示。

表 4-1　幼儿园班级常规管理内容

项目	管理内容
生活活动常规	生活活动常规主要指在幼儿生活自理、交往礼仪、自我保护、环境卫生和生活规则等活动中有关活动内容、时间和程序的明确规定。主要涉及来园、饮水、盥洗、餐点、睡眠、如厕和离园等环节。
运动常规	运动常规主要指在幼儿体操、器械运动和自然因素锻炼等活动中有关时间、内容和程序的相关规定。建立科学的运动常规，有利于幼儿在适宜的运动强度、密度和时间中增强身体素质，提高动作协调能力和环境适应能力。
学习活动常规	学习活动常规主要指在幼儿讨论、阅读、制作、表演、实地参观、收集信息等活动中约定俗成的规则。建立合理的学习活动常规，有利于幼儿在有计划、有准备的学习情境中主动探索和积极体验，提高认知能力、丰富情感体验。
游戏活动常规	游戏活动常规是指在幼儿自发、自主的游戏活动中的约定。建立宽松的游戏常规，有利于幼儿在和谐的游戏情境中发展想象力、创造力和交往合作能力，促进幼儿情感和个性的健康发展。

（二）安全管理的内容

幼儿园安全管理内容如表 4-2 所示。

表 4-2　幼儿园安全管理内容

项目	管理内容
幼儿园环境的安全管理	幼儿园环境的安全管理包括室内环境的安全管理和室外环境的安全管理两大方面。室内环境的安全管理包括环境创设、物品管理、行为监控等方面，室外环境的安全管理包括活动场地、运动器械、特殊区域等方面。

续表

项目	管理内容
预防意外事故的安全管理	幼儿园意外伤害事故主要指幼儿在幼儿园期间以及在离园组织的集体活动中突发的人身伤害事故。事故起因主要有自然原因、制度原因和人为原因等。
幼儿来园的安全管理	来园环节是一日生活的开始，教师应该清楚幼儿入园时的健康状况，做好晨检工作，检查幼儿是否携带危险物品入园，与家长做好交接工作，保证幼儿的入园安全。
户外活动的安全管理	户外活动是幼儿一日活动中不可或缺的环节，但是由于幼儿的生理发育尚不完善，动作协调能力较差，在活动过程中跌落、摔倒、碰撞等情况时有发生。教师应该关注幼儿的运动着装、活动量等方面，并对幼儿的活动过程实时监控。
盥洗的安全管理	盥洗室的空间有限，加上地面湿滑，容易发生安全事故。玩水对于幼儿来说有极大的吸引力，一些幼儿会借盥洗的机会边洗边玩，容易把水弄到身上或地上，带来安全隐患。教师要教会幼儿正确的盥洗方法，教育幼儿学会耐心等待，有序盥洗。
饮水的安全管理	幼儿饮水时经常出现被烫伤的情况，过高的水温和缺少防护措施的水桶都会增加幼儿烫伤的风险。
进餐的安全管理	保教人员若不能严格执行就餐管理制度，极有可能导致幼儿在进餐时出现烫伤、中毒、异物卡喉等危险。教师不仅要指导幼儿正确进餐，保证幼儿身体发育所必需的营养供给，而且要做好准备工作，保证幼儿的进餐安全。
午睡的安全管理	在午睡过程中，有些幼儿睡姿不良；或者将玩具等物品带入午睡室，趁教师不注意时拿出来摆弄；或是在午睡时突发疾病。因此，教师需要在幼儿午睡时加强巡视，随时关注幼儿的午睡情况。
离园的安全管理	离园是一日生活的最后环节，也是成人和幼儿都容易放松警惕的时刻，一些教师只顾和家长交谈而忽略了在一旁玩耍的幼儿，一些幼儿因为奔跑过猛，很容易摔伤或碰伤。离园过程中最大的隐患出在交接环节，外来人员导致的幼儿伤害事故在幼儿园时有发生。

（三）家长工作的内容

幼儿园家长工作内容如表 4-3 所示。

表 4-3　幼儿园家长工作内容

项目	管理内容
早晚沟通	早晚沟通是教师利用家长每天接送幼儿之际与家长进行的简短谈话，是教师使用频率最高，也是效果及时显现的一种家长工作方式，其特点突出体现在及时、简短、有效。
家访	家访是教师对幼儿家庭进行的上门访问，是教师与家长在家庭中进行的面对面沟通。家访分为两种情况：一是对新入园幼儿进行的普遍家访；二是根据幼儿或家园共育中某些特殊问题进行的个别家访。

项目	管理内容
家园联系手册、微信群、QQ 群等	家园联系手册是教师与家长围绕幼儿的发展与教育进行的书面联系与交流。在信息化社会的背景下，教师也可以通过微信群和 QQ 群，采用视频、音频、图片、文字等方式发布幼儿在园的信息或者推送先进的家庭教育理念和科学的育儿经验。
家长开放日	家长开放日是在特定的时间里将家长请到幼儿园，向家长展现幼儿在园生活、学习、游戏状态的一种开放活动。通常有每月一次的开放、学期末的开放、节日庆祝的开放等。
家长助教	家长助教是指幼儿园依据具体的教育内容和家长的职业特点、个人爱好等，让家长作为特邀人员参与到教育活动中。不同文化背景、职业背景的家长群体，可以成为幼儿园丰富的教育资源。
家长会	家长会是幼儿园普遍采取的一种家长工作方式，通常是在学期初或学期末举行，内容可以是面向全体家长介绍幼儿在园各方面的发展现状，针对班级中共性与个性的问题与家长进行双向交流等。
家长委员会	家长委员会是由家长自荐或班级推荐产生的协助幼儿园工作的组织。家委会成员代表家长参与幼儿园民主管理，支持和监督幼儿园做好各方面工作。
家园联系栏	家园联系栏是教师通过文字、照片、图表等形式定期将幼儿园的教学动态、幼儿发展情况、家长关注的问题等进行宣传的一种沟通方式。
亲子活动	亲子活动是指幼儿园依据学期目标、幼儿发展需求或主题开展到一定阶段后，组织家长与幼儿共同参与的亲子活动。亲子活动通常以游戏为载体，由家长带着幼儿，在教师的组织下通过系列活动促进幼儿多方面能力的发展，同时提升家长的育儿观念和方法。
家长沙龙	家长沙龙是家园之间、家长之间通过交流互动，分享育儿经验，由教师或专家针对问题进行答疑解惑，使家长获得有效育儿策略的一种家园合作方式。沙龙的形式决定了活动的氛围具有宽松自由、畅所欲言的特点。
家长学校	家长学校一般是通过专题讲座的形式宣传和普及家庭教育知识，是提升家长素质的重要方式之一。

第二节
操作流程

一、班级常规管理的实施要点 >>>>>>>>>>>>>>>>

幼儿园班级常规涵盖了幼儿从来园到离园的整个过程，涉及幼儿园一日生活的各个环节。主要包括生活活动常规、运动常规、学习活动常规、游戏活动常规等。

（一）生活活动常规

首先，要根据幼儿生理和心理发展的需要，建立科学的一日生活常规，这样既有利于形成集体生活秩序，又能满足幼儿个体的合理需要，但不要求整齐划一。其次，要建立必要的生活活动规则，并让幼儿了解原因，提醒幼儿遵守规则。再次，可以鼓励和引导幼儿参与生活规则的建立，满足幼儿独立自主的需要，避免过度保护和包办代替。最后，教师组织和指导幼儿的生活活动，要进行充分的准备，减少不必要的等待时间。此外，还要有处理突发事件的应对措施：如在盥洗环节，幼儿在盥洗室滑倒应如何处理；在午睡环节，幼儿把私自带来幼儿园的小玩具塞进鼻子、耳朵等应如何处理等。

（二）运动常规

首先，要以本班幼儿的运动兴趣、态度、动作能力、运动卫生常识、运动心理品质为依据，设计和组织活动。其次，掌握运动时间、强度和密度，循序渐进，确保幼儿安全。一般来说，每天户外活动时间不少于 2 小时，其中体育活动不少于 1 小时，且分段进行。再次，重视采取让幼儿通过自主、探究、合作等学习方式练习、体验，发展运动能力。最后，根据本园的场地、器械等条件，让幼儿充分利用日光、空气、水、地理环境等自然因素进行锻炼，保证足够的运动活动材料，开展丰富多样的体育活动。

（三）学习活动常规

首先，根据教育目的、幼儿的实际水平和兴趣，以循序渐进为原则，均衡安排各领域的学习内容。其次，学习活动次数和时间适量，每次活动时间小班 15～20 分钟，中班 20～25 分钟，大班 25～30 分钟。再次，充分利用周围环境的有利条件，提供充足的动手操作材料，保证幼儿有充分活动的机会；遵循幼儿的学习特点，注重活动过程，重视实践，采用合作、交流、探究等活动方式引导幼儿参与活动；灵活运用集体、小组、个别化等活动组织形式，为幼儿提供交流和表现的机会与条件。最后，关注幼儿学习兴趣、方法及良好学习习惯的养成。

（四）游戏活动常规

首先，根据幼儿的年龄特点、实际经验和兴趣，选择幼儿游戏的内容，保证游戏的时间和空间。其次，因地制宜，就地取材，创设良好的游戏环境，提供安全、卫生、可变、具有多种教育价值的游戏材料，保证幼儿自主游戏的条件。再次，平衡一周内的各类型游戏。最后，加强游戏过程中的观察，做到观察在前、指导在后，指导方式恰当。

二、安全管理的实施要点 >>>>>>>>>>>>>>>>

《幼儿园教育指导纲要（试行）》指出："幼儿园必须把保护幼儿的生命和促进幼儿的健康放在工作的首位"；《幼儿园教师专业标准（试行）》中也多次强调了安全问题，并对教师的相关专业知识和能力提出了要求，如"熟知幼儿园的安全应急预案，掌握意外事故和危险情况下幼儿安全防护与救助的基本方法"等。因此，安全问题是幼儿园管理工作的重中之重，保证每一个幼儿在园期间的安全是幼儿教师最重要的职责。

（一）幼儿园环境的安全管理

幼儿天性好动，喜爱追逐打闹，而且有强烈的好奇心，喜欢尝试和探索。但由于幼儿缺乏危险识别的相关知识和自我保护意识，周围环境中任何不安全的因素都可能威胁到幼儿的生命安全。幼儿园环境的安全管理分为室内环境的安全管理和室外环境的安全管理，具体内容和操作要点见表4-4。

表 4-4　幼儿园室内、室外环境管理内容和操作要点

幼儿园环境	具体内容	操作要点
室内环境	环境布置	应保证门把手、插座等危险设施安置在安全距离内，墙壁、门缝、桌角等最好用泡沫或软皮包裹起来。
	物品管理	危险物品，如火柴、打火机、药品等要放置在幼儿无法接触到的地方，以防幼儿误拿或误食。剪刀、美工刀等选用设计较安全的，用完后要及时收好。
	行为监控	要随时保持地面干燥，尤其是在幼儿饮水和盥洗时，发现积水要及时拖干，防止幼儿滑倒。定期检查室内设施是否存在安全隐患，如出现水管漏水、桌椅裂缝、门窗破损、吊灯松动等问题要及时报修。
室外环境	活动场地	要根据人数和活动内容选择大小合适的场地；要保证活动场地平整、无障碍物和积水，避免干燥起尘；远离停车场、戏水池等危险地带，以免幼儿因离开教师视线而酿成事故。
	运动器械	活动前首先检查运动器械（滑梯、秋千、攀登架等）是否安全牢固，如发现歪倒、生锈、铁钉外露、螺丝松动、木头腐烂、绳索断裂、破损严重等问题应请专业人员进行维修或选择其他较安全的活动方式；大型器械周围要采取保护性措施，如在滑梯的地面四周铺设海绵拼图等。
	特殊区域	在容易发生安全事故的地方设置警示牌或小贴士，如在厨房门口设置禁止幼儿入内的警示牌，在楼梯口贴上靠右行的标识等。如果能让幼儿自己动手制作效果会更好。

（二）预防意外事故的安全管理

意外伤害事故的起因有很多，除了自然灾害等不可控的因素外，幼儿园、教师、保育员、门卫、家长、幼儿等任何一方的疏忽大意都有可能引发事故。幼儿教师不仅要明确哪些事情是自己无法控制的，哪些事情是自己可以做而且应该做的，而且要履行自己的安全职责，在自己力所能及的范围内保证幼儿的安全。意外事故管理措施及操作要点如表 4-5 所示。

表 4-5　意外事故管理措施及操作要点

意外事故发生的阶段	具体措施	操作要点
事先预防	安全演练	从态度上要重视安全演练，珍惜每次安全演习的机会，并尽可能使其常态化。平时可以给幼儿看相关的视频，在班级内部多组织小型的模拟演练。
	安全教育	对幼儿进行安全教育是班级管理工作的内容之一，教师要格外重视，提升幼儿自身的安全意识，培养幼儿的安全行为习惯。安全教育应该与幼儿的日常生活和游戏相结合，注重趣味性；而且也要争取家长的配合，使幼儿的安全意识在家园共育中深化加强。
	建立制度	在幼儿入园时，应请家长填写紧急事故联系表，确保在事故发生后不会因为意见不统一影响处理进程。紧急事故联系表应该包含以下内容：一是幼儿的姓名、性别、出生日期和血型；二是幼儿合法监护人（最好有两个）的姓名、单位和电话，还要增加除了监护人之外的两名紧急联系人的联系方式，以备不时之需；三是幼儿医疗保险的相关信息；四是特殊要求，如有无药物过敏；五是出现紧急情况时的运送情况，如送至哪家医院，运送时的交通费等（一般由监护人承担）。
危机应对	明确责任	每位教师都应对当班期间的紧急事故负责。配班教师在紧急情况下应及时与主班教师联系，如果主班教师不在，必须与上级负责人或园长取得联系。
	合理判断	判断幼儿的受伤程度，如果在幼儿园能力范围之外，就要立刻把幼儿送至家长授权的医院。
	积极处理	主班教师必须陪同幼儿到医院，并打电话给家长，简单告知情况。如果医院给幼儿做出诊断建议，教师在做决定前一定要征得家长的同意，不可擅自做主。
善后处理	留档备查	对所有需要医药治疗的伤害都必须填写意外事故报告，报告必须由当班教师填写，并交到园长办公室中相应的幼儿健康文件档案中备份。此外，必要时教师应及时进行家访，进一步了解幼儿伤情，并为其提供力所能及的帮助。

🎯 **小贴士**

紧急事故协议书

作为＿＿＿＿＿＿＿（幼儿姓名）的家长/监护人，我同意教师在幼儿出现紧急情况时对其实施急救，且在必要时送去接受特别照顾。我将负责所有保险中不含的费用。我同意教师在紧急情况下联系上面填写的人，他们代表我的权益，直到我出现。我将及时审核并更新这些信息（至少每隔六个月审核一次），确保信息准确无误。

监护人签名：　　　　　　日期：

（三）一日生活的安全管理

此部分和上文提到的一日生活的常规管理具有不同之处，上文提到的常规管理重在常规，这里则重在安全。一日生活安全管理操作要点如表 4-6 所示。

表 4-6　一日生活安全管理操作要点

一日生活环节		操作要点
来园安全		1. 洗手：提醒幼儿先洗手后入班，防止幼儿将细菌带入班中。 2. 晨检：晨检是幼儿安全入园的第一道屏障，目的是排除安全隐患，对幼儿的疾病做到早发现、早诊断、早治疗。一般情况下会有专门的保健人员负责。晨检主要包括 4 个方面：一看、二摸、三问、四查。 3. 关心身体不适的幼儿的身体状况、服药情况等。一方面要向家长咨询患病幼儿的身体状况和服药情况，由幼儿家长亲自填写"服药登记表"并签名；另一方面要随时关注身体不适的幼儿，照顾幼儿按时服药，注意把药放在幼儿碰不到的地方。
运动安全	运动前的准备	1. 提醒幼儿整理好衣着，在运动前相互检查服装，系好衣扣和鞋带。对于个别极易出汗的幼儿最好运动前在其后背垫好干毛巾，还要检查幼儿是否携带危险物品。 2. 做好运动前的准备活动，以防突然的剧烈运动造成拉伤、扭伤；注意动静交替，防止活动过量。 3. 带领幼儿上下楼梯时，要保证所有幼儿在教师的视线范围内，最好做到一位教师在前领队，一位教师在队尾观察。
	运动中的护理	1. 运动量要适中，强度不宜过大，要让幼儿适当休息。 2. 在玩大型玩具，如滑梯、攀登架时，教师要维持好秩序，及时给予幼儿必要的帮助及安全提示。例如，爬攀登架时抓紧护栏，不相互推拉，走路奔跑时要注意四周，不猛跑、不猛停、学会躲闪，防止与同伴碰撞。 3. 教师应当与保育人员密切配合，时刻保证幼儿在成人的视线范围内，以便及时处理突发事件。
	运动后的整理	运动结束后，教师先要清点人数，最好请幼儿帮忙一起收拾整理，教师可以在整理的过程中渗透一些安全常识，如搬运重物时怎样保持平衡，放置物品时有什么注意事项等。此外，还要检查运动器械是否安放到位。

续表

一日生活环节		操作要点
盥洗安全		1. 考虑盥洗室能否同时容纳所有幼儿，如条件有限可以分批进行。 2. 教育幼儿洗手时要卷好袖口，不玩水，洗完之后要及时擦干。 3. 注意随时保持地面干燥，可将废旧毛巾垫在洗手的水池边，防止衣服溅湿导致幼儿着凉。
饮水安全		1. 指导幼儿安全有序地取水、饮水，不推不挤，喝水时不嬉笑打闹。提醒幼儿剧烈运动后不要马上喝水。 2. 水杯要在幼儿使用之前消毒，水桶要及时上锁，地面要随时保持干燥。 3. 每个幼儿的水杯应放在固定的地方，并请幼儿记住自己水杯的标记，不与其他幼儿共用水杯。
餐点安全	进餐前	1. 进餐前，保育教师要注意将装饭菜的盆、桶等放到幼儿不易触及的位置。 2. 教师要保证给幼儿充足的就餐时间。
	进餐时	1. 教师应当为幼儿提供轻松愉快的进餐环境，不要批评幼儿，不能让幼儿带着消极情绪吃饭。 2. 幼儿进餐时教师应安静地在旁边照顾，注意观察幼儿的食欲。 3. 指导并帮助幼儿养成良好的就餐习惯，要在咽下最后一口饭后再离开就餐区等。
	进餐后	全体幼儿进餐结束后，教师可组织幼儿进行 10～15 分钟的自由散步以帮助其消化，注意不要奔跑或剧烈运动。
午睡安全	午睡前	1. 排除午睡环境中存在的危险因素，取下女孩头上的发卡和头饰，谨防幼儿将尖锐、坚硬或细小的物品带进午睡室。 2. 室内外温差要控制在 10 摄氏度以内，防止幼儿着凉。如果是夏天或冬天，教师应当提前 20 分钟打开空调。
	午睡时	教师要加强午睡过程中的巡视，随时关注幼儿午睡时的情绪和睡姿，及时应对幼儿的情绪变化与需求。午睡过程中教师最好不要随意离开午睡室，离开时务必请搭班教师代为看护。
	午睡后	起床时，提醒幼儿注意穿衣顺序，对于穿衣困难的幼儿应及时给予帮助（可请穿好的幼儿帮忙）。教育幼儿穿好衣服后不乱跑，坐在小床边等待老师，保证幼儿在教师的视线范围内。
离园安全		1. 教师必须严格确认接幼儿的家长。如果来接幼儿的是教师不熟悉的人（包括幼儿的亲人），或幼儿表现出犹豫和不情愿的时候，教师一定要谨慎，只有在得到幼儿直接监护人的确认信息后才能将幼儿交给对方。 2. 要控制好家长接幼儿的时间，让自己有足够的时间和精力去接待每位家长。在与家长沟通时，要保证班级全体幼儿都在教师的视线范围内。 3. 教师必须确保所有幼儿都已安全离园后再离开，离园之前需拔下电器插头，关好门窗。

三、家长工作的实施要点 >>>>>>>>>>>>>>>

（一）亲子活动

亲子活动作为家长工作的方式之一，不仅能使家长和幼儿体验到亲子活动的快乐，增进亲子感情，而且能增进教师与家长间的沟通和了解，融洽关系。在亲子活动中，家长能目睹幼儿在集体生活中与家里不同的表现，亲子活动能使家长重新认识幼儿，帮助家长审视自身在教育幼儿中存在的问题，提升育儿理念与方法。

在活动前，教师要提前制定亲子活动方案，进行相关准备。教师要考虑到家长来参加活动，幼儿情绪容易兴奋的特点来进行活动环节的设计和安排。在活动中，教师不仅要关注幼儿的状态，而且要关注家长在活动中反映出的教育问题，并且能针对不同家长，随机应对。活动后还要分析活动效果是否达到预期目标，及时梳理活动经验。

1. 亲子活动的准备流程及建议

表 4-7 亲子活动的准备流程及建议

流程	建议
1. 制定亲子活动方案	教师要提前制定亲子活动的详细方案，明确本次亲子活动的主要目的。根据活动目的并结合幼儿的特点安排活动环节，各环节过渡紧凑，减少不必要的等待。
2. 进行相关活动准备	教师要在活动前将每项准备工作尽早落实到每个具体人员，将每个人每项工作完成的要求和日期具体化、明确化。活动准备主要有以下工作：确定活动场地并进行场地布置，制作活动宣传海报，安排音响、照相、摄像等设备及准备活动器材等。要总体考虑活动进行时的安全问题。教师要事先设计好活动规则、行走路线、进出口的位置，确保通道畅通，并一一向家长交代清楚，最好在易拥挤处做上醒目的标志提醒。
3. 发放活动邀请	教师要提前告知每一位家长本次亲子活动的时间、目的、程序及注意事项，以使家长更有效地参与活动，与教师充分合作。例如，可在活动前发放"亲子活动须知"，提前告知家长如何参与活动，有效减少亲子活动中出现的包办代替现象。在家长来园前，给每人一份安全提醒，请家长自觉遵守，以保证活动中的安全。

2. 亲子活动的实施流程及建议

表 4-8 亲子活动的实施流程及建议

流程	建议
1. 接待并签到	热情接待家长，并指引家长在签到处签到。
2. 按照活动流程开展活动	家长来园后，一方面幼儿容易兴奋，情绪不容易控制；另一方面班级里的人数变成了原来的两倍甚至三倍，会造成拥挤，容易出现安全事故。因此，在活动开展的过程中教师尤其要注意安全问题，按照活动流程开展活动。在活动过程中要注意幼儿的参与度，满足家长与幼儿共同参与活动的需要。

续表

流程	建议
3. 活动后的感谢和反馈	活动的组织离不开家长的支持，要对活动的组织和筹备人员表示真诚的感谢。在活动结束后，发放家长反馈表，收集、整理家长的建议及活动感悟。
4. 活动材料的整理和宣传	每一次亲子活动都是一次难忘、珍贵的经历，教师、家长、幼儿都留下了很多灿烂的笑容、甜蜜的记忆。教师可以用照片和镜头记录下这些画面，并进行后期的剪辑和整理，刻录成光盘，每一家发一张；也可以做成展板展览，放入幼儿的成长档案袋内或上传到幼儿园的微信公众号上，帮助幼儿和家长进一步加深回忆，回味这些有意义的亲子活动。

（二）家访

家访是教师与幼儿家庭成员之间的近距离接触，可以增进教师与幼儿家庭成员之间的情感联系。新生家访是教师和幼儿家庭建立良好关系的开始，老生家访是双方良好关系的延续。一般来说，幼儿园都非常重视家访，要求教师对新生在入园前进行一次普遍的家访；对老生进行一学年一次的家访。教师在家访过程中获得的信息、取得的收获远远超过电话、短信等手段获得的，家访可以让教师直接了解幼儿的家庭资源、教育资源，为有效开展家园共育奠定基础。

1. 家访前的准备流程及建议

表 4-9　家访前的准备流程及建议

流程	建议
1. 制订家访计划	在家访前，要对本班幼儿的情况进行全面分析，确定家访的名单和家访的具体目的，制订家访计划，避免家访的盲目性。
2. 明确家访目的	新生家访目的：初步熟悉幼儿，通过现场观察，了解幼儿的性格特点、生活习惯和认知能力；通过与家长的交流，初步了解幼儿的家庭结构、经济状况、家庭成员关系、对幼儿的教养态度、对幼儿园的认可程度等；征询家长对幼儿园的要求和希望；与幼儿、家长建立初步的情感。
	老生家访目的：了解幼儿假期的生活、活动情况，与家长交流幼儿在假期中的进步，与幼儿进一步建立亲近感；向家长介绍新学期幼儿的发展目标，针对幼儿的现状向家长提出相应的配合要求；向家长征询新学期班级工作及幼儿发展的希望和意见。
3. 设计家访记录表	家访过程中教师能够采集到大量信息，这些信息如不及时记录就会丢失。因此，在家访前，教师应设计一个家访记录表，这样可以确定家访的内容、想与家长沟通的问题、需要听取的建议等。通过记录表，教师可以发现幼儿们的共同特点和家长们的共同需要，以及家长之间、幼儿之间的个别差异，为今后有针对性地对幼儿实施教育和开展家长工作做好准备。

在家访前，为了更好地了解幼儿信息，可以事先设计一些表格，在家访时进行记录，如表 4-10 和表 4-11。

表 4-10　新生入园家访记录表

幼儿姓名	家庭情况	居住条件	经济条件	自理情况				体质状况	个性习惯	家长希望	备注
				吃饭	午睡	穿衣	如厕				

表 4-11　老生家访记录表

项目	班级		时间		家访者	
家访目的						
家访对象						
幼儿情况记录						
家长意见反馈						

2. 家访的实施流程、建议及对教师的要求

表 4-12　家访的实施流程、建议及对教师的要求

流程	建议	家访中对教师的要求
1. 事先预约	教师在家访前事先电话沟通，向家长告知家访目的，落实地址、时间；电话预约本着"家庭和幼儿园是合作伙伴"的意愿，尊重家长提出的时间及要求，相互协商，融洽地达成家访计划。	教师进入家庭后，从敲门、进门、脱鞋、坐姿、喝水等各方面都要注意体现个人的文明素质。教师的谈吐、仪表要符合教师的身份，做到端庄、大方、得体。
2. 观察	观察居住环境、家庭状况、家庭人员结构、家长谈吐及文化程度、亲子关系、幼儿在家的个性表现等。	
3. 询问	教师通过询问家长，了解幼儿的发展情况和生活习惯，如是否挑食、是否恋物、是否能独立入睡等。了解家长需要教师关注的重点，如幼儿上幼儿园后有哪些担忧，希望教师关注幼儿的哪些方面等。	
4. 倾听	家长们会抓住家访时与教师近距离接触的机会，主动介绍幼儿在家的表现、假期中的生活、幼儿的进步与困惑等。即使他们的观点与自己的不一致，也不要中途打断他们，而是等他们叙述完后，在自己后面的对话或今后的工作中慢慢地逐步渗透。此外，还要注意征询家长对班级工作的看法和需求。	
5. 记录	教师在家访过程中，可以在征询家长同意的前提下，合理利用照相机、家访记录表、笔记本、录音笔或摄像机等工具进行记录。对于记录下的家长的问题要给予反馈，让他们感受到教师对他们所提问题的重视。	

（三）家长会

幼儿园要定期召开家长会。一般来讲，幼儿园每学期要召开1～3次（学期初、学期中、学期末）家长会，以便教师能及时地与家长交流幼儿的情况。家长会大多安排在晚上或双休日进行，以便更多的家长能抽出时间出席；每次开会大约持续1小时，以便家长能在会上集中精力。幼儿园家长会按照规模可以分为三种：一是园级家长会；二是年级家长会；三是班级家长会。幼儿园召开家长会，要想取得事半功倍的效果，就要注意活动过程，把握好每一个细节。下面以园级家长会为例，其操作流程如下。

1. 会前准备流程及建议

表4-13　会前准备流程及建议

流程	建议
1. 认真准备家长会的内容，制作图文并茂的会议课件	在会前，教师要开动脑筋，想方设法使自己的教育理念、班级的教育工作能易于被家长理解、认可和接受，可通过播放图片、音频和视频等方式，使原本枯燥乏味的照本宣科变成生动活泼的展示，激发家长的兴趣，提高会议的效率。
2. 精心设计"家长会邀请函"，并通过多种形式发放给家长	教师可提前一周，在家长园地或微信群里发布家长会的信息，邀请家长做好准备，前来参加；在开会的前一天，做个温馨提示，欢迎家长来参会。
3. 合理布置"家长签到处"，备好纸笔、饮用水、会议日程表	教师要多摆放几张签到表、几支签字笔，以方便家长签字，减少家长排队等待的时间。要提供饮用水、水杯、茶叶等，方便家长饮用。要陈列日程表，使有需要的家长能提前看到，做到心中有数。

2. 会议实施流程及建议

表4-14　会议实施流程及建议

流程	建议
1. 主持人宣布家长会开始，欢迎家长到来	主持人着装要得体，语言简洁明确，情绪要饱满，使家长一开始就能受到主持人积极的影响。
2. 主持人介绍家长会流程，提示注意事项	例如，请家长把手机调到静音状态。
3. 园长致辞欢迎，介绍幼儿园基本情况	园长向家长介绍幼儿园的办园历史、教育理念等，并说明幼儿园的相关管理制度，请求家长配合，重视家园合作。例如，严格执行幼儿接送制度，每天提醒幼儿主动参加晨检等。
4. 教师代表发言，介绍本班教育活动	例如，向家长呈现不同年龄班一日生活作息时间表的安排，并说明差异安排的原因；希望家长能尊重幼儿的特点，重视游戏活动的价值。

续表

流程	建议
5. 鼓励家长提问或提出建议，互动交流	主持人鼓励家长提出问题或建议，园长、教师现场进行解答和回应。通过家园双方的互动分享，就能走出单向传递信息的困境，克服形式主义的弊病，激发家长的积极性和主动性，增强会议的实效性。
6. 主持人感谢家长的全程参与	主持人感谢家长的全程参与，期望家长今后仍能继续支持幼儿园的工作。例如，欢迎家长参与家委会工作、家长开放日活动、幼儿园亲子活动等。

（四）早晚沟通

教师在家长接送幼儿时与家长交谈是最常用的家园联系方式之一。这种交流虽然简短，甚至有时可能是三言两语，但是它却能及时互通信息，使家长与教师得知近日乃至当天幼儿在园或在家的情况。在每天离园的时候与家长进行简短的聊天，教师可以三言两语地简单介绍一下幼儿在园一天的生活、学习等情况，也可以针对当天发生的一些问题与家长进行简单沟通，以便家园密切配合。早晚沟通的流程及建议见表4-15。

表 4-15　早晚沟通的流程及建议

流程	建议
1. 确定沟通的主题	沟通主题的选择一定要简单，是几句话就能说清楚的，要避免长篇大论。
2. 确定沟通的对象	尽可能和更多的家长谈谈幼儿的表现，避免顾此失彼。
3. 选择沟通的内容	沟通的内容要包括事件的描述、具体的评价及建议。避免使用"他今天表现还行""还可以"等含糊其词的话语。
4. 评价幼儿的表现	在评价幼儿在园表现时一定要客观具体，避免使用"有色眼镜"看待幼儿，避免使用"告状式"话语与家长沟通。

（五）家长开放日

家长开放日活动是班级定期或不定期对幼儿家长开放、家长可以观摩或参与的教育活动。一方面，家长通过参与开放日活动可以了解幼儿园的办园理念和教育理念，了解幼儿园的物质环境和精神氛围，了解幼儿园的教育模式和教育特色以及班级教师的教育行为等。参与开放日活动有助于家长将自己幼儿的发展状况与班级中其他幼儿进行横向比较，全面了解和把握幼儿的发展水平，并采取适宜的教育措施。另一方面，对幼儿园来说，通过开放日活动，幼儿园工作中的一些问题会暴露在家长面前，幼儿园可广泛征求家长意见，共同寻找解决的办法。

1. 活动前的准备流程及建议

表 4-16　活动前的准备流程及建议

流程	建议
1. 确定活动宗旨及目的	在家长开放日之前，要根据自己园所当下的实际情况，进行针对性的分析。考虑家长对幼儿园哪些方面不是很了解，哪些方面需要通过开放日观摩来对家长进行引领等。
2. 统筹考虑，制订整体计划	在活动环节的设计中，班级活动安排有序，突出综合性和整体性，要有自己的特色。提倡设计亲子活动的环节，使家长能够参与到活动中来。
3. 落实各项细节	落实细节，确定各项准备活动的负责人与要求。例如，做好早操、早锻炼的展示准备，加强早操练习，早操时动作整齐，进退场井然有序；做好各生活环节幼儿的指导工作，保育员做好各项卫生、消毒及保健工作。
4. 发放邀请函	教师应提前准备好活动邀请函和回执单，确定参与家长的人数。将当天的活动流程事先发给家长，使其明确开放日活动的目标，让家长了解看什么、怎样看，特别是看到自己的幼儿与其他幼儿在某方面有差距时应如何认识和对待。

2. 活动的组织流程及建议

表 4-17　活动的组织流程及建议

流程	建议
1. 热情接待幼儿和家长到园	迎接幼儿和家长，进行简单交流。注意进入幼儿园的成人是否是幼儿的家长。可以采取入场券的方式让家长入场。
2. 有序开展各项活动	课间操：整队、队形、口令，要求动作大方、整齐，幼儿精神饱满。 生活活动：自然有序，注意（上下楼梯、洗手、如厕、喝水）常规。 教学活动：要注意面向全体，使每一个幼儿都有发言或者动手操作的机会，不要当众批评幼儿，使家长能够看到自己的幼儿在幼儿园的正常表现，对待家长的询问要耐心回答。
3. 家长填写"家长开放日活动意见反馈表"	认真收取家长填写的"家长开放日活动意见反馈表"，广泛收集家长参与活动的感想和建议，请家长对本次活动进行评议，听取家长对幼儿园工作的意见和建议，进而更有效地促进幼儿园保教质量的提高。
4. 活动材料的整理和宣传	活动结束后，把活动的照片、文字资料加以整理，可放在家园联系栏或发到 QQ 群里作为宣传，也让家长、幼儿重温活动的乐趣。

（六）家园联系栏

　　家园联系栏一般设置在班级教室门口附近的墙面，这是家长接送幼儿时必经的地方，也是教师向家长介绍保教计划、活动通知、家教知识等内容，帮助家长了解幼儿园和班级工作的重要窗口。家园联系栏的设计流程及建议见表 4-18。

表 4-18　家园联系栏的设计流程及建议

流程	建议
1. 选择内容	家园联系栏的内容可以是幼儿园安排的，也可以是班级自主选择的。例如，班级活动掠影、月计划与周计划介绍、近期活动通知、家教知识、幼教新理念等。文章一般应短小精悍，可由教师编写，也可从报刊中摘录剪贴。
2. 设计版式	家园联系栏的背景版式设计简洁大方即可，避免过于烦琐。在排版布局上要便于家长观看，要求字体清晰、标题清楚、篇幅适中。
3. 增加互动板块	可设置家长信箱或者家长留言板，张贴家长的意见和要求，鼓励家长与教师互动。

（七）家园网络互动——微信群、QQ 群

当前通信技术的发展日新月异，这就为班级中家长工作的开展提供了网上互动的可能。微信、QQ 等社交软件成为人们沟通交流的重要媒介。教师利用这些网络平台组建班级微信群、QQ 群等，可以轻松地与家长进行在线聊天、视频通话、共享文件等多种互动。家园网络互动的流程及建议见表 4-19。

表 4-19　家园网络互动的流程及建议

流程	建议
1. 创建班级群	创建好班级微信群或 QQ 群，并把群号告知家长。
2. 设置群主及管理员	一般来说，群主由教师担任。管理员可从家长委员会中进行挑选，或者由热心家长自愿报名担任。
3. 建立班级群的管理制度	管理制度包括：在群里讨论的内容要与班级建设、幼儿发展、家庭教育等有关，不可随意聊天或发布广告；涉及的信息要严格保密，不能随意传播；涉及隐私的内容应个别沟通等。

（八）家长沙龙

家长沙龙是在教育过程中，针对家长关心的共同话题随时组织家长互相交流讨论，及时解决各种教育困惑的一种方法。沙龙的成员可以由有需求的家长、有经验的家长、幼儿教师等组成。各班可委托家长委员会根据家长需求发起与组织家长沙龙或专题讲座。对于普遍性的问题可组织专题性家长沙龙，设计详细方案，精心准备，以达到预期效果。家长沙龙的开展流程及建议见表 4-20。

表 4-20　家长沙龙的开展流程及建议

流程		建议
活动前的准备	1. 确定主题	家长沙龙的主题可基于某些家长的共同需求来确定，如小班幼儿入园焦虑怎么办。 应引领各年龄段幼儿家长的内容，如幼小衔接。 即时生成的主题，如培养幼儿良好的进餐习惯。 定期的家长经验分享，如幼儿生病不愿意吃药怎么办。

续表

流程		建议
	2. 围绕主题收集有效信息	幼儿的信息、话题内容的信息、家长的信息。
	3. 确定时间并通知家长	早发消息，给家长充分的准备时间。
	4. 把控座谈时间	控制人数及发言时间，保证每位家长都能充分发言。
活动的开展	1. 活动开始	主持人开场，说明本次沙龙的主题。
	2. 活动过程	教师注意聚焦主题、提炼概括，并与家长互动，形成良好的沙龙氛围。要将发言的机会和时间留给家长，但对于平时不善表达的家长不必勉强其发言。
	3. 活动结束	教师进行简明扼要的总结，帮助家长梳理内容。

第三节
实践与运用

一、班级常规管理 >>>>>>>>>>>>>>>>>>>>>>>>>

（一）让环境会"说话"

"培养幼儿的规则意识，促进幼儿的发展"是建立班级常规的终极追求。教师可以在创设幼儿园的环境中渗透班级常规，让环境充当"小老师"。例如：

小脚印告诉我们该怎么做

刚上小班的时候，我们总是很难把鞋子摆放整齐，于是老师就在每张小床的右下角贴上小脚印，这样我们就能在午睡时正确地摆放鞋子；幼儿园楼梯的右侧也有小脚印，提示我们要靠右行，这样我们就不会撞上迎面而来的小伙伴；在茶水桶前的地板上也贴着一些小脚印，当我们想要喝水的时候，就排队站在小脚印上，如果看到小脚印上站了别的小伙伴，我们就会先去做其他的事情，等人少些时再来喝水。

资料来源于左志宏：《班级幼儿园管理》，75页，上海，华东师范大学出版社，2015。

（二）让幼儿参与常规的制定

《3—6岁儿童学习与发展指南》指出，5～6岁的幼儿具有

"理解规则的意义，能与同伴协商制定游戏和活动规则"的能力。因此，可以让幼儿与同伴讨论，共同参与规则的制定与修改，使幼儿感觉到规则是他的内在需求，而不是外界强加的。这样，在规则的执行过程中，幼儿会更加乐意接受甚至是主动成为规则的监督者。

洗手风波①

吃点心前，幼儿在盥洗室洗手，不一会儿传来了哭声。教师循声一看，只见乐乐摔倒在地上，正在哭泣。原来昊昊洗手时推了她，昊昊理直气壮地说："我应该排在前面，我个子高。"王月马上反对说："不对，洗手时应该大家一起洗。站在一旁的教师问："那我们应该怎么洗手呢？"大家三三两两地议论起来。阮依阳说："一组一组去洗。"而昊昊不好意思地说："排好队，一个接一个去洗手。""我们要相互谦让着洗手，等其他小朋友洗好再去洗……"

合理的常规不应只考虑方便教师控制和管理幼儿，不应完全由教师来制定。当班集体形成后，教师要带领全体幼儿参与规范的制定和运用。当规范运用中出现问题时，要找到原因，如果规范本身不合理，就要重新商讨，对规范要求加以修正，以使规范真正行之有效。

喝水时该怎样②

在饭前活动时，教师可以开展谈话活动让幼儿讨论喝水时该怎样。首先，通过问题分析，让幼儿清楚喝水时的要求，知道喝水时打闹、玩耍会带来很多麻烦和危险。例如，接水时聊天，很容易接得过满、过多，并将水洒到地面和衣服上；喝水时打闹，还容易呛水，不安全。其次，请幼儿总结并整理出不按规则和要求喝水会带来的危害。最后，帮助幼儿尝试自我管理，请幼儿自行制定"班级喝水规则"，并且自觉去遵守和维护。

很多时候教师只是一味地提出要求让幼儿照着去做，很少去考虑其合理性。其实，中、大班的幼儿，他们对事物有一定的分辨能力，有自己的思想，教师可以让他们针对某问题开展一场讨论会，与幼儿共同制定出真正服务于他们的活动常规。

学习笔记

---

① 项家庆：《幼儿教师常规工作指南》，205 页，天津，天津教育出版社，2019。收入本书时有改动。

② 项家庆：《幼儿教师常规工作指南》，103 页，天津，天津教育出版社，2019。收入本书时有改动。

这也更有利于幼儿理解和感受规则的作用，有利于幼儿自觉遵守。

（三）让幼儿理解记忆规则，寓教于乐

练一练

根据幼儿的一日生活，还能把哪些生活常规编成儿歌？请你试一试吧！

常规的建立和实施必须考虑幼儿的年龄特点，所提出的要求和规则要切合幼儿实际，采用幼儿比较容易接受的方法。在进行常规管理时，教师可以把一些常规要求编成儿歌，和幼儿一起念一念、做一做，帮助他们记忆和掌握。有了通俗易懂的儿歌，教师无须刻板说教，相应的规则就会印在幼儿的脑海里。待熟练掌握儿歌后，幼儿们还会互相监督，久而久之，就会内化成一系列规范的行为习惯。

入园歌

小朋友，起得早，每天来园不迟到；
自己走进幼儿园，不用爸爸妈妈抱。

吃饭歌

吃饭时，坐坐好，小脚放在桌子下；
小饭碗，左手扶，小调羹，右手拿；
一口菜，一口饭，细细嚼，慢慢咽；
不挑菜，不剩饭，自己吃饭真能干。

洗手歌

小朋友们来洗手，卷起袖子洗一洗；
抹上肥皂搓一搓，打开水来冲一冲；
关好龙头擦干手，做个健康好宝宝。

取玩具

轻手轻脚拿玩具，双手拿好要珍惜。
不争不抢按顺序，快快乐乐做游戏。
声音轻，拿玩具；双手拿，要珍惜。
不争抢，按顺序；做游戏，真有趣。

滑滑梯

滑滑梯，真有趣，小朋友们要注意；
排好队，上滑梯，一个一个滑下去；
不打闹，不拥挤，倒爬行为不可取，不可取！①

---

① 左志宏：《幼儿园班级管理》，79～80页，上海，华东师范大学出版社，2015。

二、安全管理 >>>>>>>>>>>>>>>>>>>>>>>>>>>>>>>

（一）完善安全管理制度

幼儿园应该具备一系列相关的安全管理规章制度和完备的应急预案，如《幼儿园教师安全工作责任书》《幼儿园接送交接制度》《幼儿园接送家长须知》《幼儿园安全奖惩条例》等安全管理制度，将安全看成是"高压线"。万一发生了安全事故，也可以做到不慌乱、有序组织、责任明确，使危机得到有效处理。在日常管理中可以做到有规可依，使相关工作人员加强安全意识，明确工作职责。

幼儿园安全接送制度①

幼儿安全、健康、有序地在幼儿园学习和生活，是家长和园方共同的责任和期许。为此，我园特制定了以下安全接送制度，希望家长们积极配合并严格遵守。

1. 幼儿入园前会对其进行安全检查，如若发现幼儿口袋中有危险物品会立即取出交由老师保管。

2. 为确保幼儿的安全，请于每天××：××之前将幼儿送入园，请将幼儿交到教师或是保育员手中再离开。

3. 若幼儿生病或有事不能入园，请提前向班级教师请假并说明原因。

4. 每位幼儿会有一张接送卡，家长凭借接送卡才能入园接送幼儿。

5. 请家长下午接到幼儿以后迅速、有序地离开幼儿园，不要在操场上嬉戏玩耍，以免发生意外。

6. 上下楼梯过程中，请家长看护好身边的幼儿，以免发生跌打摔伤。

7. 未经许可，家长不得随意进园。

8. 离园时间为××：××，请准时接幼儿放学。

> **做一做**
>
> 请以小组为单位，收集幼儿园安全管理规章制度。

（二）从细节入手加强安全管理

消失的幼儿

周五下午离园时分，幼儿园某教师忙着让家长把被子带回家洗洗、晒晒。小一班的班主任看班上其他幼儿都被接走了，就将剩下的一个小男孩交给了值日教师。趁着值日教师与家长

---

① 项家庆：《幼儿教师常规工作指南》，219页，天津，天津教育出版社，2019。收入本书时有改动。

交接被子说话的空儿，这个小男孩从接待室溜了出来，他跟在别的家长后面走到幼儿园大门口，尽管门卫瞪大了眼睛，可是幼儿园门口挤满了带着被子的家长和幼儿，门卫根本没有看见这个小男孩独自出了大门……

 学习笔记

幼儿不见了，幼儿园这边炸开了锅。小男孩的爸爸妈妈向班主任要幼儿，班主任向值日的小吴老师要幼儿。园长赶来了，让大家分头行动，幼儿的爸爸把能打的电话都打了一遍，班主任和幼儿的妈妈一起沿着家的方向边走边找，值日教师和门卫把幼儿园的各个角落都找了一遍。有头脑冷静者提醒快看监控视频，于是，几个人紧张地在视频记录中寻找，终于看到小男孩夹在人群中出了大门。虽然大门口的左右分别有门卫和值班人员守着，但谁也没发现这个小男孩是独自出门的。园长赶紧布置，兵分几路出去找。正当大家准备出门时，幼儿的妈妈给园长打来电话，说幼儿已经到了家，被邻居收留了。大家全都松了一口气。

从这个案例中可以看出，该园在幼儿接送制度上存在漏洞，班主任教师与值日教师之间、值日教师与门卫之间缺乏严密的交接手续。等到出事时，相互推诿，都是口说无凭，因此交接手续必须严密无缝。班主任将剩下的幼儿交给值日教师时，必须登记；教师交给家长时，也须登记签名；家长领幼儿出大门时，门卫也必须检查家长手中的接送卡，否则不予放行。

幼儿园要完善幼儿入园、离园接送卡制度，接送进出一律凭卡，无卡者不得入内。有条件的幼儿园可安装电子门禁，家长、幼儿必须刷卡才能通行。此外，还应该实行"错峰制度"，将大、中、小班幼儿离园时间错开为 3 个时段，控制人流量。

 （三）重视安全演练

一些自然灾害，如地震、火灾、洪水、台风等，虽然是人力所无法控制的，但有效的安全模拟演习能使幼儿掌握必要的自救和逃生技巧，帮助教师和幼儿更好地应对突发状况。

幼儿教师要从态度上重视安全演练，珍惜每次安全演习的机会，并尽可能使其常态化。平时可以给幼儿看一些相关视频，在班级内部多组织小型的模拟演练。除了地震和火灾等自然灾害之外，针对恶性伤害事件最好也能够组织相应的演练，如开展"不跟陌生人走"的主题活动，模拟遇到坏人该如何自救与求助等，使安全演练取得实质性的效果。

幼儿园消防安全演练方案[①]

为了切实抓好安全工作，强化安全意识，提高幼儿的避险能力，本园以"预防在前，教育先行"为准则，依据实际情况，开展安全教育工作，并制定了如下消防安全演练预案。

一、演练领导小组成员

总指挥：马××（联系电话：138×××××××××）。

副总指挥：张××（联系电话：139×××××××××）。

安全防护救护组负责人：郝××（联系电话：136×××××××××）。

幼儿疏散组成员：各班班主任及任课教师。

通信联络及摄影组负责人：马××（联系电话：158×××××××××）。

安全保卫组负责人：杨××（联系电话：132×××××××××）。

二、演练班级

中一班、中二班、大一班、大二班、大三班。

三、演练小组成员职责分工

总指挥：负责指挥各组织机构，按照"分工负责，各司其职"的原则，根据既定演练方案进行紧急疏散工作，确保全园师生生命安全。

副总指挥：在演练时具体负责紧急疏散，指挥师生安全撤离事故现场（特别是容易发生楼梯踩踏事故的重点地带的引导），到达安全地带。

安全防护救护组：协助各成员组做好对幼儿的疏散引导工作，并实施救护工作。

通信联络及摄影组：负责在演练发生后第一时间向有关部门汇报，负责引导工作和情况的上传下达工作，确保通信联络畅通。

幼儿疏散组：演练时，其所有成员及时组织幼儿按指定路线进行紧急疏散，安全逃离，迅速到达楼道拐角处，引导幼儿有秩序地疏散，预防踩踏事故发生。

在演练时，各组长迅速下达应急疏散工作的指令，并赶赴现场进行组织指挥；通信联络组成员向组长报告情况。各行动组成员必须娴熟掌握逃生的技能，明确疏散通道和安全出口的位置，并熟练掌握使用灭火器的方法。

① 化隆县第二幼儿园：《幼儿园消防安全演练方案》，载《平安家园》，有改动。

> 学习笔记

四、紧急疏散路线

1. 三楼活动室幼儿在演练发生时，沿楼梯进行紧急疏散，从教室到楼梯再到安全地带。

大三班：本班活动室前后门→西边楼梯→一楼楼道往东→北门→一小操场有序疏散。

大二班：本班活动室前后门→东边楼梯→一楼楼道往西→南门→幼儿园南操场有序疏散。

2. 二楼活动室幼儿在演练发生时，沿楼梯进行紧急疏散，从教室到楼梯再到安全地带。

中二班：本班活动室前后门→西边楼梯→一楼楼道→北门→一小操场有序撤离。

大一班：本班活动室前后门→往东→东边楼梯→一楼楼道往西→南门→幼儿园南操场有序疏散。

3. 一楼活动室幼儿在演练发生时，沿一楼进行紧急疏散，从活动室→楼道西侧门→安全地带。

中一班：从本班活动室正门→西门→滞留区有序疏散→从西边带队至南操场。

各关口负责人具体如下。

三楼东至二楼东楼梯拐弯处：马××；

三楼西至二楼西楼梯拐弯处：张××；

二楼东至一楼东楼梯拐弯处：王××；

二楼西至一楼西楼梯拐弯处：马××；

西侧门及门房：杨××；

北门留守处：马××；

南门留守处：郝××。

指定地点安排具体如下。

一小操场：大三班和中二班；

南操场：大二班和大一班；

西侧门滞留区：中一班。

演练疏散完毕后，一小操场和西侧门滞留区的班级（大三班、中二班、中一班）等候总指挥指令，各班班主任和任课教师按顺序（中二班→大三班）带幼儿到南操场集中，聆听总指挥做此次消防演练的总结。

五、演练程序

1. 总指挥吹响报警哨声，各班教师即刻组织幼儿用小毛巾、口罩等捂住口鼻，在教师的带领下跑出教室。

2. 疏散演练。

3. 南操场整队。排列顺序（从东到西）：大一班→大二班→中一班→大三班→中二班。

4. 各班班主任在操场清点人数，及时向总指挥汇报。

5. 总指挥对本次演练做总结，并示范灭火器的使用方法。

6. 返回教室。返回顺序：大三班→大二班→中二班→大一班→中一班。

7. 各班整队回教室进行总结及安全教育。

六、紧急疏散注意事项

1. 在疏散过程中以缓慢行走的方式进行疏散，切不可跑步、拥挤、推搡。遇有阻塞时，应自觉停步，不可向前拥挤以免发生踩踏。

2. 各班班主任和任课教师前后呼应，首尾衔接，做到安全第一，带幼儿有序撤离到安全地带后做好整队点名工作，并报领导小组组长。

3. 演练总指挥讲述掌握使用灭火器的方法，并做示范动作，再由教师现场演练，更好地掌握使用技巧。

4. 各行动组必须按照既定方案进行应急疏散工作，所有成员必须服从命令，忠于职守，密切配合，顾全大局，严把疏散关口，以保证此次消防演练顺利进行。

> **练一练**
>
> 请以小组为单位，开展一次幼儿园安全演练活动。

三、家长工作 >>>>>>>>>>>>>>>>>>>>>>>>>>>>>

（一）幼儿园家长工作面临的主要问题

1. 家长教育观念有待提高

首先，乡村家长渴望幼儿读书成才，但对学前教育没有科学的认识，觉得幼儿园就是哄孩子的地方。这种落后的观念，使他们的幼儿接受学前教育受阻。其次，家长是幼儿教育的主要责任者和承担者，肩负着对幼儿进行启蒙教育的重要使命。但有的乡村家长习惯于依靠幼儿园及幼儿园教师，忽视了自身对幼儿的教育义务，认为幼儿来到幼儿园，家长就解放了。得不到家长的支持，幼儿园要开展高质量的教育工作就显得心有余而力不足。最后，在乡村地区，很多幼儿家长没有科学的教育理念，一些家长认为学习舞蹈、绘画、艺术等内容都是在浪费时间，幼儿园教师需要将更多的文化知识，如识字、算数等教授给幼儿。

2. 隔代教育现象普遍

隔代教育的现象普遍，这在乡村幼儿园家长工作中是一个比较严重的问题。进行隔代教育的幼儿一般是由祖辈作为日常监护人，这些幼儿的爷爷奶奶或者是外公外婆很少能意识到与幼儿教师沟通的重要性，在幼儿教师忽视的情况下就会直接导致幼儿园与家长之间零互动。且祖辈家长在教育幼儿时，往往很难采用科学的教育方式，他们对幼儿非常溺爱，对他们的一些不良生活习惯与不良学习习惯都是持纵容的态度。这样会导致幼儿在园内形成的良好行为习惯却因为家庭的忽视而得不到强化和保持。

3. 乡村幼儿园教师与家长缺乏有效沟通

在乡村幼儿园，教师工作量大，通常情况下他们与幼儿家长沟通的时间较为有限。此外，一些乡村幼儿园教师比较年轻，他们的沟通技巧掌握水平较低，很害怕与幼儿家长沟通，担心自己会因说错话而引起幼儿家长的不满。如果幼儿家长再不配合幼儿教师的沟通工作，胡搅蛮缠，很多幼儿教师就会对家长沟通工作产生恐惧和抵触心理，不愿意主动与家长沟通。

<aside>
想一想

隔代教育的优势和不足分别是什么？如何发挥其优势，弥补其不足？
</aside>

（二）制定有效的幼儿园家长工作策略

1. 帮助乡村家长转变教育观念

（1）搭建家园网络交流平台

幼儿园要根据乡村家长的文化水平的实际情况，为他们搭建一个家长之间互相交流和学习的平台，让他们互相交流自己的育儿经验和方法，这样更易让家长接受，从而进一步提高他们的育儿能力。例如，可以组建家长QQ群，教师每天抽出一定的时间在群里讨论幼儿在园里的表现，吸引家长一起参与（因为自己的幼儿首先能引起他们的重视）讨论，传入一些教育新观念，特别是对《3—6岁儿童学习与发展指南》的目标和内容的理解。此外，也可以建立幼儿园的微信公众号，推送相关的科学育儿文章。

（2）正确指导家长陪幼儿"玩"

许多乡村家长错误地认为幼儿园就是幼儿玩的地方，幼儿教师就是哄幼儿的"阿姨"。为了改变他们这种错误的认知，幼儿园要定期组织"家长开放日"和亲子活动等，让家长看到自己的幼儿在园的种种良好表现，让他们看到这些与众不同的"阿姨"专业的组织能力和教育能力，认识到幼儿园在幼儿成长过程中所起到的重要作用，并使他们从中学习到育儿经验，提高自己的育儿能力。

幼儿园家长开放日活动方案

一、活动时间

××××年××月××日上午7点30分至11点10分。

二、活动地点

××幼儿园中一班。

三、活动目的

1. 增进教师与家长的交流，向家长宣传新的教育观、儿童观；让家长了解幼儿在园的生活、学习情况；让家长了解幼儿园的教育工作，能主动配合，做到家园互动。

2. 让幼儿乐意与同伴、家长一起参加游戏活动，增进家园、亲子情感；让幼儿感受与父母、同伴共同活动的乐趣。

3. 培养幼儿大胆的个性，使其敢于在众人面前大胆表现自己。

四、活动宗旨

家园同乐，健康和谐。

五、活动准备

1. 书写"欢迎各位家长"欢迎词。

2. 活动签到表、邀请函、家长意见反馈表。

六、活动内容

半日活动观摩。

七、活动过程及要求

活动过程及要求见表4-21。

表 4-21　活动过程及要求

时间	活动环节	具体要求
7：30—8：00	晨检接待	放轻音乐，热情接待幼儿和家长，组织家长签到，关注幼儿情绪，指导幼儿将个人物品放到指定位置。
8：00—8：15	晨间谈话	谈话主题：我最喜欢吃的食物。
8：15—9：00	早餐、餐后自选游戏	介绍饭菜名，协助保育员老师给幼儿分发早餐。组织先吃完的幼儿进行餐后的自选游戏。
9：00—9：20	早操活动	检查幼儿着装情况，鞋带、衣裤是否整齐。组织早操活动，领操动作规范到位。组织家长有序观摩。
9：20—9：30	生活活动	组织幼儿有序喝水、如厕。
9：30—10：00	教学活动	要注意面向全体，使每一个幼儿都有发言或者动手操作的机会，使家长能够看到自己的幼儿在幼儿园的正常表现。
10：00—10：30	区域活动	开放自主性游戏区域，有重点地指导幼儿进行区域活动。加强幼儿区域活动材料的投放和活动指导，每个班级至少分为4个以上的区域组织幼儿进行区域活动。
10：30—10：40	生活活动	组织幼儿有序喝水、如厕。
10：40—11：10	户外亲子游戏	提出游戏前的要求，介绍游戏名称、玩法与注意事项，组织幼儿与家长进行游戏。

续表

时间	活动环节	具体要求
11：10—11：20	餐前准备	提醒和指导幼儿有序洗手。
11：20—12：00	午餐	配合保育员做好午餐准备，向幼儿介绍食谱，激发幼儿食欲。
12：00—12：15	餐后活动	睡前故事欣赏或带领幼儿散步，组织午睡。

附：

家长开放日邀请函

尊敬的家长：

您好！

感谢您自开学以来对幼儿园工作的支持与信任，协助教师一起帮幼儿度过了开学适应期。为了让您更加了解幼儿在园的学习与生活，获得与其他家长的交流机会，我们真诚邀请您参加本学期家长开放日活动。

具体安排如下：××月××日（周×）上午7：30—11：10。

为了更好地让幼儿展示自己，请家长配合做到以下几点。

1. 请准时来园参加活动。

2. 请将手机设为振动模式，以免分散幼儿的注意力。

3. 活动中要以赏识的心态积极鼓励幼儿参与园内的活动，并在幼儿面前起模范作用。请不要在幼儿学习时帮忙。

4. 11：10离园并将反馈表交给班主任。

家长开放日活动意见反馈表如表4-22所示。

表4-22　家长开放日活动意见反馈表

填写人：　　　家长 联系电话：	
1. 今天您的幼儿在活动中各方面表现如何？（动手、表达、习惯、情绪）	
2. 您的幼儿今天的表现是否令您满意？您对幼儿满意或者不满意的原因是什么？	
3. 您认为本次家长半日开放活动的内容和形式安排如何？您希望我园的家长半日活动开展些什么内容？	
4. 您对教师在活动中的组织与教学有何评价？	
5. 您对班级、园所当前的教育教学及管理工作有何意见或建议？	

🎯 **小贴士**

如何组织家长参加幼儿园的开放日活动①

在幼儿园开放日活动中，通常容易出现的问题是家长或漫无目的地浏览，或只顾自己的幼儿。为了避免这种无序现象，引导家长有效地进行观察，幼儿园应采取一些措施，把活动内容、活动目的以及家长该注意的方面等事先告知家长。例如，给家长提供一张简单的幼儿行为观察表，供其逐项对照画圈，就每项意义向家长做适当的解释，活动后一起讨论观察的结果，以便共同制订一个帮助幼儿的个别学习计划，并明确和落实各自的责任，特别是明确家长在家里要做的事，然后定期再交换意见。这样的观察表既可保存起来，又可作为教师的参考，还可让家长与日后的观察做比较，发现幼儿的进步或变化，不断总结教育经验，改善家庭教育的方法。

例如，幼儿园小班的活动是双脚并拢、跳过横在地上的一个接一个的长条积木。如何让家长有目的地观察呢？应该引导家长观察，幼儿跳时是双脚并拢的，还是单脚跨的；跳过去后是站稳的，还是站不稳的；跳过一个积木后是接着跳下去，还是要重新调整一下再跳。这些观察不要求家长具有很高的文化程度，家长很容易就能发现幼儿动作的发展水平，然后教师与家长沟通回家后如何个别辅导。例如，有的家长看到幼儿的问题是大肌肉群发展不好，就与教师商定办法，回家后不再抱幼儿上楼梯，而让他自己走；幼儿跳跃后站不稳，是动作协调、平衡不好，教师指点家长在接送幼儿时让其自己多走、少坐车；回家后可在地上画一条线，让幼儿做沿线走的游戏；等等。这样，家庭教育与幼儿园活动内容扣在一起，教师与家长共同努力，大大提高了保教的整体效果。

"六一"亲子稻草节活动②

设计意图

我园是一所乡村幼儿园，我们让幼儿和家长一起利用乡村丰富的稻草资源制作玩具、布置环境……既让幼儿享受了制作过程中的乐趣，又培养了幼儿的环保意识。我们还策划了"'六一'亲子稻草节"活动，意在让幼儿过个低碳环保、有趣的节日。

练一练 🐚

请结合所在村镇的特色，设计一个亲子活动。

---

① 李季湄：《幼儿教育学基础》，63页，北京，北京师范大学出版社，1999。收入本书时有改动。

② 刘艳：《"六一"亲子稻草节活动》，载《早期教育(教师版)》，2012 (4)。收入本书时有改动。

活动过程

导游篇：校园风光好。

幼儿园场景设置：江南农家一条街。

在幼儿园的二楼走廊处布置江南农家一条街：用木条制作成农家小屋的屋檐，上面适量铺盖一些稻草，再在"屋檐"下悬挂用稻草制作的"鸟窝"，并用绿色柳枝缠绕在"鸟窝"四周，"鸟窝"之间用红灯笼间隔美化，体现江南温馨、秀美的意蕴。大班的幼儿们利用稻草制作小圆盘，然后重叠，再用针、麻绳丝将稻草小圆盘串成高矮不同的小凳子供"游客"休闲娱乐。由幼儿担任讲解员，向"游客"介绍江南农家的美景，培养幼儿的语言表达能力和爱家乡的情感。

展示篇：我的手艺高。

节目一：远古的流传。

活动室布置：迷你工艺品室。

家长与幼儿共同用稻草制作草绳，再卷成圆盘，大班幼儿用水粉颜料在上面绘制京剧脸谱或其他图案，制作成墙壁挂饰，将活动室布置成"戏曲室"；中、小班幼儿在稻草圆盘上面插上鲜花或其他物品，将活动室布置成各类"小巧手饰品室"。家长用稻草制作成生活用品，如笘帚、斗笠、蓑衣、草鞋、盘子、碗等，将活动室布置成"温温馨馨我的家"。幼儿们可以运用各种装饰物对家居环境、生活用品进行装饰，增加稻草制作物的美感。

节目二：稻草时装秀。

把稻草浸泡后去掉外皮，制作成各种形状的草帽、草裙、草链、草包等。中、大班幼儿用小饰物、图形、绘画作品或即时贴等进行自由装饰。幼儿们穿上稻草编制的时装尽情表演。

运动篇：草绳游乐城。

形式一：将稻草搓成草绳，小班幼儿把约50厘米长的草绳当"小尾巴"或"缰绳"进行游戏。

形式二：中、大班幼儿根据自己的身高选择合适长度的草绳练习跳绳，或几个人合作跳绳。

形式三：师幼齐动手，把几米长的草绳合成粗草绳进行拔河比赛。

其他形式：用绳子做成草绳网、绕成草棒状、制作成草球、环绕成草筐。中、大班的幼儿爬过草绳网、连续跨过草棒，最后把草球投进草筐；将草绳做成飞碟，幼儿们两人合作或多人合作玩耍；家长用绳制成绳圈，分大、小圈若干种，幼儿将小圈用于套圈，大圈用于跳圈、占圈，或自由组合成漂亮的图案。

学习笔记

（3）开好班级家长会

班级家长会是幼儿园普遍采用的一种家长工作的方法。班级家长会能够让家长了解幼儿园的教育理念和教育目标，树立科学的育儿观，从而更好地配合幼儿园的工作，搞好家园共育。如何开好各年龄段的家长会呢？请看下面的案例。

怎么开好各年龄段的家长会[①]

🖊 学习笔记

小班家长会一般选择在小班幼儿入园前召开，主要针对小班幼儿的入园焦虑问题给予家长帮助。如果是自己带的班级，对幼儿和家长的情况比较了解，中班、大班的家长会可以在开学后两周左右召开。

中班幼儿的家长会因为是熟悉的幼儿和家长，在家长会开始前，教师先和家长交流幼儿的成长和进步，这样比较容易在心理和情感上达成共识。教师可以制作一本动感影集或是视频剪辑，主要是回顾幼儿的学习和生活，尤其要把开展的一些大型活动制作进去，如亲子运动会、六一联谊会、幼儿绘画作品展等，家长通过照片、视频，更能够直观、生动地看到孩子的真实表现，感受到孩子的成长和进步。教师可以和家长交流本学期的教育教学目标和内容，包括特色教育、习惯养成、自理能力教育等，家长也更愿意欣然接受和配合，对本学期的教学任务做到心中有数。此外，教师还可以和家长交流家园共育的重要性。例如，班级中需要收集的材料以及用这些材料制作的手工作品等，教师可以用照片的形式把家长为幼儿准备的材料的制作过程拍摄下来，使家长对材料的用途以及对幼儿发展的价值有初步了解。

大班幼儿的家长会可以加入"幼小衔接"的内容，使家长明确幼小衔接不仅是知识衔接，更是良好学习习惯和学习态度的衔接，所以把大班幼儿需要培养的学习习惯进行重点解释，使家长能够配合幼儿园，在家庭中一如既往地坚持培养，为幼儿入学做好能力和心理情感上的准备。

还有一些新接手的新班，我曾经接过一个大班，幼儿们大多是从私立园转过来的，他们每天只是写字、算算术，几乎没有玩的时间，他们会写很多汉字但几乎不会画画。针对幼儿的这种现状，我在召开家长会时，首先和家长分享了一段视频：一个中班的女孩因为不会背诵乘法口诀而失声痛哭。家长们有所顿悟，让幼儿学习过多知识技能对孩子成长是不利

---

① 张乃艳、王云霞：《怎么开好各年龄段家长会》，载《中国教育报》，2014-09-07。收入本书时有改动。

的，也是短视的。然后，我结合《幼儿园教育指导纲要（试行）》和《3—6岁儿童学习与发展指南》的内容与家长交流科学的育儿理念。一些书面语言家长不容易理解，我就用口头语言结合案例给家长们进行生动的解释。

其实，转变家长的教育理念并不是一件容易的事，首先，每次家长会我都会强调某个领域中某个目标，每次一个目标结合日常开展的各项活动和家长达成共识。其次，树立榜样，表扬班中一部分配合工作的家长和一些表现突出的幼儿。榜样的作用能够激励和调动一部分家长和幼儿的积极性，使他们看到差距，从而更快提高。在家长会中，教师还要对新生家长细心叮嘱一些注意事项，使幼儿能够尽快适应新环境。此外，教师一定要让家长看到幼儿的进步以及教师对幼儿真心的关爱，这样家长能够放心，也更容易信任、理解教师。教师平时可以写一些教育随笔，把幼儿的成长和进步及时记录下来，或是配一些照片，家长才能更加直观地了解幼儿在园的活动，更有利于达成家园共育。

2. 针对隔代家庭开展适合的家长工作

（1）体验式家长会

在乡村幼儿园，有一部分留守儿童，应该怎样开家长会呢？传统形式上的家长会，通常是以园长或教师讲述、介绍和传达为主，除此之外还有没有更能提高家长参与度的家长会形式呢？体验式家长会或可解答这个疑问。

所谓体验式家长会，它有相对固定的流程，每学期把家长邀请到幼儿园里1～2次，每次在2小时左右，让家长参与到教师精心设计的活动流程中，在教师的启发下将参与游戏后的感受与其他家长进行交流，用心感悟游戏背后深刻的教育意义。教师也可请家长观看一些与家长会主题相吻合、具有教育价值的视频，在观看视频之后进行深入的讨论和分享，使教师和家长共同达到反思自己教育观念和教育行为的目的。那么，如何在留守儿童居多的乡村幼儿园开展体验式家长会呢？请看以下案例。

练一练

请参考所给案例，设计一次体验式家长会。

留守儿童居多的幼儿园的主题家长会①

——幼儿园体验式家长会

一、家长会计划

（一）会议时间

自选。

---

① 匡欣：《图解幼儿园体验式家长会实战》，203～208页，上海，华东师范大学出版社，2017。收入本书时有改动。

（二）会前准备

1. （40个家庭内）教师与班级10～12位具有一定儿童观的家长个别沟通，邀请他们成为班级网络家委会的成员。

2. 建立全班家长微信群。将全班各家庭分成4～5个小组，各组选出1～2名家长为本组的小组长，制定小组长的职责明细。

3. 各小组建立分组微信群。商议和确定《幼儿园微信群管理办法》，并将其发布在群里供家长自学和相互监督。

4. 讨论并制定"把爱给留守幼儿"的相关规定。例如：

每周每个幼儿的父母须跟自己的幼儿视频通话3次；

园内或班级内没有外出工作的父母是全园幼儿的父母；

每天来园和离园时段，教师拥抱每个幼儿并说"我爱你，××小朋友"；

每学期召开两次网络家长会，每个家庭务必参加；

每个幼儿的爸爸或妈妈每两周主动与教师通过微信聊幼儿的近况1次；

每个幼儿的爸爸和妈妈每年务必与幼儿团聚1～2次。

5. 召开会议前，教师与幼儿一起利用废旧材料制作手工爱心树；请远在外地的父母拍摄小视频《宝贝，我爱你》（要求父母双方在镜头中大声说出"宝贝，爸爸/妈妈爱你"，并承诺今年回家与幼儿团聚的时间，再做出亲亲幼儿的动作）。

（三）会议准备

1. 会场布置：布置"爱心树"一棵；桌椅摆放的位置既适合小组讨论又适合游戏；制作家长小组牌4个及家园联系卡；提供茶水及标有爱心号码的一次性纸杯。

2. 班主任事先召开并主持班会，安排家长会议中其他教师的具体分工与合作。

3. 提前两周通知所在班级的全体家长参加家长会的具体时间。

4. 幼儿与家长一起来开会的，安排幼儿坐在家长的身旁。

（四）会议分工

班主任主讲（主持），副班主任负责签到等准备工作；全班教师共同布置家长会主题环境。

（五）会议流程

1. 分享父母拍摄的小视频。

2. 欣赏故事《爱心树》。

3. 亲子游戏：拍手传小熊。

4. "超级爸爸"和"超级妈妈"。

5. 小组活动：游戏。

6. 小组活动：讨论。

二、家长会实录

【开场】亲爱的小朋友们、家长们，晚上好！请允许我代表幼儿园和班级全体老师对你们的准时到来表示最热烈的欢迎和最诚挚的感谢！

为了本次会议，我们做了很多准备工作。（教师拿出手机）我们建立了全班的家长微信群和各小组的微信群，以后我们要督促爸爸妈妈多跟我们微信视频聊天，你们说好不好呀？

现在老师就一一分享你们的爸爸妈妈拍的小视频，请小朋友仔细看哦。

（一）分享父母拍摄的小视频

【导语】小朋友们，爸爸妈妈在视频里说了些什么？

原来，爸爸妈妈为了让我们都可以上学，为了给我们更好的生活，不得不到很远的地方去工作、挣钱，他们也很辛苦，对吗？那你们想念爸爸妈妈吗？想他们了可以做什么？（打电话、视频聊天、要求他们回家看我们等）我们也大声地对爸爸妈妈说："爸爸妈妈，我想你！"（教师现场拍视频发到全班微信群中）。

爸爸妈妈在外面工作，平常是谁在照顾你们的生活呀？（爷爷奶奶、外公外婆……）他们的年纪很大了，照顾你们很辛苦，尤其是在你们生病的时候，他们很着急，变得更加的辛苦。接下来，请大家看一个故事，名字叫《爱心树》。

（二）欣赏故事《爱心树》

【导语】亲爱的爷爷奶奶，这个时候本该是你们享清福的时候，但你们还是有操不完的心，为了这些孙辈们，你们真的辛苦啦！我们替远在外地工作的儿女们，深深地给您鞠上一躬，表达对你们的感激之情！

接下来，我们大家一起玩个游戏，游戏的名字叫"拍手传小熊"。

（三）亲子游戏：拍手传小熊

游戏方法：

家长和幼儿围坐成两个圆圈。里面一圈坐的是幼儿，幼儿面朝圈外；外面一圈坐的是家长，面朝圈内（亲子面对面坐）。

教师将小熊玩具任意放在一个幼儿的手中，大家一起快速整齐拍掌，教师喊"停"时，玩具落在哪个幼儿手中，这个幼儿就要大声地对面前自己的奶奶或爷爷说声"我爱你，奶奶（爷爷）"，也可以和奶奶（爷爷）抱抱。

（四）"超级爸爸"和"超级妈妈"

【导语】亲爱的小朋友们，你们的爸爸妈妈虽然远在外地，不能每天陪伴你们，但是我们班××的爸爸妈妈愿意当我们全体小朋友的超级爸爸和超级妈妈，你们说好不好？让我们来好好地认识和了解他们吧。

看，××的爸爸很健壮，身体棒棒的、力气大大的，他想通过抱抱小朋友的方式，让小朋友知道他是大力士。想被抱抱的小朋友站起来。

××的妈妈等急了，她为我们准备了特别好听的故事，请小朋友用掌声邀请××妈妈上来给我们讲故事。

亲爱的家长们，为了尽可能地给每个幼儿多一些的关爱，让他们内心持久地感到温暖，老师将全班家庭分成了 4 个小组，每个小组都选好了 2 个组长。接下来，请各位组长把本组的家庭成员带到指定的桌前，进行小组活动。（请家长将各自的凳子搬过去）

（五）小组活动：游戏

1. 适宜大班的游戏：互相访谈。

（1）游戏方法。

在卡片上写上相同类别物品的名称或有联系的词句，然后每人抽签。抽到相同类别的人为一组，如抽到香蕉和橘子的为一组，然后两两互相访谈（可以问的问题：名字、最喜欢别人怎么称呼你、你最大的心愿是什么等），时间为 2～3 分钟。

（2）游戏规则。

幼儿参加游戏，家长观察并给予适当的支持。

（3）游戏准备：字卡。

2. 适宜中班的游戏：手指碰碰碰。

（1）游戏方法。

参与者围成一个圆圈，一位家长间隔一位幼儿。每个人的右手掌心向下张开，左手的食指竖放在左侧人张开的掌心下。大家一起念儿歌："'咚咚咚'开门呀，你是谁——呀？我是×××（读自己的名字），你要找我做什么？我要找你一起玩。"过程中如遇念到"你、我"人称词时，则迅速抓住相邻人的手指。

（2）游戏规则。

不得抢节拍；没有抓到手指的人站起来作自我介绍或表演节目。

（3）游戏准备。

将儿歌写在黑板上，让大家看见（也可以在会前发给每个家庭，让大家熟读或背下来）。

学习笔记

3. 适宜小班的游戏：快乐"轮蹲"。

（1）游戏方法。

参与者围坐成圈，游戏时全体起立。参与者一边念："我蹲，我蹲，我蹲蹲蹲。"组长接着说："女生蹲。"（还可以说：男生蹲，扎辫子的蹲，穿鞋子的蹲，穿红衣服的蹲等）

（2）游戏规则。

出差错的人作自我介绍或表演节目。

（3）游戏准备。

将座位摆放成圈。

（六）小组活动：讨论

话题1：你们小组认为本学期最需要解决的教育困惑是什么？

解决这些困惑，你们小组可以在哪些方面提供支持？

话题2：你们小组怎么看待幼儿在幼儿园里发生的各种矛盾？

本小组在解决幼儿矛盾中可以提供怎样的支持？

话题3：我们乡村幼儿园和各家庭的共同目标是什么？

在实现这些目标的过程中，各家庭可以给幼儿园哪些方面的支持？

话题4：您期待幼儿在成年后有怎样的生活？

为了帮助幼儿实现理想，家庭和幼儿园最需要做的是什么？

【结束语】亲爱的小朋友们和大朋友们，今天晚上你们开心吗？今晚收获多多，有各位家长的大力支持，有远在他乡的爸爸妈妈们的密切配合，有超级爸爸和超级妈妈的大爱，我们的幼儿一定会健康快乐成长，长成一个对社会有用的人。让我们一起努力！再次感谢你们积极参加家长会议！今天的会议到此结束，请一起将教室里的物品摆回原来的样子。谢谢大家！

在设计留守儿童的家长会时，应本着让幼儿与远方父母多交流、多沟通的原则来进行。凝聚留守儿童家长们的力量，设法增加父母与留守儿童的交流、相聚与陪伴，让留守儿童的童年生活能够得到更多的快乐，后续学习能够顺利平稳过渡，未来人生能够不留遗憾且温馨幸福。努力为留守儿童们营造爱的氛围，让他们感受爱并获得爱的能力。

（2）指导乡村幼儿园祖辈家长参与家园共育

对有一技之长，并有良好表达能力的家长，可以在教师的引导和培训下让他们开展和自己的特长有关的教育教学实践。对有一技之长的祖辈家长，教师可以请他们到幼儿园传授自己的务农或游艺、生活的经验、特长，拓展幼儿园的教学资源。

做一做

请记录农村祖辈家长参与幼儿园活动的教育案例。

农村幼儿园祖辈家长参与家园共育

安吉紫梅幼儿园

安吉紫梅幼儿园是一所农村幼儿园，且园里幼儿多为留守儿童，以祖辈看护为主。幼儿园认为只要能取其所长、避其所短，充分利用祖辈家长资源，挖掘祖辈家长潜力，就一定会对幼儿园的课程实施起到应有的作用。

幼儿园在幼儿入学初期会通过问卷调查、成立家长委员会等途径，了解家长的不同职业特点和特长，在对祖辈家长的调查中，发现他们当中不乏身怀绝技的民间老艺人，手艺精湛的老工匠、老厨师，深谙农事的老农民、老渔民，当然也有受过良好教育的离退休教师与公务人员等。为此，我们通过自愿报名、家长委员会讨论确定的形式组建了"紫梅幼儿园祖辈家长志愿者小分队"，并根据各个家长的特点进行了参与志愿项目的分类，具体的有：非物质文化遗产类（提供梅溪当地的一些文化传统教育）、职业教育类、巧手制作类（提供活动中相关的材料并承担手把手教学活动）、爱心志愿服务类（提供更多地空余时间参与幼儿园的各项活动）等。在实施不同活动主题时，教师有目的、有计划地与这些祖辈家长取得联系，与他们一起围绕所需内容分析活动的性质、特点，共同设计活动方案，请爷爷、奶奶、外公、外婆等进入幼儿园为幼儿们组织活动（助教、亲子游戏、亲子制作）。这些有才艺、有特长、责任心强的老人走进幼儿园，对我们地方特色园本课程的构建和实施起到了无可替代的作用。例如，在我们开展的"渔灯趣、旱船乐"系列活动中，梅溪非遗传承爷爷为我们的幼儿、老师展示了渔灯、旱船的制作方法和表演形式，使我们对这些民间工艺之烦琐、之精湛有了近距离的了解，从而使幼儿对这一艺术珍品更爱惜。又如，在"百变纸箱"这一主题中，我们邀请了手艺精巧的爷爷、奶奶、外公、外婆来幼儿园和幼儿一起制作纸盒玩具。在端午节，开点心店的奶奶来给幼儿们现场展示包粽子。这些活动的开展，体现了"留守儿童"家庭也可以实现家园互动、亲子互动的良好教育氛围，在有意义的活动中转变祖辈家长的教育观念和教育行为。

资料来源于中华人民共和国教育部、联合国儿童基金会、中国学前教育研究会：《农村幼儿园教师培训资源包培训文稿》，339页。收入本书时有改动。

3. 探究乡村幼儿园教师与家长的有效沟通策略

谁的沟通更有效？

A教师：小明爸爸，今天小明又犯事儿了。午餐后，一个小朋友好端端地在那儿画画，小明不知怎么想的，走过去就要抢人家的画笔。结果两人打起来了，小明把那个小朋友推倒在地，使那个小朋友头上摔了个大包，笔尖还差点戳到那个小朋友的眼睛里。想想都让人后怕，如果真是这样，我们真不知道怎样向人家家人交代。小明总是控制不住自己，希望你们能和我们配合教育，帮助小明改正这个坏毛病。

B教师：阳阳妈妈，请你等一下，有件事情要和你商量。阳阳活泼可爱，脑子又很机灵，运动能力也特别强，但就是爱激动，有一点事儿不顺心就控制不住，要用动手的方式解决。今天，游戏区了新添了个磁性画板。中午饭后，阳阳看到另外一个小朋友在玩，他也很想玩，两人就为了争夺画笔打了起来。阳阳一急之下，把那个小朋友推倒在地，使那个小朋友头上摔了个大包，笔尖还差点戳到那个小朋友的眼睛里，当时的情况挺危险的。这件事情我已经和阳阳谈过了，他也承认了错误，向那个小朋友道了歉。应该说，幼儿在幼儿园发生纠纷是常有的事，这是因为幼儿不懂得交往的正确技巧。阳阳也是这样，只是他的这种行为出现得更多一点，所以我想和你一起商量一下怎样帮助阳阳克服这个缺点。

资料来源于中华人民共和国教育部、联合国儿童基金会、中国学前教育研究会：《农村幼儿园教师培训资源包培训文稿》，344页。收入本书时有改动。

A教师和B教师，谁的沟通更有效呢？请你思考，幼儿教师与家长的沟通策略主要有哪些？

策略一：营造宽松的氛围，平等对话。

尊重家长是良好沟通的首要条件。在上面案例中，A教师一上来就对幼儿的爸爸说幼儿"犯事儿了"，然后咄咄逼人地讲述幼儿的不对之处，让沟通变成了单方面的说教。B教师礼貌地请幼儿的妈妈等待一下，并强调有事情和她"商量"，营造了宽松的对话氛围，以平等的身份与家长交流，尊重家长，为进一步沟通打下良好的基础。

策略二：客观评价，如实反映情况。

在案例中，B教师首先肯定了阳阳的优点。比如，阳阳活泼可爱，运动能力特别强。其次向家长提出阳阳的不足之处：爱激动，有一点事儿不顺心就控制不住，要用动手的方式解决。

说一说

你还能想到哪些与家长沟通的技巧？

B 教师在沟通中没有一味地表扬幼儿或批评幼儿，而是对幼儿做的事情进行如实客观的描述，讲清楚了事情的经过，并说明了教师是如何做的，幼儿当时是否认识到自己的错误，有利于家园之间的配合。

策略三：充分发挥语言艺术的魅力。

教师和家长沟通时要讲究谈话的策略性和艺术性，把谈话建立在客观、全面的基础上。要让家长感受到教师在关注自己幼儿的成长和进步，这样才能取得家长的信任，使其尊重并听取教师的意见。此外，教师要抓住时机向家长了解幼儿的情况，以请教的态度耐心地听取家长的意见，使家长产生信任感，乐意与教师进行充分的交流，从而达到教师预期的目的。

 小任务

1. 组织幼儿开展一次以"安全"为主题的班级活动，讨论周围可能存在的安全隐患，提高幼儿的安全防范意识。

2. 母亲节快到了，请以此为主题，设计一个幼儿园亲子活动方案。

 自我检测

一、单项选择题

1. 制定幼儿班级生活常规的主要目的是（　　）。

【2012 年下半年幼儿园教师资格考试真题】

A. 维持纪律　　　　　　　　　　B. 便于教师管理

C. 让幼儿学会服从　　　　　　　D. 帮助幼儿学会自我管理

2. 幼儿鼻中隔为易出血区，该处出血后正确的处理方法是（　　）。

【2014 年下半年幼儿园教师资格考试真题】

A. 鼻根部涂紫药水然后安静休息　B. 让幼儿略低头冷敷前额鼻部

C. 止血后半小时内剧烈运动　　　D. 让幼儿仰卧休息

3. 幼儿在户外活动中扭伤，出现充血、肿胀和疼痛，教师应对幼儿采取的措施是（　　）。

【2015 年下半年幼儿园教师资格考试真题】

A. 停止活动，冷敷扭伤处　　　　B. 停止活动，热敷扭伤处

C. 按摩扭伤处，继续活动　　　　D. 清洁扭伤处，继续活动

4. 《托儿所幼儿园卫生保健工作规范》规定托幼园所工作人员接受健康检查的频率是（　　）。

【2015 年上半年幼儿园教师资格考试真题】

A. 每月一次　　　B. 半年一次　　　C. 每年一次　　　D. 三年一次

5. 被黄蜂蜇伤后，正确的处理方法是（　　）。

【2015 年上半年幼儿园教师资格考试真题】

A. 涂肥皂水 　　　　　　　B. 用温水冲洗

C. 涂食用醋 　　　　　　　D. 冷敷

6. 幼儿突然出现剧烈呛咳，伴有呼吸困难，面色青紫，这种情况可能是（　　）。

【2016 年上半年幼儿园教师资格考试真题】

A. 急性肠胃炎 　　　　　　B. 异物落入气管

C. 急性喉炎 　　　　　　　D. 支气管哮喘

二、简答题

教师在户外体育活动中如何保障幼儿安全？

【2014 年下半年幼儿园教师资格考试真题】

三、材料分析题

星期一，A 老师埋怨地说："幼儿在家过了一个双休日，再回到幼儿园后，许多良好的行为习惯就退步了，不认真吃饭，乱扔东西，活动时喜欢说话，真不知幼儿在家时，家长是怎么教育的！"站在一旁的 B 老师颇有同感地说："是啊，如果家长都能按我们的要求去教育孩子，我们的工作就好做了！"A 老师接着说："可这些家长不按我们的要求去做倒也罢了，还经常给我们提这样那样的意见，好像我们当老师的还不如他们懂得多，真拿这些家长没办法……"

请你运用幼儿园与家庭相互配合的有关理论，谈谈家园合作对幼儿发展的重要意义以及目前存在的误区。

【2012 年上半年幼儿园教师资格考试真题，有改动】

四、活动设计题

1. 小班赵老师发现，幼儿进餐时有各种问题：有的幼儿情绪不稳定，吃饭时哭着要妈妈；有的幼儿不会拿勺子吃，一定要老师喂；有的幼儿挑食，不吃这个，不吃那个；还有的幼儿吃一会儿，玩一会儿，饭凉了都还没吃完……

请设计一份解决上述问题的教育方案。

要求：写出对问题的分析、设立的教育目标、解决问题的主要方法。

【2013 年上半年幼儿园教师资格考试真题】

2. 中二班幼儿在"娃娃家"游戏中，接待"客人"主动热情，与"长辈"交往很有礼貌。可家长却说，孩子在家不是这样的，有客人来了很少打招呼，还经常对爷爷奶奶发脾气。

请针对上述幼儿行为的反差，设计解决这一问题的方法。

要求：写出问题的原因分析、教育目标以及 3 种教育指导内容与方法。

【2013 年下半年幼儿园教师资格考试真题】

3. 根据下面案例，设计一份亲子运动会方案，要求写出亲子运动会的设计意图，两个运动项目（须写出运动项目的名称、材料和玩法），家长工作要点以及实施注意事项。

在与本班家长沟通中，大三班教师发现，大部分家长平时很少和孩子一起运动，因为他们不知道和孩子在一起能够玩些什么。为此，教师准备举行一场亲子运动会，让家长认识到生活中一些随手可得的废旧材料可以用来开展有趣的运动游戏，从而促进幼儿发展。

【2014 年上半年幼儿园教师资格考试真题】

参考答案

第五章
幼儿园教学活动的组织与指导

>> 思维导图

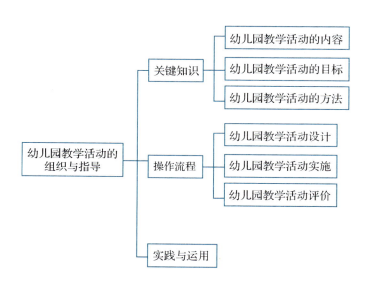

《幼儿园教育指导纲要（试行）》指出：幼儿园的教育活动，是教师以多种形式有目的、有计划地引导幼儿生动、活泼、主动活动的教育过程。幼儿园的教育活动包括教学活动、生活活动和游戏活动。具体的幼儿园教学活动是指教师在尊重幼儿身心发展规律和学习特点的基础上，有目的、有计划、有组织地实施教与学的以促进幼儿身心和谐发展的活动。

第一节
关键知识

一、幼儿园教学活动的内容 >>>>>>>>>>>>>>>>>

《幼儿园教育指导纲要（试行）》指出：幼儿园的教育内容是全面的、启蒙性的，可以相对划分为健康、语言、社会、科学、艺术五个领域，也可作其他不同的划分。各领域的内容相互渗透，从不同的角度促进幼儿情感、态度、能力、知识、技能等方面的发展。幼儿园教学活动内容是指为实现教学目标，要求幼儿学习，获得知识、能力、情感态度的总和。理解幼儿园教学活动的内容，我们可以从两个方面把握：首先，内容是为目标服务的，教学目标是选择教学内容的依据，内容的选择和编排应以实现目标为原则，保持与目标的一致性；其次，幼儿园教学活动内容不仅包括学科的知识和技能，而且包括幼儿在学习过程中所形成的态度、价值观以及相应的行为方式，以保证幼儿身心的全面发展。

> **想一想**
>
> 请你想一想在组织幼儿园教育活动时如何实施《幼儿园教育指导纲要（试行）》中指出的"幼儿园的教育内容是全面的、启蒙性的"。

（一）幼儿园教学活动内容选择的原则

幼儿园教学活动内容在选择时应遵循以下原则。

第一，既适合幼儿的现有水平，又有一定的挑战性。

第二，既符合幼儿的现实需要，又有利于其长远发展。

第三，既贴近幼儿的生活来选择幼儿感兴趣的事物和问题，又有助于拓展幼儿的经验和视野。

第四，既要对应教学活动目标的要求，又要创设条件让幼儿生成新的内容。

（二）幼儿园各领域教学活动的内容

《幼儿园教育指导纲要（试行）》提出按照幼儿学习活动的范畴把幼儿园教育内容相对划分为健康、语言、社会、科学、艺术五个方面，并强调各方面的内容都应发展幼儿的知识、技能、情感、态度等。华东师范大学黄瑾教授在其主编的《幼儿园教育活动设计与指导》中，对幼儿园各领域教学活动的具体内容作了表述，见表5-1至表5-6。[①]

[①] 黄瑾：《幼儿园教育活动设计与指导》，50～51页，上海，华东师范大学出版社，2007。

表 5-1　健康领域的教育内容

基本动作发展	包括：走、跑、跳、钻、爬、攀登、平衡、投掷等，发展动作的协调性、灵活性。
生活卫生习惯的培养	包括：养成良好的饮食、睡眠、盥洗、排泄等个人生活卫生习惯和爱护公共卫生的习惯。
自我保护能力和自理能力	包括：安全、保健等方面的教育。
学习自我服务技能、良好情绪和参加体育活动的兴趣	包括：体验幼儿园生活的愉快，形成良好的师生、同伴关系，有安全感、信赖感；喜欢参加户外体育锻炼，提高对环境的适应能力。

表 5-2　科学领域的教育内容

认识自然环境	包括：认识四季特征，以及季节气候的变化与人类、动植物生长的关系；动物的特征、繁殖方式、生活习性及与环境的关系；植物的特征、结构、生长条件和规律及与环境的依存关系。
认识常见物品和材料及身体器官	包括：常见物品和材料的特性、功能；认识常见的交通工具；认识身体器官的功能等。
认识常见的科学现象	包括：声、光、电、磁、力、弹性、天文、颜色的变化等科学现象及其在人们生活中的作用。
形成初步的数学概念	包括：数、量、形、时间、空间关系，发现生活中的数学；理解基本的数学概念，发展思维能力。
探索发现	包括：提供观察、操作、试验的机会，支持、鼓励幼儿动手动脑大胆探索，激发幼儿的好奇心和认识兴趣。

表 5-3　社会领域的教育内容

爱老师、爱朋友	包括：学会必要的交往技能，学会和睦相处；体验和同伴共处的乐趣。
爱集体	遵守幼儿园各种学习、生活、游戏规则。
爱幼儿园、爱家庭、爱家乡、爱祖国	包括：认识幼儿园环境；了解家乡的特产、名胜古迹等；认识国旗、国徽，学唱国歌，知道台湾、香港、澳门是祖国的领土等。
爱人民	包括：接触和认识与幼儿生活关系密切的不同职业的人，培养幼儿尊重不同职业的人们的劳动；认识少数民族，知道我国是一个多民族的国家。
良好个性的培养	包括：形成良好的自我意识；培养勇敢、讲文明、有礼貌等良好的品格和自主、自理的能力。

表 5-4　语言领域的教育内容

学习说普通话	包括：听懂普通话；正确发音，自觉用普通话交流；少数民族地区学习本民族语言。

续表

语言交往能力	包括：学会倾听，敢于与人交谈，在集体中回答问题；讲话的语气、语调、面部表情、体态语适当，有良好的语言表达习惯；逐步掌握讲述、谈话、讨论、辩论等多种语言交流形式。
学习文学作品	包括：学习故事、儿歌、散文等儿童文学作品，参与表演活动，学习续编、改编、创编、仿编故事和儿歌等。
早期阅读	包括：有正确的看书姿势和翻阅图书的技能；能讲述图书的主要内容；认读常见的文字、标记；培养前阅读和前书写技能；爱护图书。
日常生活中渗透语言教育	包括：按要求完成任务，运用礼貌用语与人交谈；清楚表达自己的愿望、要求，回答问题，处理问题；主动学习语言，恰当运用新学到的词句。

表 5-5 艺术领域的教育内容（美术方面）

绘画	包括：学会使用各种绘画工具，掌握作画姿势，认识和使用各种颜色；学习用点、线各种基本图形和涂染等方法，以及用涂色、添画、手指画、棉签画、命题画、意愿画等形式表现物体；学习纹样装饰；学习中国画。
手工	包括：纸工方面，学习撕纸、折纸、剪纸、染纸、粘贴等基本方法；泥工方面，学习团圆压扁、搓、捏、押拉、粘接等泥工技法；手工制作方面，学习用废旧材料、自然物品等自制玩具、装饰环境；养成爱清洁、讲卫生、有条理的活动习惯。
美术欣赏	欣赏自己、同伴的作品；欣赏著名画家的美术作品；欣赏民间工艺品、建筑物等。

表 5-6 艺术领域的教育内容（音乐方面）

唱歌	包括：学唱不同性质、不同节拍的歌曲，体会歌曲的强、弱、快、慢及情绪变化；学习有表情地轮唱、领唱、对唱、独唱、表演唱等。
韵律、舞蹈、音乐游戏	包括：学习简单的韵律动作；可随音乐伴奏玩音乐游戏；掌握简单的舞蹈动作，学习舞蹈组合。
音乐欣赏	包括：欣赏中外名曲、舞蹈表演，感受速度、节奏、强弱的变化，用面部表情和动作表现自己所感受到的音乐形象。
打击乐器	包括：认识常见的打击乐器，掌握正确的敲击方法；学习齐奏、轮奏及给乐曲伴奏；初步学会看谱表演奏。

二、幼儿园教学活动的目标 >>>>>>>>>>>>>>>>>

（一）幼儿园教学活动目标的概念

幼儿园教学活动目标是指通过一次或几次教学活动所期望幼儿获得的某些发展。教学活动目标是最为具体的目标，也是教育领域目标的下位概念。

（二）幼儿园教学活动目标的层级结构框架

在教育目的的指导下，《幼儿园工作规程》《幼儿园教育指导纲要（试行）》和《3—6岁儿童学习与发展指南》等文件分别提出了幼儿园保育和教育目标，以及幼儿园各领域目标，形成了一个完整的目标体系。一般来说，幼儿园目标体系包括：幼儿园保教总目标（德、智、体、美），幼儿园各领域目标（健康、语言、社会、科学、艺术），幼儿园各年龄班目标，幼儿园各年龄班学期目标（上学期、下学期），幼儿园各月、各周目标，幼儿园教学活动目标等，如图5-1。

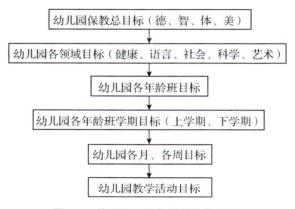

图 5-1　幼儿园目标体系的结构框架

1. 幼儿园保教总目标

经教育部发布，2016年3月1日起施行的《幼儿园工作规程》，在第一章总则的第五条明确提出幼儿园保育和教育的主要目标是：

促进幼儿身体正常发育和机能的协调发展，增强体质，促进心理健康，培养良好的生活习惯、卫生习惯和参加体育活动的兴趣。

发展幼儿智力，培养正确运用感官和运用语言交往的基本能力，增进对环境的认识，培养有益的兴趣和求知欲望，培养初步的动手探究能力。

萌发幼儿爱祖国、爱家乡、爱集体、爱劳动、爱科学的情感，培养诚实、自信、友爱、勇敢、勤学、好问、爱护公物、克服困难、讲礼貌、守纪律等良好的品德行为和习惯，以及活泼开朗的性格。

培养幼儿初步感受美和表现美的情趣和能力。

幼儿园保教目标包含了德、智、体、美等全面发展的教育目标，它是根据幼儿学习特点和身心发展规律，对教育目的在幼儿园阶段要求的具体化，是引导幼儿园教育各方面工作的纲领性要求。

2. 幼儿园各领域目标

《幼儿园教育指导纲要（试行）》在第二部分教育内容与要求中提出：幼儿园的教育内容是全面的、启蒙性的，可以相对划分为健康、语言、社会、科学、艺术五个领域，也可作其他不同的划分。各领域的内容相互渗透，从不同的角度促进幼儿情感、态度、能力、知识、技能等方面的发展。并规范了各领域目标，具体目标如下。

健康领域目标：身体健康，在集体生活中情绪安定、愉快；生活、卫生习惯良好，有基本的生活自理能力；知道必要的安全保健常识，学习保护自己；喜欢参加体育活动，动作协调、灵活。

语言领域目标：乐意与人交谈，讲话礼貌；注意倾听对方讲话，能理解日常用语；能清楚地说出自己想说的事；喜欢听故事、看图书；能听懂和会说普通话。

社会领域目标：主动地参与各项活动，有自信心；乐意与人交往，学习互助、合作和分享，有同情心；理解并遵守日常生活中基本的社会行为规则；能努力做好力所能及的事，不怕困难，有初步的责任感；爱父母长辈、老师和同伴，爱集体、爱家乡、爱祖国。

科学领域目标：对周围的事物、现象感兴趣，有好奇心和求知欲；能运用各种感官，动手动脑，探究问题；能用适当的方式表达、交流探索的过程和结果；能从生活和游戏中感受事物的数量关系并体验到数学的重要和有趣；爱护动植物，关心周围环境，亲近大自然，珍惜自然资源，有初步的环保意识。

艺术领域目标：能初步感受并喜爱环境、生活和艺术中的美；喜欢参加艺术活动，并能大胆地表现自己的情感和体验；能用自己喜欢的方式进行艺术表现活动。

3. 幼儿园各年龄班目标

由于不同年龄班幼儿的身心发展特点不同，所以，每一个领域各年龄班的目标要求是不同的。《3～6 岁儿童学习与发展指南》从健康、语言、社会、科学、艺术五个领域描述幼儿的学习与发展。每个领域按照幼儿学习与发展最基本、最重要的内容划分为若干方面。每个方面由学习与发展目标和教育建议两部分组成。其中，目标部分分别对 3～4 岁、4～5 岁、5～6 岁三个年龄段幼儿应该知道什么、能做什么，大致可以达到什么发展水平提出了合理期望，指明了幼儿学习与发展的具体方向。以健康领域为例，《3—6 岁儿童学习与发展指南》对"动作发展"三条核心目

练一练

请你记一记、写一写《幼儿园教育指导纲要（试行）》中提出的健康、语言、社会、科学、艺术各领域的总目标。

标下的年龄阶段目标表述如表 5-7 至表 5-9 所示。

表 5-7 目标 1 具有一定的平衡能力，动作协调、灵敏

3～4 岁	4～5 岁	5～6 岁
1. 能沿地面直线或在较窄的低矮物体上走一段距离。 2. 能双脚灵活交替上下楼梯。 3. 能身体平稳地双脚连续向前跳。 4. 分散跑时能躲避他人的碰撞。 5. 能双手向上抛球。	1. 能在较窄的低矮物体上平稳地走一段距离。 2. 能以匍匐、膝盖悬空等多种方式钻爬。 3. 能助跑跨跳过一定距离，或助跑跨跳过一定高度的物体。 4. 能与他人玩追逐、躲闪跑的游戏。 5. 能连续自抛自接球。	1. 能在斜坡、荡桥和有一定间隔的物体上较平稳地行走。 2. 能以手脚并用的方式安全地爬攀登架、网等。 3. 能连续跳绳。 4. 能躲避他人滚过来的球或扔过来的沙包。 5. 能连续拍球。

表 5-8 目标 2 具有一定的力量和耐力

3～4 岁	4～5 岁	5～6 岁
1. 能双手抓杠悬空吊起 10 秒左右。 2. 能单手将沙包向前投掷 2 米左右。 3. 能单脚连续向前跳 2 米左右。 4. 能快跑 15 米左右。 5. 能行走 1 公里左右（途中可适当停歇）。	1. 能双手抓杠悬空吊起 15 秒左右。 2. 能单手将沙包向前投掷 4 米左右。 3. 能单脚连续向前跳 5 米左右。 4. 能快跑 20 米左右。 5. 能连续行走 1.5 公里左右（途中可适当停歇）。	1. 能双手抓杠悬空吊起 20 秒左右。 2. 能单手将沙包向前投掷 5 米左右。 3. 能单脚连续向前跳 8 米左右。 4. 能快跑 25 米左右。 5. 能连续行走 1.5 公里以上（途中可适当停歇）。

表 5-9 目标 3 手的动作灵活协调

3～4 岁	4～5 岁	5～6 岁
1. 能用笔涂涂画画。 2. 能熟练地用勺子吃饭。 3. 能用剪刀沿直线剪，边线基本吻合。	1. 能沿边线较直地画出简单图形，或能边线基本对齐地折纸。 2. 会用筷子吃饭。 3. 能沿轮廓线剪出由直线构成的简单图形，边线吻合。	1. 能根据需要画出图形，线条基本平滑。 2. 能熟练使用筷子。 3. 能沿轮廓线剪出由曲线构成的简单图形，边线吻合且平滑。 4. 能使用简单的劳动工具或用具。

4. 幼儿园各年龄班学期目标（上学期、下学期）

即使同一年龄班，在不同的学期，各领域目标要求也有不同。以小班"健康"为例，上学期和下学期的目标具体如下。

（1）小班上学期目标

①身体保健。

第一，喜欢上幼儿园，并能初步适应集体生活，在一日活动中情绪稳定、愉快。

第二，愿意在幼儿园睡觉，午睡时不影响别人，能安静地午睡。

第三，学会正确使用勺子，独立用餐，进餐时情绪愉快，习惯良好；了解常见的食物，爱吃各种食物，愿意喝白开水。

第四，积极对待晨起、午睡及晚睡前的盥洗，尝试早晚刷牙。

第五，学会正确的洗手方法，逐步养成饭前便后洗手、饭后擦嘴与漱口的习惯，学习使用自己的毛巾或手帕。

第六，学会独立上厕所，养成定时大便的习惯。

第七，知道身体的五官和四肢，并懂得简单的保护方法；不把手指放在嘴里；乐于接受预防接种和身体检查。

②身体锻炼。

第一，上体正直，自然协调地向指定方向持物或拖物走，在指定范围内走，互相不碰。

第二，能迈开步子平稳地跑，双臂自然摆动；听信号向指定方向跑，能沿着规定路线跑，向指定方向持物跑。

第三，初步掌握简单的跳跃动作（向前跳、向上跳），能双脚同时用力蹬地起跳，动作连贯有节奏。

第四，能自然地向前方或远处挥臂投掷各种物体，有将物体投远的愿望；双手能向上、前、后抛球，体验投掷活动的乐趣。

第五，能在简单、固定的平行线上或窄道中行进，保持身体稳不摇晃；提高平衡能力，培养勇敢自信的品质。

第六，能正面穿过障碍物，做到低头、弯腰紧缩身体；熟练掌握手膝和手脚着地等基本动作，速度适宜并能较好地控制方向。

第七，平稳地上下楼梯，玩滑梯，克服恐惧感。

第八，能听懂基本的口令和信号，做出相应的动作，会一个跟着一个走圈。

第九，较合拍地做模仿操，体验与同伴做操的乐趣。

第十，知道有关体育活动的简单知识，愿意遵守体育活动的规则和要求，不做危险动作，不影响他人，有初步的运动保健意识。

第十一，乐于参加各种体育活动，感受运动带来的愉悦，懂得玩大型运动器械的规则，不推挤，不做危险动作。

（2）小班下学期目标

①身体保健。

第一，学习自己穿脱衣服和鞋袜，并把它们放在固定的地方。

第二，有主动接受预防接种和身体检查的意识。

第三，知道外出时基本的安全知识，不单独到危险的场所玩耍。

第四，从自身的活动中认识自己、喜欢自己；不怕黑、不怕生，能克服胆怯心理。

第五，对自己感兴趣的活动能持续做一段时间，乐于表达积极、愉快的情绪。

②身体锻炼。

第一，能一个跟着一个沿圆圈走，不掉队。

第二，在指定范围内四散追逐跑，会走、跑交替，能在成人的引导下调节跑的速度。

第三，能轻松自然地双脚向前行进跳、纵跳；初步掌握跨跳动作，能跨跳过一定距离，体验跳跃的乐趣。

第四，学习拍球、自抛自接球，掌握力度；初步建立全身用力的意识，能向指定方向投掷并能投掷一定距离；懂得物体轻重与投掷远近之间的关系。

第五，掌握多种爬法，动作灵活、协调；能钻爬过较低的障碍物，且身体不碰到物体。

第六，能在成人的引导、鼓励下积极参加攀登活动；喜欢和同伴一起玩，能攀登低障碍物。

第七，会用小型的体育器械进行身体锻炼，能合作收拾某些小型体育器械。

5. 幼儿园各月、各周目标

月目标是学期教育目标的分解，使其比学期目标更为具体，更切合实际。在制定月目标时不仅要考虑学期目标、上个月幼儿学习与发展的情况，还要考虑本月的工作重点和季节、节日等，以使教育目标更具有针对性和可操作性。

周目标是将幼儿园教育月目标进一步分解到每一周的教育活动安排。幼儿园常用表格的形式呈现周计划，而周目标会在周计划中详细列出。

6. 幼儿园教学活动目标

幼儿园教学活动目标是幼儿园目标体系中最具体的目标，也是教师在教学活动中最常设定的目标。不同年龄班及学期目标的实现，最终要分解到一个个具体的教学活动、游戏活动和生活活动之中，科学地制定教学活动目标尤为重要。我们将在后面详细地介绍如何制定教学活动目标。

（三）幼儿园教学活动目标设计的基本原则

幼儿园教学活动目标设计的基本原则如表 5-10 所示。

表 5-10　幼儿园教学活动目标设计的基本原则

基本原则	具体内容
发展性原则	发展性原则是指幼儿园在教学活动中必须准确地把握幼儿的原有水平和最近发展区，并以此为依据着眼于促进幼儿在身体、认知、情感、个性及社会性等方面的全面发展。
主体性原则	主体性原则指教师与幼儿在教学活动中是共同参与、相互配合、平等互动的，两者都是活动的主体。
整体性原则	整体性原则是指教学活动设计要注重领域之间、目标之间的相互渗透和整合，促进幼儿身心全面协调发展，而不应片面追求某一方面或几方面的发展。
开放性原则	开放性原则是指在教学活动设计过程中，教师根据一定的教学目标和内容，创设相应的教学环境，既要对教学活动进行必要的预设，又要留有足够的空间为幼儿自发生成的活动做准备。

（四）幼儿园教学活动目标的维度

根据布鲁姆的教育目标分类学，把教学目标分为：认知目标、动作技能目标和情感态度目标。具体内容如表 5-11。

表 5-11　幼儿园教学活动三维目标

目标	具体内容
认知目标	认知目标包含由从低级到高级、由简单到复杂的 6 个水平。共分为知识、领会、运用、分析、综合、评价 6 个层次。其中，知识，指记住所学内容；领会，指领悟所学材料的意义；运用，指运用所学概念、规则等；分析，指将整体材料分解成其构成成分并理解其组织结构；综合，指将所学的零碎知识整合为知识体系，强调创造能力；评价，指对材料做价值评判的能力。 常用引导词：了解、理解、知道、学习、学会、掌握、比较等。
动作技能目标	动作技能目标包括知觉、定式、熟练、自动化 4 个方面，由感知动作、运动协调和运动技能诸目标组成。可以理解为动作发展的运用。 常用引导词：学会、掌握、能、提高等。
情感态度目标	情感态度目标包括兴趣、态度、习惯、价值观念、社会适应能力等，由兴趣、态度、价值观与正确的判断力、适应性的发展诸目标组成。 常用引导词：愿意、感受、体验、乐于、喜欢等。

（五）幼儿园教学活动目标表述的基本要求

1. 书写目标时能实现几个维度的目标，视活动内容而定

教学活动目标在内容上一般包括认知、动作技能、情感态度 3 个维度。教学活动能实现 3 个维度的目标，就应写明 3 个维度。但并不意味着每一个活动都需要包括上述 3 个维度。

例如，中班体育活动"好玩的沙袋"的活动目标：

练一练

表 5-11 中已列出书写幼儿园教学活动三维目标的常用引导词，除了这些词之外还有哪些以幼儿为主体的引导词？如果以教师为主体书写教学活动目标，又有哪些引导词？

一是尝试用不同的方式玩沙袋，体验与同伴一起玩沙袋的快乐；

二是练习肩上挥臂投物，锻炼手臂的力量。

以上活动目标，第一点是情感态度目标，第二点是动作技能目标，没有认知目标。

但要注意一个完整的教学活动，不能只有 1 个维度的目标。

2. 目标应具有可操作性

目标表述应具体、明确、具有可操作性，能具体指导和调控教师的教学过程。避免过于笼统、概括和抽象。比如，大班教师设计"看挂历"活动，不能把目标之一概括地写成"认识挂历"，而应该是"了解挂历与我们生活的关系，知道挂历上一些数字所代表的意思，尝试用比较清楚的语句表述自己的想法"。

3. 目标表述的角度要统一

目标表述的角度有两种：一种是教师教的角度；另一种是幼儿学的角度。无论从哪种角度表述活动目标，都应注意表述角度的一致性。即目标的主体要么是教师，要么是幼儿。

以教师的教为出发点确定活动目标，表述教师期望通过教学活动帮助幼儿获得的学习结果。常用培养、教、教育、帮助、激发、激励、鼓励、要求等词语表述教师的教。

以幼儿的学为出发点确定活动目标，指出幼儿在学习以后应该知道的和能够做到的表现。常用知道、了解、理解、学会、能、喜欢等词表述幼儿的学。

例如，小班科学活动"各种各样的水果"的原定目标：

一是体验活动的快乐；

二是鼓励幼儿大胆说出水果的名称、形状、味道；

三是感知水果的多样性。

原定第一、第三点目标的主体是幼儿，但第二点目标的主体是教师，这样就是表述角度不统一的问题。还有原定目标过于笼统和概括。修改时应注意目标表述角度要统一和具体、可操作。修改后的目标：

一是愿意与大家分享水果，体验分享的快乐；

二是能大胆、清楚地说出自己见到或吃过的各种水果的名称、形状、味道等特点；

三是能通过观察、触摸、品尝等方法，感知水果的多样性。

4. 目标定位要有针对性

目标定位的针对性是指教学活动目标要符合幼儿的年龄特点、身心发展规律和幼儿的实际发展水平，根据幼儿整体、群体、个体的不同发展水平和需要，充分考虑幼儿的普遍性和差异性，体现因材施教，并贴近幼儿的"最近发展区"。不能直接从网络上或者参考书上照着教案就开始组织活动，而不顾本班幼儿的实际情况。

5. 目标制定应体现本领域特点

五大领域教学虽相互融合、相互渗透，但每个领域都有其核心价值，因此教师在制定目标时要深入分析具体教学活动的核心价值，应紧扣该领域的核心价值来制定教学活动的目标。比如，语言领域的核心价值在于倾听、理解、感受和表达，大班语言活动"风儿也想有个家"的活动目标就可以这样设计：

一是理解、欣赏诗歌《风儿也想有个家》，体验诗歌中的感情变化，能够有感情地朗诵诗歌；

二是能仿编诗歌，并尝试用动作表现出来。

三、幼儿园教学活动的方法 >>>>>>>>>>>>>>>>>>>>

教学方法是在教学过程中，教师和学生为实现教学目的，完成相应的教学任务而采取的教与学相互作用的活动方式的总称。幼儿园教学活动常用的方法有游戏法、讲授法、示范法、练习法、讨论法、演示法、观察法、实验法和操作法等，具体内容如表 5-12 至表 5-20 所示。

表 5-12　幼儿园教学活动的游戏法

项目	内容
概念	游戏法是指教师利用幼儿喜闻乐见的游戏方式来组织教育教学活动的方法。
运用	游戏法运用广泛，各领域都适用。
类型	游戏法可分为角色游戏、表演游戏、结构游戏、智力游戏、音乐游戏、体育游戏等。
运用举例	健康：各种体育游戏，如"我们都是木头人""老鹰捉小鸡""揪尾巴"等。一般带有情节性、故事性，还有角色扮演的成分；在心理健康教育活动中，组织表演游戏；帮助幼儿体验各种情绪情感并掌握处理方式。 语言：结合讲故事，组织幼儿开展分角色扮演游戏或表演游戏；词语接龙、学说简单的绕口令等益智游戏。 社会：组织类似"医院""超市""理发店"等角色游戏；角色游戏有助于幼儿形成自我意识、了解客体角色、提高人际交往能力，是幼儿社会性水平发展的重要途径之一。 科学：组织类似"老狼老狼几点了"的游戏，帮助幼儿掌握数概念和时间概念；通过各种结构游戏，帮助幼儿了解物体和材料的特性、结构与空间关系、数概念、图形等。 艺术：利用树叶、小树枝、小石头、纸盒等材料进行拼图、建构既是益智游戏，也是美术教育活动。
注意要点	勿以游戏的名义开展"假"游戏；要尊重幼儿的自主性，教师适时适当指导。

表 5-13　幼儿园教学活动的讲授法

项目	内容
概念	讲授法是指教师运用语言向幼儿系统地传递知识的一种教学方法。
特点	使用最早、应用最广泛，以语言传递为主的教学方法。
运用	可用于传授新知识，也可用于巩固旧知识。 其他教学方法的运用几乎都需要同讲授法结合。 各个领域都可以运用。
方式	讲述：教师向幼儿描述学习的对象。 讲解：教师对某个概念或原理进行分析和解释。
运用举例	健康：如在饮食营养教育活动中，讲解常见食物的营养价值；如在良好生活习惯养成的教育活动中，讲解正确洗手、洗脸、如厕的方法等。 语言：如讲故事；在绘本阅读、文学欣赏等活动中介绍作品。 社会：介绍节日的习俗；介绍我国风俗习惯；强调日常行为规范。 科学：向幼儿解释、说明实验操作的步骤和注意点；总结幼儿在观察认识活动中的发现和发言。 艺术：如描述水粉画中排笔的用法艺术；解释画家作画的背景故事；讲解打击乐器的使用方法。
注意要点	内容正确，浅显易懂；繁简适宜，重点突出；语音清晰，语速适中。

表 5-14　幼儿园教学活动的示范法

项目	内容
概念	示范法是指教师（或幼儿）以正确的动作为范例，使幼儿了解动作的形象、结构和要领等的一种教学方法。
特点与运用	示范可以由教师本人来做，也可以由做得好的幼儿来做； 示范要保证示范动作正确，否则错误示范很容易被幼儿模仿。
类型	完整示范—分解示范；个人示范—集体示范；正面示范—侧面示范；镜面示范—背面示范；动作示范—活动示范。
运用举例	健康：各种生活技能的习得，如叠衣服、整理书包等；各种基本动作的掌握，如走、跑、跳、钻、爬、投掷、平衡等。 语言：阅读绘本的正确姿势；故事讲述的语音语调语速。 社会：示范与客人打招呼的方式；示范制作节日礼物。 科学：示范实验操作的步骤；示范教学玩具的使用方法。 艺术：示范胶泥的搓压方法；示范边唱边表演歌曲。
注意要点	示范正确，优美熟练；位置合理，方向适宜；结合讲解，效果更佳；积极观察，及时强化。

表 5-15　幼儿园教学活动的练习法

项目	内容
概念	练习法是指幼儿基于教师的讲解示范，在初步建立有关动作或技能的表象和概念之后，在教师的指导下，对这些动作或技能进行反复练习，加深理解，从而掌握某种运动技能或形成稳定的习惯。
类型	重复练习法：在不改变动作结构和练习条件的情况下反复做一个练习。 变化练习法：改变动作结构进行练习。 完整练习法：完整地练习整套动作或活动过程而不对其进行分解练习。 分解练习法：把完整动作技能或活动过程分解成几个部分，逐次练习，再组合。
运用举例	健康：练习某个基本动作；反复练习洗手、刷牙等生活技能。 语言：日常生活中的语言练习，发音练习，讲故事练习等。 社会：练习普通话。 科学：练习某种仪器设备、材料的操作；练习点数等。 艺术：演唱歌曲、打击乐、绘画等练习。
注意要点	加强指导，及时纠错；循序渐进，因人施教。

表 5-16　幼儿园教学活动的讨论法

项目	内容
概念	讨论法是指教师通过安排语言交流活动，让幼儿参与教育过程，为他们提出问题、发表意见、得出结论提供机会。
优点	讨论法有助于幼儿表达自己的真实想法，对他人的言行进行直接评价，从而提高幼儿辨别是非的能力；有助于幼儿在与他人交流认识与情感的过程中，学会尊重、理解和接纳别人的认识、感受和体验。
形式	提问与回答、小组讨论、报告。
运用举例	健康：讨论如何保护牙齿；讨论生病看病。 语言：谈话类活动本身就是讨论；讨论猜测故事。 社会：讨论如何节约粮食；讨论怎样过六一儿童节；讨论如何遵守外出参观活动的规则。 科学：猜测讨论可能的实验结果；讨论自己观察小动物的发现。 艺术：讨论歌词内容；相互评价小朋友的手工、绘画作品。
注意要点	讨论的主体是幼儿，教师要让幼儿充分地、自由地发表自己的意见。 讨论的话题应该是贴近幼儿实际生活的，让幼儿有话可讲。 讨论后有评议和得出结果的过程，且得出的结论对幼儿的认知与行为要具有正确的导向作用。 教师要根据幼儿的年龄特点确定讨论的广度和深度，并注意调控和引导。一般而言，讨论法主要在中、大班运用。

表 5-17　幼儿园教学活动的演示法

项目	内容
概念	演示法是教师在传递信息的过程中，通过媒体工具向幼儿展示直观教具、操作过程，使幼儿获得事物现象的感性认识的一种教学方法。
运用	各个领域都会用到演示法，只要是适合于幼儿通过视觉、听觉等感官观察的教学内容均适用。
形式	实物演示；标本演示；挂图演示；投影演示；录像演示。
注意要点	演示的准备工作要做充分；演示要选择恰当的时机；演示要和讲解有机地结合。

表 5-18　幼儿园教学活动的观察法

项目	内容
概念	观察法是教师有目的、有计划地组织和启发幼儿运用多种感官，感知客观世界中的事物和现象，获得具体的印象，并在此基础上逐步形成概念的一种方法。
运用	观察法在科学领域运用较广泛，在艺术活动、语言活动中配合其他教学方法一起使用。
形式	个别物体和现象观察；比较观察；长期系统观察。
注意要点	组织幼儿观察前做好充分的时间、场地、材料等物质准备； 在观察前和观察过程中，教师可以提出引导幼儿观察的问题； 有必要强调有顺序、有重点地观察，培养幼儿探究、发现和思考的意识和能力； 观察不仅仅通过视觉、听觉、触觉等，其他感知觉也是重要的观察途径； 观察活动后，可以以讨论、分享、记录等多种形式，给予幼儿表达自己发现的机会。

表 5-19　幼儿园教学活动的实验法

项目	内容
概念	实验法是在人为控制条件下，利用一定仪器或设备，通过操作变量来观测相应的现象和变化的方法。
优点	能够排除干扰因素，揭示事物的因果关系。
运用	实验法的运用主要在科学领域。
类型	幼儿操作实验：幼儿亲自动手操作，参加全过程的实验，实验的性质比较简单，常带有游戏性。 教师演示实验：教师操作实验的全过程，幼儿观察实验的过程、现象、变化和结果的一种形式。
注意要点	根据年龄段特点确定实验的材料、操作内容，一般来说实验操作在中、大班幼儿中进行。 如涉及分组合作，低年龄段应注意提前确定分工轮流等规则，避免争吵，确保每个幼儿有同等参与的机会；高年龄段可合理分工合作，也要尽可能保证每个幼儿参与实验过程。 实验材料和过程必须确保安全，还应做好收纳、整理、保洁等配套工作。

表 5-20　幼儿园教学活动的操作法

项目	内容
概念	操作法是幼儿通过亲自运用直观教具和活动材料，在摆弄物体的过程中进行探索，从而获得感性经验和逻辑知识的一种教学方法。
运用	必须有适合、足量的操作教具或材料； 往往配合讲授法、示范法、演示法、讨论法等方法进行； 操作法在科学、艺术领域运用较多，尤其是数学教学活动。
运用举例	科学：操作专门的教具，了解科学知识。 数学：操作教具认识数概念；操作积木、积塑等建构材料，了解图形及空间关系。 艺术：使用剪刀、胶棒等工具进行创作；捏彩泥等。
注意要点	要明确操作目的，为幼儿操作活动创设必要的物质条件，包括材料、时间、场地等。 要仔细观察幼儿的操作情况，及时发现问题，引导幼儿积极思考、探索。 有意识地组织幼儿讨论他们的操作结果，帮助幼儿整理、归纳在操作中获得的经验。

除了以上教学方法外，还有参观法、比较法、体验法等。下面将结合具体的教案为说明各教学环节使用了哪些教学方法。

练一练

请你在幼儿园教学活动中尝试运用游戏法、讲授法、示范法、练习法、讨论法、演示法、观察法、实验法和操作法。

 教案一

大班社会活动：大家一起收黄豆

设计意图

秋天是个收获的季节，黄豆是常见的农作物之一，就让我们带领幼儿走进黄豆的世界，让幼儿在与黄豆的亲密接触中探索新知，获得成长。

活动目标

1. 观察和认识种在地里的黄豆。

2. 尝试和农民伯伯一起收黄豆。

3. 体验秋季丰收的喜悦和农民伯伯劳动的艰辛。

活动准备

1. 事先确定去收黄豆的路线，并做好踩点工作。

2. 联系 2～3 家种黄豆的农户。

3. 手套、小布袋等。

活动过程

一、组织幼儿到地里，认识种在地里的黄豆

1. 教师交代外出收黄豆的活动要求。

2. 认识地里的黄豆。

提问：你认识这是什么农作物吗？你为什么知道它是黄豆？你从哪儿看出来的？

（活动过程环节一，运用了参观法。）

二、和农民伯伯一起收黄豆

1. 观察和学习农民伯伯拔豆秸的动作。

提问：农民伯伯是怎么拔豆秸的？谁来试一试？

2. 幼儿分组拔豆秸。

（活动过程环节二，运用了观察法和操作法。）

三、和农民伯伯一起甩豆秸

1. 讨论：如何把黄豆从豆秸快速甩出来？

2. 观察农民伯伯甩豆秸的动作。

提问：农民伯伯用什么方法让黄豆快速从豆荚中"跳"出来的？谁来试试？

3. 幼儿分组进行甩豆秸。

（由于刚拔出来的豆秸较生，要等晒干豆枝才能甩豆秸，黄豆才能快速从豆荚中"跳"出来，因此应提前联系不同收豆进程的农户。）

4. 和农民伯伯一起捡豆粒。

（活动过程环节三，运用了讨论法、观察法和操作法。）

四、讨论黄豆及豆制品

1. 讨论食用黄豆及豆制品的益处。

2. 相互交流黄豆的用途及食用方法。

（活动过程环节四，运用了讨论法。）

**教案二**

大班数学活动：分黄豆

活动目标

1. 在"分黄豆"的游戏中，理解"5"的分解与组合，并能用语言清楚地表达。

2. 尝试用数字记录自己的操作结果。

活动准备：

记录纸、笔、黄豆每人1份。

活动过程

一、游戏：分黄豆

提问：一共有5粒豆，要分成两份，应该怎么分？一共有几种分法？请你们试试。

（活动过程环节一，运用了讨论法和操作法。）

二、学习"5"的分解与组合

1. 幼儿介绍操作结果。

提问：你的黄豆是怎么分的？（教师用画点的方式记录幼儿分的方法）

小结：5粒黄豆一共有4种分法。

（活动过程环节二，运用了讲授法和演示法。）

三、用数字记录"5"的分解与组合

1. 教师介绍记录方法，除了画点的方法，还可以用数字记录分豆的过程。

2. 幼儿尝试记录，并念一念自己的操作记录。

（活动过程环节三，运用了讲授法和操作法。）

四、游戏"碰一碰"，复习"5"的组成

1. 教师介绍玩法，教师报的数和幼儿报的数合在一起要组成"5"。

2. 教师与幼儿一起游戏。

（活动过程环节四，运用了游戏法。）

活动建议

在活动开始前，教师要提醒幼儿生的黄豆不能吃，不能把黄豆塞到鼻子、耳朵里。

第二节
操作流程

一、幼儿园教学活动设计 >>>>>>>>>>>>>>>>

下面以"大班体育活动：打沙包"① 为例来说明幼儿园教学活动设计方案的规范格式。

（一）活动名称

在幼儿园教学活动设计方案的第一行居中的位置从左到右依次写年龄班、领域、活动名。领域和年龄班根据主题而定。

活动名称要简洁明了，注明是哪个年龄班、哪个领域的，如"大班社会活动：参观小学"；也可以写领域下的具体活动类型，如"大班体育活动：打沙包"。

（二）设计意图

写活动设计意图时要分析教材（或活动主题），挖掘该教材

学习笔记

----

① 何莉、雷洁：《大班体育活动：打沙包》，载《早期教师（教师版）》，2017（10）。收入本书时有改动。

（或活动主题）所蕴含的教育价值，以及对幼儿未来发展的意义和作用。如果是根据幼儿的情况生成的活动，要写明幼儿的现状、问题或兴趣。

"设计意图"这4个字另起一行写，正文内容另起一行空2格开始写，字数控制在100～300字，扼要阐述活动设计主题的内容选材、生成背景和对整个教学活动设计的思路即可。例如：

设计意图

"打沙包"是我国传统的民间游戏，如何让幼儿园的幼儿也学会玩这个游戏呢？我们遵循《3—6岁儿童学习与发展指南》中提出的"最大限度地支持和满足幼儿通过直接感知、实际操作和亲身体验获取经验的需要"原则，让幼儿通过自己的仔细观察和反复大胆尝试，在亲身体验中逐步弄清游戏的玩法和规则，获得相关的游戏经验，在快乐的游戏中不断提高身体的灵活性和反应能力，体验传统游戏的无限魅力。

（三）活动目标

幼儿园教学活动目标是指通过教学活动所要达到的预期目的。活动目标作为教育实践的第一要素，规定了幼儿园教学的方向，指导和支配着整个教学过程，也是幼儿园教学活动评价的重要依据。

其一，目标的制定要符合《幼儿园教育指导纲要（试行）》《3—6岁儿童学习与发展指南》《幼儿园工作规程》的精神，符合幼儿的认知水平和情感需要，从幼儿发展的角度书写目标，可用能、会、掌握、学习、学会、明白、懂得、乐意、探究、体验等词。

其二，教学活动目标应合理、具体、有可操作性和针对性。目标不宜笼统，要具体明确，出现具体的经验，可操作，可衡量。

其三，目标数量不宜过多，重点呈现新的经验和需要重复的重要经验，以2～3条为宜。

其四，目标应直接、明确呈现经验，不需要先呈现途径和方式，如"通过……"或"在……过程中"。

其五，目标的书写按照活动经验获得的相对先后顺序排列。

例如：

活动目标

1. 玩传统游戏"打沙包"，自主提炼游戏的玩法和规则。
2. 练习投掷动作，锻炼躲闪能力，提高身体的协调、灵敏性。
3. 体验与同伴合作游戏及分享经验的快乐。

（四）活动准备

活动准备包括教学环境准备、教师教具准备、幼儿操作材料准备、幼儿知识经验准备，具体来说包括物质准备和幼儿经验准备。

物质准备包括围绕教学内容为幼儿提供支持其学习的活动环境、活动材料等，必要的玩教具名称，有场地布置的教学活动，并需要画出场布置示意图。如需要幼儿用书，放在活动准备的最后一条。活动材料不宜过多、过杂，要从目标和环节的实际需要出发。经验准备根据活动需要制定，可有可无。例如：

活动准备

每人 1 个沙包，音乐，宽敞、平坦的塑胶场地上画相距 5 米和 6 米的 3 条直线。

学习笔记

（五）活动过程

其一，教学基本过程的实施要与教育目标相符，过程的表述要科学、完整、简洁明了。

其二，教师能根据教学内容和幼儿实际情况选择有效的教学策略，激发幼儿的学习兴趣，体现具有自主性、合作性、探究性等的学习方式，使课程的基本理念得到充分的贯彻和落实；教学过程主次分明，重难点突出，幼儿有思考及交流的时间，师幼互动较好。

其三，注意对教学细节的设计。环节交代清楚，过渡自然，层层深入。活动环节中应说明教师干什么，引导幼儿干什么，每一个环节都要有幼儿的参与，教师的言行以调动幼儿学习为目的，提问要准确并能引发幼儿思考。

其四，准备的材料应该在活动环节中用上，活动中使用的材料应在活动准备中有交代；任何自编自创的游戏等，必须说明玩法，有故事、诗歌或者儿歌的需要附上故事、诗歌或者儿歌原文。

其五，活动过程设计中注意数字序号的级别顺序："一""二""三"（依次类推），"（一）""（二）""（三）"（依次类推），"1.""2.""3."（依次类推），"（1）""（2）""（3）"（依次类推），"①""②""③"（依次类推）。

一般使用"一""二""三"，"1.""2.""3."，"（1）""（2）""（3）" 3 组顺序即可；阿拉伯数字号后面的标点是黑圆点，汉字数字后面用顿号，"第一""第二""第三"后面用逗号，带括号的序号和带圆圈的序号后面不再加顿号、逗号；不建议用自动编号。

例如：

活动过程

一、开始部分

幼儿随音乐做热身操，活动身体。

二、基本部分

1. 自由探索沙包的多种玩法。

师：今天我们来玩沙包，你们可以和小伙伴一起玩，看看谁的玩法多。

2. 集体练习投掷、躲闪动作。

（1）幼儿交流沙包的多种玩法。

师：你们刚才是怎么玩的？

（2）练习投掷动作。

师：××小朋友用沙包投得真远，我们来跟他比一比吧！

（3）进行打、躲沙包练习。

师：小朋友看看他俩是怎样玩沙包的，我们也和小伙伴一起来玩玩吧。（全体小朋友两两组合，自由练习）

3. 幼儿自主学习"打沙包"游戏。

（1）教师示范玩游戏"打沙包"，幼儿观察。

师：我也会玩一种沙包游戏，可是今天我不教你们，请你们自己看仔细！

（2）幼儿自主尝试打沙包，提炼游戏玩法。

师：你们也去找小伙伴一起玩玩吧！

（3）请会玩的一组幼儿示范打沙包，同伴观察。

师：你们看看这一组小朋友是怎样玩的。

（4）帮助幼儿弄清游戏规则和玩法。

师：这个游戏怎么玩？谁来说说？（鼓励幼儿相互补充）

玩法：幼儿分为两组，一组站在线两端打沙包，另一组站在线中间躲沙包。如果被打中则停止游戏，下场休息；如果躲沙包的人接住沙包，则多"一条命"，接沙包者可多玩一次或者让本组一个已下场幼儿"复活"，重新获得一次游戏机会。直到躲沙包的人全部被打下场，两组互换重新游戏。

规则：打沙包的幼儿站在线两端，躲沙包的站在线中间；被打中则下场休息，接住沙包则多一次玩的机会；全被打中，两组交换重新游戏。

（5）幼儿再次尝试玩打沙包，鼓励部分能力强的幼儿拓展多人游戏。

师：按照我们刚才说的游戏规则再来试试吧！

（6）分享游戏经验，提升游戏水平。

师：刚才玩的时候有什么问题吗？怎么办？怎么打容易打中？你又是怎么躲的呢？这个游戏应该叫什么名字呢？我们以后可以多玩，越玩水平就会越高。

三、结束部分

敲打身体放松，整理场地。

1. 小结。

师：这个游戏也是老师从小玩到大的，还可以和更多的人一起玩，下次我们再来玩吧！

2. 放松身体。

师：我们玩打沙包感觉身体哪里最累啊？一起来敲敲吧！

3. 教师和幼儿一起收拾沙包、整理场地。

（六）活动延伸

根据具体活动的情况，决定是否需要活动延伸。活动可向区域活动、生活活动、社区活动及家庭中延伸，活动延伸可以包括重复强调和拓展两种类型，说明向哪里延伸、做什么和怎么做，可巩固什么经验或让幼儿得到什么新经验。如果幼儿教育活动不需要延伸，则可以不写这个环节。

例如，以上案例"大班体育活动：打沙包"，此活动不需要延伸，那么就不写。

（七）活动反思

这是教学活动结束后教师进行自我反思而写的小结，主要分析教学活动中的成功与不足，并提出有效对策。在书写教案时不需要提前写。

> **练一练**
>
> 请你参考幼儿园教学活动设计的格式书写一篇教案，年龄班、领域和内容自定。

 教案三

大班手工活动：多变的落叶

设计意图

秋天到了，幼儿园里的树叶纷纷落下，幼儿在户外自由活动时喜欢捡落叶玩，有的幼儿把捡到的落叶抛向天空观看落叶下落，有的幼儿把落叶当成小球玩抛接游戏，还有的幼儿把落叶放在地上尝试摆弄出不一样的造型等，他们对落叶充满了兴趣。《幼儿园教育指导纲要（试行）》指出："引导幼儿接触周围环境和生活中美好的人、事、物，丰富他们的感性经验和审美情趣，激发他们表现美、创造美的情趣。"基于幼儿的兴趣和《幼儿园教育指导纲要（试行）》的精神，我设计这节关于落叶的手工活动，让幼儿捡落叶、观察落叶、对落叶进行手工创意和分享落叶作品，旨在引导幼儿尝试用多种材料和不同的表现形式对落叶进行手工创意，从而培养幼儿发现美、感受美、表现美的能力。

活动目标

1. 知道用大自然中的落叶可以创作各种不同的手工作品。

2. 尝试用多种材料和不同的表现形式对落叶进行创作，大胆地表现自己的情感、理解和想象。

3. 体验落叶创意活动的乐趣。

活动重难点

根据自己的意愿用多种材料和不同的表现形式对落叶进行创作。

活动准备

物质准备：篮子、幼儿在园内捡的落叶、剪刀、双面胶、水彩笔、A4 纸、小树枝、毛线等。

经验准备：幼儿有过使用剪刀和双面胶的经验。

活动过程

一、引导幼儿观察捡回的落叶，导入活动

师：小朋友们，请你们拿一片刚才捡回来的落叶看一看它像什么？

师：你们的想象力非常丰富，能说出落叶像……

二、落叶创意活动

1. 引导幼儿想出各种办法对落叶进行创作。

师：刚才你们说出了落叶像很多东西，那你们能不能用落叶做出来给大家看呢？

2. 引导幼儿讨论利用落叶进行创意活动需要的物品，如剪刀、双面胶、水彩笔、A4 纸、小树枝、毛线等。

3. 鼓励幼儿根据自己的想象大胆创作，启发幼儿尝试用多种材料，采用不同的表现手法进行创作。

师：小朋友们用我们桌上篮子里的落叶进行创作，根据你的需要还可以添加一些其他材料，让你的落叶作品变得更好玩、更有趣。

师：小朋友们在创作时可以小声地跟小伙伴交流，给你的作品编个有趣的故事。

三、落叶创意作品展

1. 指导幼儿根据材料的不同，分类张贴或摆放作品。提醒幼儿注意，摆放的位置要适合参观者观看。

2. 引导幼儿大胆地向小伙伴介绍自己的作品，再邀请其他班的幼儿来参观。

师：小朋友们都是小小的讲解员，请你用完整、清晰的语言向参观者介绍你的创意作品。

四、活动延伸

让幼儿在家中与爸爸妈妈一起创作更多、更好的落叶作品，带来和大家分享。

二、幼儿园教学活动实施 >>>>>>>>>>>>>>>>

幼儿园教学活动的实施是将经过编制和设计的教学活动付诸教育实践的过程。幼儿园教学活动实施的出发点和归宿，不是验证教育理论的正确性和先进性，而是教学活动实施的有效性。幼儿园教学活动实施的有效性指的是通过幼儿园实施的教学活动所达成的教育效能，即该活动使幼儿获得哪方面的发展，该活动使教师在传承文化和促进幼儿发展方面的目标完成情况如何。

幼儿园完整教学活动

实践中有许多影响幼儿园教学活动实施有效性的因素，包括教育活动设计的本身、实施教学活动的教师、教学活动实施的对象——幼儿、与教学活动有关的各种环境因素以及组织实施时选用的方法策略。接下来重点介绍教师在组织实施幼儿园教学活动过程中常使用的策略。[①]

（一）活动导入

教师恰当的活动导入策略非常重要，它可以在较短时间内吸引幼儿的注意力，激发幼儿活动的兴趣，引导幼儿主动探索和思考，保证教学活动实施的顺利，使幼儿在自主、轻松、愉快的氛围中开展活动。常用的活动导入方法有提问导入法、故事导入法、猜谜导入法、游戏导入法、情境导入法等，下面结合案例来说明每种方法的运用。

1. 提问导入法

教师可以用一个紧扣活动主题的问题引起幼儿的探究兴趣，引出活动。例如，大班社会活动"我的周末"，教师通过提问导入活动，可以设计这样的提问语：星期天你们都是怎么度过的？做了些什么事情？这些事情都是你们自己安排的吗？

2. 故事导入法

教师通过选取或自编与活动主题有关的故事，通过声情并茂地向幼儿讲述故事引发幼儿思考，引出活动。例如，中班语言活动"三只笨狗熊"："今天老师给小朋友们讲个故事，故事的名字叫《三只笨狗熊》。有一天，天气晴朗，三只狗熊……"教师声情并茂地给幼儿讲完故事，并针对故事所蕴含的道理进行提问，引出活动。

3. 猜谜导入法

如在"认识眼睛"的活动中，教师通过猜谜——"上边毛，

---

① 肖全民：《学前教育原理》，208 页，北京，北京师范大学出版社，2017。

下边毛，中间有颗黑葡萄"（打一人体器官）引出活动，请小朋友们猜猜这是什么。

4．游戏导入法

游戏是幼儿最常见、最喜欢的活动形式之一，教师可以通过一个让幼儿积极参与和体验的游戏，引导幼儿在游戏情境中发现问题，进而思考如何去探究问题、解决问题。例如，为了帮助幼儿建构起有关形体的概念，教师可以通过"搭积木"等游戏，使幼儿在玩中产生对形体的比较和认识，从而建构起相应的概念。

5．情境导入法

在教学活动组织与实施中，通过情境创设导入活动主题的方法和策略在幼儿园很常见。导入活动的情境可以是真实的生活情境，如由幼儿日常生活中发生的某件真实事件，教师引导幼儿一起参与讨论、探索或合作进入活动主题之中；也可以是教师预设的问题情境，如教师创设一个模拟的生活情境，将幼儿所要探索的问题、建构的概念或体验的作品材料、表达的情绪情感蕴含于情境之中。例如，在中班语言活动"会跳舞的小树叶"中，教师播放多媒体动画《树叶飘落》，和幼儿共同欣赏树叶飘落的景象，把幼儿带入秋天优美的意境中，从而引出活动。

总之，活动导入的方法很多，在组织与实施教学活动时，教师可以根据活动的内容灵活地选择活动导入的方法，以取得良好的效果。

（二）活动过渡

每一个教育活动都有多个环节，只有每个环节之间的内容、手段、方式的过渡做到自然、合理，相互衔接，前后呼应，才能促进幼儿思维的发展。活动过渡的形式主要有以下几种。

1．分析式的过渡

为深化活动前后环节的逻辑关系，后一个环节要对前一个环节做进一步深化。例如，在"小兔做客"活动中，提问："小兔为什么这么高兴？"过渡："小兔去小熊家的路上会经过哪些地方？"

2．演绎式的过渡

演绎式的过渡即后一个环节对前一个环节的推演或具体应用。例如，在大班健康活动"牙齿旅行记"中，教师引导幼儿观察 PPT 画面，乐乐正在吃棒棒糖，突然乐乐用手捂着嘴巴。可能发生了什么事情？（教师应鼓励幼儿大胆猜测，并就幼儿合理的猜想进行及时的肯定）。提问："乐乐的牙齿掉下来会到哪儿去呢？让我们一起来听一个故事《牙齿旅行记》。"

3. 转移式的过渡

如果活动前后环节是并列关系，教师可让幼儿顺着联想的思路，巧妙地运用语言、活动或材料来进行转移。例如，在中班体育游戏"花样玩球"中，两个环节的过渡："刚才小朋友们都是用手来玩球，玩出了很多花样。那现在老师要提一个新要求：手不能碰球，那我们还能怎么玩？请小朋友们试一试。"

（三）活动重难点的突破

活动重难点，是活动的核心部分。灵活、巧妙地解决活动重难点是评价活动组织与实施的关键。如何突破教学活动的重难点，教师可以采取以下策略。

1. 设置悬念

教师利用幼儿期待了解结果的迫切心理，通过设置悬念，抓住幼儿的注意力，唤起幼儿参与活动的强烈愿望。

2. 情绪感染

教师可以根据幼儿的认知活动的感情特点，在活动中设法使幼儿获得强烈的情感体验，使其产生情感共鸣，顺势突破活动的重难点。

3. 操作体验

教师可以利用一些新颖、奇特的材料，让幼儿亲自参与、体验，并在操作体验中获得新的发现，激发幼儿的学习兴趣，从而使他们通过操作材料自然地解决活动重难点。

4. 启发诱导

教师一步步地引导幼儿观察事物之间的变化，让幼儿在活动中产生好奇，得到启迪，从而将活动重难点突破。

5. 参与表演

教师根据活动内容需要和幼儿心理发展特点设计特殊的情境，让幼儿表演，分享收获，通过幼儿喜欢的表演游戏来突破重难点。

（四）活动结束

每一次教育活动不仅要有好的开端，而且要有好的结束。常用的活动结束策略有以下几种。

1. 总结归纳

在活动结束之前，教师用简明扼要的语言复述活动要点，或引导幼儿回忆活动过程，将知识归纳总结出来，加深幼儿对活动的印象。

学习笔记

2. 水到渠成

教师按照活动内容的预设顺序和幼儿认知发展规律，围绕预期目标，让活动过程环环相扣，最后自然收尾，水到渠成地结束活动。

3. 操作练习

教师在活动结束之前提供与活动相关的材料，让幼儿在操作、练习中复习巩固所学知识，进一步引导幼儿回味。

（五）活动延伸

在某个活动结束之后，教师可以组织其他的活动，以促进该活动目标更好地实现，这些都可以放在活动延伸部分。延伸作为机动部分，可以在教学之后的游戏或其他活动中进行，也可以延伸至家中的活动等。

练一练

请你对照表5-21给自己设计的教学活动进行打分，并说一说你设计的教学活动存在哪些优点与不足。

三、幼儿园教学活动评价 >>>>>>>>>>>>>>>>>

幼儿园教学活动的评价是对幼儿园教学活动目标、活动材料、活动内容、活动效果以及教学活动过程的实际运行状况等的判断和评定过程。教师在评价教学活动时可参考表5-21、表5-22[①]。

表5-21　幼儿园教学活动评价标准——教学活动设计部分（50分）

项目	指标	评价标准	分值
教学目标设计（8分）	目标的宗旨	能够促进幼儿通过游戏性的活动，得到有效体验的能力发展。	2
		能够促进与幼儿相适应的个性与创造性方面的发展。	2
	目标的表述	目标描述以幼儿为主体，能够合理使用体现幼儿学习结果的行为动词，目标表述具体明确。	2
	目标的要求	符合《幼儿园教育指导纲要（试行）》要求、幼儿年龄特点、领域的特点。	2
活动准备（6分）	材料选取	能结合活动内容，选择适宜的材料制作教具、学具，材料丰富，形象生动，色彩鲜艳，操作性强，符合幼儿年龄特点。	3
	材料应用	能充分利用教具或电化手段达到活动目标。	3
教学内容设计（6分）	教学内容	内容布局安排能够符合幼儿现有能力水平和目标水平。	2
		对教学活动的重难点安排频度适量。	2
		就教材内容能够根据幼儿的需要进行个性化处理。	1
		游戏环节的设计围绕教学目标并有利于教学目标的实现。	1

① 资料来源于广西中小学幼儿园教师教学技能大赛评分标准（学前组）的评价内容，收入本书时有改动。

项目	指标	评价标准	分值
教学过程与方法设计（24分）	学习要素与调控	能灵活地将听、看、说、想、做和玩等多种体验形式相互转换。	3
	互动调控	能够促进幼儿在游戏中主动表达感受，并给予其鼓励性的评价。	3
		游戏活动设计能体现幼儿之间的多向交流，注重互助协作。	3
		能引导幼儿充分参与游戏体验，并用多种方式表达呈现游戏活动结果。	3
	练习频率调控	能够以多种游戏形式让幼儿围绕核心内容进行有效的体验，使核心目标得到强化。	2
	教学的公平性	使幼儿都能得到教师的关照，并给予与之相适应的鼓励。	2
	有效性保障	课时分配科学、合理，符合目标要求。	2
		能够设计出结合教学目标的过程性检测活动。	2
		能促进游戏参与度并引导幼儿共享游戏活动的成果。	2
	作业与答疑	设计能够围绕教学主题、不简单重复课堂内容、个性化、与幼儿生活实际有联系的游戏体验任务。	2
文档规范（6分）	排版	文档结构完整，布局合理，格式美观、整齐。	3
	内容	文字、符号和公式符合国家标准规范；语言清晰、简洁、明了，图表运用恰当。	3

表 5-22　幼儿园教学活动评价标准——教学活动实施部分（50分）

项目	内容	评价标准	分值
教师基本素质（8分）	体态语	教态自然亲切、仪表举止得体，注重放低身段与幼儿有在同一水平面的目光交流，能充分恰当地运用身体的位置、姿势、动作与表情来表达思想感情和教学内容。	2
	教学口语表达	教学语言规范，口语表达准确生动、简洁易懂，符合幼儿年龄特点，层次清晰，具有吸引力。	2
	人格魅力	具有良好的人格魅力，并善于在教学活动中影响幼儿，提升教学效果。	2
	情感交流	善于创造情感场，以情感人，使幼儿产生共鸣，以积极的心态感染幼儿。能接纳每一个幼儿，使幼儿感受到教师的认可。	2

续表

项目	内容	评价标准	分值
教学的组织与实施（34分）	教学目标	目标具体、清晰，从3个维度制定教学活动目标，结合幼儿的现有能力水平，使幼儿能够理解。	1
		强调以幼儿为主体，尊重他们的身心发展规律以及创造和发展的需要。	1
		突出对情感、兴趣、态度、个性的关注。	1
	材料选取	能结合活动内容，选择适宜的材料制作教具、学具，材料丰富，形象生动，色彩鲜艳，操作性强，安全卫生，符合幼儿年龄特点。	2
	材料应用	能充分利用教具或电化手段达成活动目标。	1
	教学内容	学习内容呈现方式合理化、多样化，照顾到各类幼儿的学习习惯和学习方式。	2
		内容布局安排能够符合幼儿现有能力水平和目标水平。	2
		能够以多种方式让幼儿围绕核心内容进行有效的体验。	1
		能够根据幼儿的需要对教学内容进行个性化处理。	1
		能够通过内容充分展示教师自身（如艺术等）教学特长。	2
	教学方法	方法灵活，突出游戏教学。	2
		教学手段具体化、形象化，能够体现幼儿教育的特点。	2
		符合幼儿年龄特征的认识规律。	2
	学习要素与师幼互动调控	能灵活地将听、看、说、想、做和玩等多种体验形式相互转换。	3
		能看出幼儿体验活动的动和静的合理转换。	1
		能够促进幼儿在游戏中主动表达感受，并给予其鼓励性的评价。	1
		能恰当处理活动中的突发现象。	1
		能将幼儿在活动中即时生成的结果转化为教学资源。	2
	幼儿学习活动	教学流程以幼儿的活动为主。	2
	课堂公平	幼儿都能得到教师的关照，并给予与之相适应的鼓励。	1
	提问	能在恰当的时候提恰当的问题，引导教学活动进行，问题具有启发性、开放性、知识性、趣味性，能营造良好的教学氛围。	1
	教学效果	幼儿态度积极、情绪良好，注意力集中，思维活跃。幼儿的能力得到发展，目标实现情况良好。	2

项目	内容	评价标准	分值
书写及 教具设计 （8分）	内容匹配	教具能够反映教学设计意图，突显重难点，能适应幼儿喜欢游戏的天性。	2
		教学过程中即时生成的教学资源能纳入教学活动中。	1
	构图	构思巧妙，富有童趣，构图自然，形象直观，疏密得当，和谐美观，教学辅助作用显著。	3
	书写	书写流畅，字号大小适度，不写错别字，简笔画清楚整洁，美观大方。	2

第三节
实践与运用

前面已介绍了幼儿园教学活动的内容、目标与方法的关键知识和如何设计、实施与评价教学活动。现列举两篇教案以供大家在实践中学习。

 教案一

小班科学活动：认识黄瓜

设计意图

黄瓜味道鲜美，营养丰富，很受幼儿欢迎。青绿色的黄瓜，长得细细长长，利于幼儿观察。由于小班幼儿正处于直觉形象思维阶段，可以通过各种感官，以看、摸等方式直接感知，获取对黄瓜的整体认识。因此设计了本次教学活动，通过用语言和绘画的方式让幼儿记录、交流观察过程，旨在使其在整体认识黄瓜的基础上，体验观察与发现的乐趣。

活动目标

1. 了解认识黄瓜的外形特征和内部结构。

2. 运用感官从外到内观察黄瓜。

3. 体验观察与发现的乐趣。

活动准备

每人1根黄瓜，记录用的纸和笔。

活动过程

一、猜谜语，引出活动

身子瘦又长，小时绿老来黄，浑身长短刺，咬口脆又香。

二、教师出示黄瓜，引导幼儿运用多种感官认识黄瓜

1. 了解黄瓜的外形特点。

提问：请说一说，你看到的黄瓜是什么样子的？

黄瓜的最外面是什么？皮是什么颜色的？

用手轻轻摸一摸有什么感觉？

小结：黄瓜细细长长的，有些长得直直的，也有些是弯弯的；黄瓜的皮是绿色的，有的有点黄色，有的轻轻摸上去还有许多小刺。

2. 了解黄瓜的内部结构。

（1）组织幼儿讨论，猜测黄瓜的里面有什么。

提问：黄瓜的里面是什么样子的？

（2）掰开黄瓜验证：黄瓜的里面是白色的，中间还有籽儿。

三、幼儿品尝黄瓜

1. 黄瓜是什么味道的？

师：现在就请你来尝一尝黄瓜的味道，在吃之前先闻一闻。（教师提前准备好洗干净的黄瓜）

2. 黄瓜吃到嘴里感觉怎么样？

很脆，有点甜（丰富词汇：脆）

小结：黄瓜吃起来很脆，有点甜。

四、讨论理解黄瓜的用处

1. 黄瓜有什么用呢？

2. 你们喜欢吃黄瓜吗？为什么？

小结：黄瓜可以生吃，可以做菜（凉拌、炒），还可以腌着当小菜，营养丰富。

活动延伸

美工区：画黄瓜。

师：小朋友，今天我们认识了黄瓜，黄瓜长得长长的、绿绿的，有的黄瓜皮上有许多小刺，黄瓜里面是白色的，中间还有籽儿。你们试试用画笔把黄瓜的内部和外形都画下来吧。

 教案二

中班诗歌欣赏活动：月亮①

设计意图

《月亮》是一首优美动听、充满童趣的诗歌。它以幼儿的眼

---

① 胡佳英、巫小芳：《中班诗歌欣赏活动：月亮》，载《早期教育》，2021（5）。收入本书时有改动。

晴来描绘月夜，以幼儿的心灵去体味大家的快乐，充满了美丽的想象。其简洁明了、形象生动的语言及拟人的修辞手法，将月亮与小鸟、青蛙、宝宝之间的关系淋漓尽致地刻画出来，不但增添了韵律美，而且将彼此间的亲密关系描绘得有声有色，极具画面感。整首诗歌洋溢着快乐的情感，还蕴含了科学现象"倒影"，是一篇有较高文学欣赏价值的作品。

活动目标

1. 欣赏诗歌，感受诗歌中呈现的意境及其所表达的情感。

2. 理解诗歌中月亮和树梢、池塘的关系，借助动作理解动词"挂、漂、盛"。

3. 运用卡片替换角色的方法仿编诗歌，并大胆地说出自己仿编的诗句。

活动准备

物质准备：诗歌图文图片，月亮图片，背景音乐，帮助幼儿仿编的操作单（每位幼儿一张），各种角色图片。

经验准备：幼儿有观看月亮的经历。

活动过程

1. 出示月亮图片，谈话导入。

师：这是什么？你在什么地方看过月亮？月亮看起来怎么样？

2. 教师富有感情地配乐诗朗诵，幼儿初步感受诗歌的意境美。

师：闭上眼睛听一听，听完后告诉老师你有什么感觉，眼前出现了什么样的画面。

3. 让幼儿再次倾听诗朗诵，理解诗歌内容。

（1）朗诵诗歌配上适当的动作，帮助幼儿理解动词"挂、漂、盛"。

（2）理解诗歌中月亮和树梢、池塘、脸盆的关系。

师：诗歌中有谁？他们在哪里看到的月亮？他们看到的月亮是怎样的？（出示图文图片）为什么说树梢上挂一个月亮，池塘里漂一个月亮，脸盆里盛一个月亮？

4. 带领幼儿学习朗诵诗歌。

（1）师幼互动诗歌接龙。

师：每一棵树梢。

幼：挂一个月亮……进行两遍，师幼交换顺序。

（2）撤掉部分图片，让幼儿集体朗诵诗歌。

（3）配合动作记忆，朗诵诗歌。

（4）配乐朗诵诗歌，让幼儿再次感受诗歌的意境美。

学习笔记

5. 引导幼儿仿编诗歌。

（1）替换动物仿编。

师：“每一棵树梢，挂一个月亮”，除了小鸟、青蛙、宝宝看到树梢挂的、池塘漂的、脸盆盛的月亮，会说“月亮和我好”，还有谁也能看到月亮，会说“月亮和我好”？（引导幼儿说出树林里的动物）

（2）利用卡片操作进行仿编。

①幼儿取操作单，选择能够替换诗歌中角色的图片贴到卡片上。

②鼓励幼儿大胆朗诵自己仿编的诗歌。

③请个别幼儿上台朗诵自己仿编的诗歌。

活动延伸

班级区域游戏继续仿编诗歌。

附：诗歌《月亮》

每一棵树梢，挂一个月亮。

小鸟说：月亮和我好。

每一湾池塘，漂一个月亮。

青蛙说：月亮和我好。

每一个脸盆，盛一个月亮。

宝宝说：月亮和我好。

 小任务

1. 教学活动设计

设计一个大班主题活动方案，要求按教案的格式写出：活动名称、活动目标、活动准备、活动过程和活动延伸。

最近，大三班许多小朋友用大大小小的纸盒制作小汽车等物品，马老师发现，他们制作的汽车装饰不太一样，但结构差不多，往往只有车厢、车轮、车灯等。马老师认为可以根据这种情况生成一个“汽车”主题活动，引发幼儿的深度学习。

【2019年上半年幼儿园教师资格考试真题，题目有修改】

2. 教学活动实施

根据已设计好的教案开展教学活动，要求能恰当选择活动实施过程中的活动导入、活动过渡、活动重难点突破、活动结束及活动延伸等环节的有效组织策略，最终实现活动目标。

3. 教学活动评价

根据教学活动评价标准，从幼儿园教学活动目标、教学活动内容、活动材料、活动效果以及教学活动过程的实际运行状况等对以上教学活动设计和教学活动实施进行评价，并能简要反馈评价的结果与建议。

 自我检测

一、单项选择题

1. 在歌唱活动中，帮助幼儿清晰准确地表现内容和富于感染力地表达情感的方法，主要是（　　）。

【2012年上半年幼儿园教师资格考试真题】

A. 倾听录音范唱　　　　　　　　B. 欣赏录像带中的优秀表演

C. 倾听教师精湛的弹奏　　　　　D. 教师正确范唱

2. 根据《幼儿园教育指导纲要（试行）》，幼儿园体育的重要目标是（　　）。

【2013年上半年幼儿园教师资格考试真题】

A. 培养幼儿对体育的兴趣　　　　B. 获得比赛奖项

C. 培养运动人才　　　　　　　　D. 训练技能

3. 在"秋天的树"美术活动中，教师不适宜的做法是（　　）。

【2016年上半年幼儿园教师资格考试真题】

A. 让幼儿按照教师的范画绘画　　B. 组织幼儿观察幼儿画的树

C. 提供各种树的照片，组织幼儿讨论　　D. 引导幼儿观察有关树的名画

4. 小彤画了一个长了翅膀的妈妈，教师合理的应对方式是（　　）。

【2017年下半年幼儿园教师资格考试真题】

A. 让小彤重新画，以使其作品更符合实际

B. 画一个妈妈的形象，让小彤照着画

C. 询问小彤画长翅膀的妈妈的原因，接纳他的想法

D. 对小彤的作品不予评论

5. 通过本次教育活动所期望获得的某些具体的发展是学前教育（　　）目标。

A. 年龄阶段目标　　　　　　　　B. 具体活动

C. 单元目标　　　　　　　　　　D. 总目标

6. 通过真实的生活事件和生活情境，培养幼儿的基本社会生活能力和技能，并增进幼儿的相关知识，激发幼儿的社会情感的方法是（　　）。

A. 参观法　　　　　　　　　　　B. 实践练习法

C. 调查法　　　　　　　　　　　D. 讲解法

二、活动设计题

1. 设计一个大班安全防火教育活动，要求写出活动名称、活动目标、活动准备、活动过程及活动延伸。

【2014年下半年幼儿园教师资格考试真题，有改动】

2. 某幼儿园的院子里有几种高大的树，也有一些比较低矮的灌木。请你结合院子里的这些资源，设计一个题为"幼儿园的树木"的中班主题活动方案（含3个子活动），要求写出总目标，每个子活动的名称、目的和主要环节。

【2015年上半年幼儿园教师资格考试真题】

3. 请根据下列素材设计一个大班科学活动，要求写出活动名称、活动目标、活动准备、活动过程。

大班的胡老师为幼儿提供了各种吹泡泡的工具，有吸管、铁丝绕成的圈、塑料吹泡泡棒等（下图），让幼儿在户外活动时自己吹泡泡玩。幼儿在吹泡泡的时候，有的能吹出很大的泡泡，有的只能吹出小泡泡；有的能一次吹出好多个泡泡，有的一次只能吹出一个泡泡……结果有的幼儿得意，有的幼儿沮丧。针对上述现象，胡老师打算组织一个科学的教育活动，以引发幼儿深入探究的兴趣，并使幼儿了解不同吹泡泡工具与吹出的泡泡之间的关系。

【2016年上半年幼儿园教师资格考试真题】

参考答案

第六章
幼儿园区域活动的开展与指导

>> 思维导图

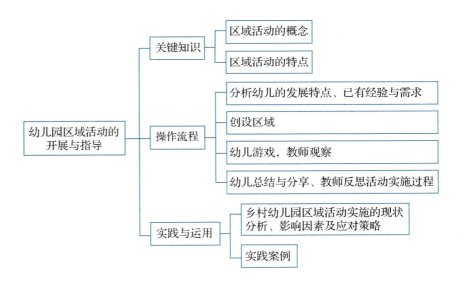

第一节
关键知识

一、区域活动的概念 >>>>>>>>>>>>>>>>>>>>>>>>>>>

　　区域活动发源于开放空间教育计划，旨在改革传统的制度化的学校和教室空间布局，形成一种基于幼儿活动的课程空间组织形式。① 区域活动，也称区角活动，是游戏的一种方式，利用幼儿园里的特定空间和场地，通过布置一定的设备、玩具、道具等，支持和引导幼儿自主地进行操作、交往、探索、表达等活动，以促进幼儿自主学习与发展。本章主要阐述幼儿园室内区域活动的组织。

二、区域活动的特点 >>>>>>>>>>>>>>>>>>>>>>>>

（一）游戏性

幼儿在区域活动中能够根据自己的兴趣、意愿自主选择游戏内容、游戏材料，自己决定跟谁玩、怎么玩，在自主游戏的操作和自由交往中获得新的经验，体现了游戏性。例如，一个幼儿自主选择建构区，决定搭建隧道，搭好后发现车太高开不过去，于是将隧道加高，最后车能穿过隧道。在这个过程中，该幼儿的探索是自发的，并在探索中获得了关于物体高度相对性的经验。

（二）教育性

在区域活动中，教师投放材料是有目的性的，幼儿在轻松愉快的区域活动中积累经验、获得知识、发展能力，获得身心和谐发展。例如，教师创设"医院"是为了让幼儿体验医生这一职业并发展幼儿的社会性，在科学探索区投放长木板、积木、圆球等是为了让幼儿探索斜坡高度与物体运动速度的关系，教师投放分类材料是为了让幼儿在操作中获得分类的概念并学会解决问题。这些都体现了区域活动的教育性。

（三）开放性

活动区的橱柜、各活动区之间是开放的，既方便幼儿取放材料又方便幼儿出入、联系与交流；提供的材料是开放的，各区域的材料可以互用，如幼儿可以从娃娃家到积木区拿材料；教师的指导是开放的，允许幼儿根据自己的发展水平，短期或延迟完成一定的目标。这些都体现了区域活动的开放性。

> **做一做**
>
> 对照区域活动的三个特点，看看你设计的区域活动是否符合这些特点。

第二节
操作流程

开展什么样的区域活动、如何组织与指导，需要教师的精

---

① 黄进：《幼儿园区域活动的来源与挑战》，载《学前教育研究》，2014（10）。

心准备，包括活动开展前教师对本班幼儿发展特点与需求的了解、适宜材料的准备，活动进行时教师的观察与指导以及活动后的反思与调整等，如此循环往复，不断优化活动，促进幼儿发展。具体操作流程如图 6-1 所示。

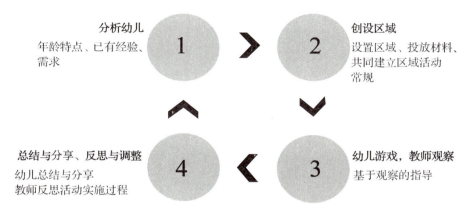

图 6-1　区域创设操作流程图

一、分析幼儿的发展特点、已有经验与需求 >>

《3—6 岁儿童学习与发展指南》指出："帮助幼儿园教师和家长了解 3—6 岁幼儿学习与发展的基本规律和特点，建立对幼儿发展的合理期望，实施科学的保育和教育，让幼儿度过快乐而有意义的童年。"教师应从幼儿怎么学的角度创设环境并提供相应的支持。

一方面，教师应了解各年龄段幼儿游戏发展的一般特点，如下。

小班幼儿主要处于独自游戏或平行游戏阶段，好模仿，喜欢与同伴玩相同或相似的玩具，游戏主题单一、情节简单，以重复摆弄玩具为主。在建构技能上，他们已能重复、摆弄、垒高、铺平，但是其建构过程没有目的性和计划性。

中班幼儿身心迅速发展，生活范围逐渐扩大，游戏中表现的主题相对小班更丰富，但不稳定；具有初步的合作意识，处于联合游戏阶段；愿意和同伴交往，但交往技能不足，容易发生冲突。中班幼儿有简单的建构计划，目的性明确，能够根据需要选择材料，能按照一定的主题进行游戏，坚持性有一定的发展；规则意识逐步发展，对规则游戏产生了兴趣。

大班幼儿合作意识增强，处于合作游戏阶段。他们的知识经验得到进一步丰富，个性初具雏形，喜欢玩新颖的游戏；目的性、计划性和持久性增强，并能围绕同一主题深入开展；

游戏内容与情节也更加复杂，能够合作建构复杂结构的物体。在游戏中，幼儿的问题解决能力逐渐提高；规则意识增强，喜欢棋牌类竞赛游戏、综合的挑战性体育游戏、益智游戏等。

另一方面，幼儿一般的年龄特点只是教师预设活动的依据之一，特别是在开学初或教师刚接手新班时，它确实是教师预设活动重要的依据。但是，同一年龄段幼儿的发展水平、个性特点是有差异的，当教师和幼儿熟悉之后，其所创设的环境便应逐渐与本班幼儿联系。教师需要了解幼儿的需求，帮助幼儿珍视自己已拥有的经验，支持幼儿把已有的经验和游戏联系起来，让游戏与幼儿的实际生活形成良好的互动关系，从而使幼儿主动获得新的经验。幼儿的生活、已有经验是幼儿游戏的经验之源，教师在创设游戏区之前，应关注幼儿的兴趣、需要，了解其周围生活环境的变化等。

二、创设区域 >>>>>>>>>>>>>>>>>>>>>>>>>>>

（一）区域活动创设的基本要求

1. 活动空间的开放性

区域活动的空间规划要能满足幼儿进行不同形式和类型的活动。每个活动区有摆放物品和材料的柜、架，并用此来作为区域划分的界限，从而形成封闭、半封闭的区域。留有开展班级集体活动和小组活动的空间，留有方便幼儿在各活动区域之间转换的无障碍流动的通道。区域活动空间示意图如图 6-2 所示。

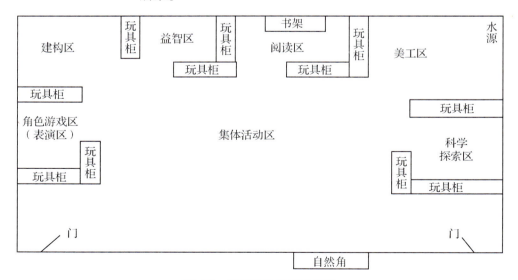

图 6-2　区域活动空间示意图

2．动静分离

比较吵闹的区域与相对安静的区域尽可能离得远些，尽量做到动静分离，避免相互干扰。例如，阅读区、益智区这些需要安静环境的区域应远离表演区、音乐区等相对较吵闹的区域。

3．标志明确

各活动区的划分应有明显的标志和范围，避免相互干扰，便于幼儿识别和选择活动。材料、物品或玩具的摆放有固定的位置并做好标记，便于幼儿自己取放（图6-3）。

4．可供展示

活动区域中应有展示幼儿学习内容与学习历程的空间，如互动墙、展示柜或展示台等（图6-4）。

图6-3　材料放置篮标志

图6-4　幼儿作品展示墙、展示台

5．因地制宜

充分并合理利用走廊、阳台等环境，体现当地文化。如图6-5，幼儿园利用走廊创设美工区；如图6-6，幼儿园结合当地饮食文化创设石磨坊。

图6-5　走廊上的美工区

图6-6　石磨坊

（二）区域的划分及材料投放

1. 区域的划分及设计要求

幼儿是在对材料的操作、摆弄过程中获得经验的。教师可创设较为稳定的、功能不同的区域，并投放适合幼儿身心发展规律的游戏材料。通常在班级创设的区域如表 6-1 所示。

表 6-1　区域划分及设计要求

区域	概念及价值	场地要求	各年龄段材料投放建议
角色区	开展角色游戏的区域，主要展示生活中的各种场景。 提升幼儿对生活的认识，在人际交往中促进其语言、交际能力的发展。	宽敞	娃娃家（小班）：创设家的氛围。将幼儿全家福布置在娃娃家；铺上地垫；摆放家具、玩具。具体有娃娃床、两个以上的娃娃、娃娃的衣服、与幼儿身高相匹配的厨房用具、常用的打扫用具等。 中、大班，娃娃家可延伸为"农家小院"，用木条或者竹条制作农家小屋的屋檐，具体的设备可结合美工区幼儿的创作进行，如编织院子里的椅子等。 卫生院（小班）：数量充足、形象逼真的与医院有关的玩具和材料，如听诊器、娃娃、体温计、针筒、药盒等玩具。可贴一些幼儿喜欢的图片，减少幼儿对医院的恐惧感和紧张感。 我们的集市（中、大班）：根据当地特色布置一条街景，若场地不足，可适当延伸至走廊。 注：大班除了提供与主题相关的基本材料外，还应提供一些低结构的可操作的材料，让幼儿有可能通过自己的能力创设环境。
生活区	幼儿进行生活技能、健康知识学习的场所。	无特别要求	以小班为主。包括练习穿的动作的材料，如木珠、塑料珠、用吸管剪的珠，粗细软硬不同的绳子、鞋带、自制的鞋面、袜子以及练习穿的各种玩具等。练习夹的动作的材料，如筷子、镊子、豆子、纸团等。练习舀的动作的材料，如大小勺、娃娃、纸团、豆子等。
表演区	幼儿进行角色扮演（以文学作品为主要内容）的区域。 发展幼儿语言和表达能力，促进其社会性、创造性的发展。	宽敞，与音乐区靠近，远离安静区	以中、大班为主。幼儿表演舞台、操作表演台（木偶表演架和桌面表演）、道具架、镜子、音乐播放器等。适合幼儿表演的服装及道具（可收集或自制，根据时令充分利用自然资源设计服装或道具）。提供一些本土戏剧或民间故事图片，让幼儿欣赏。

续表

区域	概念及价值	场地要求	各年龄段材料投放建议
美工区	幼儿开展绘画和手工制作的场所。在欣赏美、表现美中获得积极的情感体验，练习剪、贴、撕、画等技能。	安静区，光线明亮且离水源较近	小、中、大班都应设置。小班以涂抹、撕贴的相关材料及泥工材料为主；中、大班可逐渐增加一些绘画工具、手工材料及手工制作步骤图、可供幼儿欣赏的艺术作品等。
木工区（可结合本地的一些编织、木工进行设计）	木工区是幼儿模仿成人，尝试使用工具简单修理自己的桌椅，制作娃娃家的简单家具等物品的场所。	宽敞，远离安静区	大班设置。幼儿使用的锯子、锤子、刨刀、螺丝刀等。不同规格的铁钉、螺丝、水晶胶、白乳胶、工作凳等。大小不同的薄木板、长短不一的木条、各种形状的木块、压舌棒等木块类的材料。幼儿园损坏的旧桌、椅，长短不同的纸芯、竹子等。（木工区要有专业教师指导、有严格的保护措施，保证幼儿的安全）各种颜色的颜料，各种型号的笔，尺子、铅笔等。展示台或展示柜、制作程序图、安全使用工具流程图等。
阅读区	供幼儿安静阅读的地方。在阅读与复述中，掌握阅读的方法，发展阅读理解能力和语言表达能力。	光线较好且安静	小、中、大班都应设置。书架、舒适的椅子、地垫，各类经典图画书（根据幼儿年龄特点及需求投放）、幼儿熟悉的影集等。提供玩偶、指偶、布偶辅助幼儿表达自己的理解。
科学探索区	幼儿通过与低结构的材料互动，可以在该区主动探索各种科学现象，发现问题，寻找解决问题的方法，以各种方法求证，获得相关知识与经验。	置于窗前，有充足的光线	以中、大班为主。提供探索的游戏材料，如不倒翁的秘密、影子的形成、磁铁等游戏需要的相关材料。提供实验的游戏材料，如颜色变变变、水位升高等实验中所需的材料。提供制作的游戏材料，如传话筒、小风车、陀螺等的制作中所需的材料。提供观察用的工具，如放大镜、显微镜等。还可以投放各种量杯、盆、碗、勺子和适合幼儿年龄的记录表等。

区域	概念及价值	场地要求	各年龄段材料投放建议
建构区（结构区）	幼儿进行结构造型游戏的场所。获得感官满足，促进大小肌肉的发展，提升想象力及创造力。	宽敞，与娃娃家邻近，有地垫以降低噪声	小、中、大班都可设置。小班提供基本的形状以让幼儿练习基本的建构技能，建立搭建自信。中、大班丰富材料：大小、颜色、形状各异的积塑；各种形状、大小不同的积木；各种形状、大小不同的纸盒和纸箱。各种可以用于搭建的物品，如罐子、瓶子等，能反映创造、想象特征的辅助材料。
益智区	根据一定的智育任务设计的，通过生动有趣的游戏形式发展幼儿智力的区域。	安静区	小、中、大班都可设置，以下游戏根据幼儿特点选择。训练感官的智力游戏：触摸板、听觉筒等。锻炼思维的游戏：走迷宫、故事排序等。数学游戏：配对、数字卡、排序板、分类盒、几何图形卡等。还有各种适合幼儿的棋类游戏、拼图游戏等。
自然角	幼儿或教师种植植物、饲养动物的区域。	光线充足、靠近水源	小、中、大班都可设置。幼儿感兴趣的动植物、浇水瓶、记录表等。

2. 各年龄班区域设置要求

区域设置的数量是以班级幼儿人数、区域空间大小为依据的。一般一个区域内最多不超过7人（开放的空间除外）。小班一般设置3～4个区域，常设贴近幼儿生活的互动较少的角色区，如娃娃家、医院，锻炼一些生活技能的生活区、投放大块积木的建构区，以及美工区；中班一般设置5～6个区域，一般设有互动性较强的角色区，如小卖部、商店等，还常设有表演区、科学探索区、益智区、美工区、建构区。大班一般设置6～8个区域，与中班基本相同，还可增加木工区。

（三）建立区域活动常规

1. 区域活动的一般常规

游戏常规是为了游戏活动的顺利进行、满足幼儿游戏需要而拟定的规则。在建立游戏常规的实际过程中，既要考虑不同的游戏活动的性质，也要考虑不同年龄幼儿的发展水平。丁海东等总结了各年龄段幼儿自选游戏的一般常规，如表6-2。

表 6-2　幼儿自选游戏的一般常规①

小班自选游戏 一般常规	（1）能自选个人喜欢的活动，积极游戏。 （2）玩什么取什么，不玩时把材料放回原处。 （3）学习使用玩具材料的基本技能，认真操作。 （4）爱护玩具，不丢、扔、毁坏，不敲打玩具，不拿玩具到处走动，玩具掉落随时拾起。 （5）能与伙伴友好地玩，学习表达个人愿望，能使用礼貌语言与人交往。 （6）不干扰别人，不大声喊叫，不在室内跑动、打闹。 （7）注意卫生安全，如知道用眼卫生、坐姿正确和安全使用剪刀等。 （8）及时结束游戏。 （9）游戏结束，能将玩具材料收放整齐。
中班自选游戏的 一般常规	（1）自选游戏活动，自选玩具和伙伴。 （2）掌握玩具材料的基本玩法并能变换、创新玩法。 （3）玩具材料随用随取，不用放回原处，随时保持现场整洁有序。 （4）爱护玩具，使用小心，随时拾起地上散落的玩具材料。 （5）能与伙伴友好交往，共同游戏，积极进行言语交流。 （6）专心游戏，一件事做完再做下一件事。 （7）不大声喧哗、乱跑动，不影响别人，行为文明礼貌。 （8）注意游戏中的卫生安全。 （9）及时结束游戏，将玩具按类收放整齐。（活动前把椅子搬出一部分，按活动的需要摆放桌子，布置好场地。）
大班自选游戏的 一般常规	（1）自创活动条件，安排空间场地。 （2）自选游戏，自定主题，积极参加各类游戏。 （3）根据需要选用玩具材料，能利用替代物，能自制部分材料。 （4）熟练掌握各类活动的基本技能，能综合运用材料和探索材料的各种玩法。 （4）爱护玩具，小心使用并能及时整理，学习修补玩具材料，注意游戏的卫生和安全；各组幼儿能自动调整人数，共同商议主题和玩法。 （5）游戏中友好交往并能协调相互关系，自己想办法解决游戏中的问题。 （6）每次玩一种游戏，学习做事有始有终，坚持活动主题，努力克服困难，达到活动目的。 （7）不大声喧哗跑动，行为文明有礼貌。 （8）及时结束游戏，迅速将玩具材料按一定规律摆放整齐。

　　教师在设置游戏常规时，应注意以下几点。

　　第一，根据每个活动区的大小、能容纳幼儿的多少，规定进区人数并有一定的暗示，如用脚印、插牌空格、挂牌等暗示。

　　第二，区域活动的常规应有明显的标志并符合幼儿的年龄特点，让幼儿看得懂。例如，小、中班以图画和实物为主，直观形象；大班可用汉字、图画和数字相结合，图文并茂。（图 6-7、图 6-8）。

---

①　丁海东：《幼儿园游戏组织与指导（第三版）》，73 页，湖南，湖南大学出版社，2019。

第三，让幼儿参与建立或设计常规。游戏规则的制定不能由教师包办，而应该充分发挥幼儿的自主性，培养他们发现问题和解决问题的能力，引导幼儿逐步从参与制定规则到自己制定规则。只有当幼儿真正体会到游戏规则带来的方便与乐趣时，他们才能认识到它的重要性，才能将游戏规则内化为内心的需求。

图 6-7 小班益智区进区规则

图 6-8 大班木工区进区规则

2. 制订进区计划，并插牌进区活动

在幼儿园里，选择是教育的重要组成部分。选择能使幼儿超越现有的游戏，对自己的世界进行深入的探索，教师应逐步引导幼儿学会做区域活动计划。

小班以"口头计划"为主。在活动前，教师可组织幼儿说一说自己今天想玩的区域，接着带上相应的标志，进区开始活动。

中班"插牌计划"。幼儿直接拿着计划牌插在自己想要去的区域，找到相应的区域开始游戏（图 6-9）。

大班"书面计划"。教师可引导幼儿自制区域游戏计划册，在进区前想好自己的计划并用自己的方式记录在册子上。

此外，对于那些想选某一区域而未选上的幼儿，可设置一个等候面板，让他们把自己的名单贴上去，从而为他们提供一种心理上的保障。选择面板的使用有助于幼儿直观地看到自己的计划，并且能够告诉幼儿，自己做选择是一项非常重要的任务。选择面板也能够帮助那些需要更换区域的幼儿了解哪些区域还有空缺，以便幼儿能够根据自己的需求更换区域。需要注意的是，教师应引导幼儿学会按计划坚持游戏，可以在各区域间相互交流，但不能频繁更换区域，特殊情况如幼儿实在对当前的区域活动不感兴趣而力求更换时，那么教师可视情况允许幼儿更换。

图 6-9 进区插牌计划

三、幼儿游戏，教师观察 >>>>>>>>>>>>>>>>

教师若增加新材料，可以先介绍新材料；若没有新增材料，可直接根据幼儿上次游戏存在的问题提出要求，幼儿便可根据计划插牌进区活动。

幼儿游戏时，教师应主动观察、记录幼儿的游戏过程，分析和评价幼儿的游戏水平，如幼儿应用了自己的哪些经验、知识，发展如何，下一步为他们提供什么条件和机会可以促进其进一步积累新的经验和增进能力的萌芽等。教师观察幼儿区域活动的方法一般有扫描观察、定点观察和追踪法。

扫描观察，即时段定人法，对班里的全体幼儿平均分配时间，在相等的时间里对每个幼儿轮流进行扫描观察，从而了解和把握班级全体幼儿区域活动的进展和整体状况。定点观察，即定点不定人，教师固定在某一区域进行观察，见什么观察什么，来此区域活动的幼儿都可以作为观察对象，这种方法适合于了解某一区域的幼儿游戏的情况。追踪法，即定人不定点，教师事先确定一到两个幼儿作为观察对象，观察他们在游戏中的活动情况，被观察的幼儿走到哪里，教师就追随到哪里，固定人而不固定地点，这种方法适合于了解个别幼儿在游戏全过程中的情况，了解其游戏发展的水平，或者更详细的信息。

观察是教师介入幼儿游戏的前提，教师根据需要介入幼儿游戏，而不应过度干预。一般来说，当出现不安全因素时，幼儿主动寻求帮助时，幼儿遇到困难、即将放弃游戏时，游戏中存在不符合规范的消极内容时，教师应介入游戏帮助幼儿。除此之外不必去干预幼儿的游戏，让他们自由、尽情地发挥自己的想象，去创造一个完全属于自己的世界。此外，教师要注意保证幼儿每天有足够的游戏时间（每天 0.5～1 小时）。幼儿游戏的一般介入方法如表 6-3 所示。

教师介入幼儿
区域游戏案例

表 6-3　幼儿游戏的一般介入方法

介入方法	具体做法	适用时机	示例
语言介入	询问、建议、评论、描述。	运用范围较广。	幼儿在美工区画画，一名幼儿（大班）拿着水彩颜料发呆，迟迟未调色，教师询问："佳佳，你在想什么呀？"佳佳不好意思地说："老师，我昨天调的色水太多了，我有点不敢放。"教师鼓励并提议："没关系，你可以试着先少放一点水，再慢慢加。"

续表

介入方法	具体做法	适用时机	示例
平行游戏	指教师在幼儿附近和幼儿玩相同或不同材料的游戏，目的在于引导幼儿模仿，教师起着暗示、指导的作用。	当幼儿对教师提供的新材料不感兴趣或不会玩的时候。	教师提供了新的插塑玩具，有的幼儿（小班）玩了一会儿就呆坐在那里。这时教师用这些材料插出了滑梯、汽车、房子等，幼儿模仿着教师的范例又开始玩了起来。
合作游戏（交叉式介入）	当教师认为有指导的必要时，以角色的身份参与游戏，以游戏情节需要的动作、语言来引导幼儿游戏的发展。	幼儿的扮演游戏没有新的发展时。	一个幼儿（中班）钻进用纸箱做的火车头里面，想玩开火车的游戏，但没有"旅客"，游戏无法进行。教师扮作"旅客"说："我要到天安门去，请问找谁买票？"这名幼儿赶紧找来伙伴扮演售票员，游戏得以继续。
投放材料	教师为幼儿提供材料（或在原有基础上添加新材料），或引导幼儿自己寻找材料，引发幼儿参与游戏的兴趣，促进游戏的延续和提升。	幼儿的游戏没有新的发展或幼儿出现争抢时。	教师投放颜色相同形状不同（两种）的材料，幼儿（中班）使用这些材料进行分类活动，玩了一段时间后就不玩了，于是教师增加了颜色和形状不同的材料，引导幼儿继续分类或排序，幼儿的游戏得到了新的发展。
以幼儿同伴为媒介	同伴互动或以同伴为榜样。	同一组幼儿中，幼儿游戏水平不一、需要帮助时。	两个幼儿在搭结构相同的建筑物，一个幼儿搭得很好，但是另一个幼儿搭的建筑物的稳定性差，总是倒塌。于是，教师引导搭得不好的幼儿观察同伴，让他注意到自己在搭建中存在的"问题"，提升自己的搭建技能。

练一练

中班一个男孩把自己想象成要生宝宝的模样，在衣服里面塞了一个"娃娃"，不停地嚷着要去医院生宝宝。其他幼儿哈哈大笑，男孩不知所措。这时候，教师是否需要介入？如果需要，应如何介入？

四、幼儿总结与分享、教师反思活动实施过程 >>

（一）幼儿总结与分享

以信号结束游戏，师幼共同整理现场。愉快地结束游戏后，教师应组织幼儿进行总结与分享。经验的总结与分享既是幼儿反思和整理经验的过程，也是社会交往的过程。教师应当鼓励和引导幼儿用自己喜欢的方式（包括角色游戏、绘画、表演、建构等）把自己游戏过程中的感受与体验表现出来；对游戏中有教育意义的言行给予强化（包括好的品德行为、自行解决问题的能力），对游戏中出现的不好的行为或问题（同伴关系、争执等）进行评议，介绍游戏中的新主题、新玩法、新知识。针对幼儿总结与分享过程中忽略掉的问题，教师可以通过启发性的问题、照片等引导幼儿注意相关主题。例如，游戏中的规则问题是幼儿常遇到的，教师与幼儿讨论后，可用直观的方式将幼儿的经验系统化，进而让幼儿在一次次的游戏活动中内化游戏规则，从而提升游戏的整体质量。

（二）教师反思活动实施过程

反思是教师对活动组织过程与效果的整体评价，反思贯穿于活动实施的全过程。教师可以围绕材料、教师、幼儿、教师和幼儿的关系这几大主题进行分析。例如，在表演游戏中，教师需要通过幼儿的反应来判断自己提供的物质材料、文本材料是否能够满足幼儿的需求，是否能够充分发挥幼儿作为主体的创造性；幼儿的能力是否得到进一步的提升；教师是否能够支持幼儿结合自身经验深入理解、体验、表现作品内涵，获得表演的愉悦性体验。另外，教师还需要思考这一过程中教师之间的合作情况，从选材到游戏筹备到游戏中的记录与支持等，教师之间是否能够进行合理的协作与沟通，保证幼儿表演游戏的时间，拓展表演游戏的形式，促进游戏向前发展。

第三节
实践与运用

一、乡村幼儿园区域活动实施的现状分析、影响因素及应对策略 >>>>>>>>>>>>>>>>>>>>>>>>>>>>>>>

幼儿园活动区的设置是为了让幼儿有更多的自由游戏与学习的空间，基于原有经验获得有意义的新的经验，这也是我国实施"以游戏为基本活动"的教育改革的重要方式之一。然而，在实施过程中面临诸多挑战，对乡村幼儿园更是如此。

（一）乡村幼儿园实施区域活动现状分析

1. 空间划分形同虚设，流于形式

在乡村幼儿园的教室里，常见的区域一般有建构区、美工区、阅读区、角色游戏区。区域划分上没有明显间隔的幼儿园，往往将材料分类放于相应的靠墙储物柜上，贴上区域名称标签，便形成了区域。这样，留有空间摆放桌椅，以便进行集体教学活动。区域活动时（教师将其称为幼儿的室内自主游戏时间），则将材料拿到桌上来玩，且每次只能玩一到两种材料。区域划分有明显间隔的幼儿园，一般将其设置在走廊里或者有专门的区域游戏功能室，分班级轮流进行。

区域活动最初是为了创设一个心理学意义上的有安全感的社会化场所，打破座位整齐排列、具有唯一中心的空间，将教

学习笔记

室变为一系列的空间，每一个都可以容纳一个或者两个小组，让幼儿们在其中工作，去创造一种亲密感，容纳发生的各种活动。① 但是乡村幼儿园这样的空间划分只是为了表现出有区域而设置或标记区域块，实际上并非真正意义上的区域活动，背离了区域活动的核心思想，由于没有稳定持续的活动，幼儿的学习经验也被割裂了。

2. 区域设置过度角色化，且未充分挖掘当地文化

想一想

区域设置过度角色化，会带来什么后果？

首先，教师从县城优质幼儿园观摩学习回来后，创设了诸如"超市""交通"等主题的游戏区，但是由于乡村幼儿缺少关于这些主题的经验，在游戏中常出现重复摆弄材料或教师主导过多的情形。其次，有的幼儿园虽有意识地结合当地特色，但大部分以创设诸如制作当地美食的"美食坊"为主，关于其他的乡村文化、民间艺术主题甚少或完全没有体现。另外，乡村幼儿园在设置区域时还存在一个突出问题，即将各个区域都命名为具体的角色游戏形式，如将建构区命名为"饼工坊""小小建筑师"，将美工区命名为"小小画家"，这样人为地主导幼儿游戏的方向，让幼儿的行动受到限制，失去了对游戏场景的想象和对材料的灵活使用的机会。

3. 材料投放不足，不符合幼儿的发展需求

教师在投放材料时首先考虑的是其安全性，这是值得肯定的。区域材料单一、得不到及时更换与添置、不符合相应幼儿阶段的发展需求也是主要问题。室内一般以小型的积塑材料为主，如可供建构的雪花片、供角色游戏的小型厨房用具。这些材料一般只允许幼儿在桌面上游戏，便于教师管理。图书区（一般就是一个书架）的图书内容主要是以汉字为主的文学故事或画报，幼儿很少取阅。这些材料在种类和数量上几乎都没有什么区别，是由幼儿园统一购买分发到各个班级的。设置有专门区域游戏功能室的幼儿园材料相对丰富，以教师自制为主，但是由于全员共同使用，就更谈不上基于幼儿的发展、以幼儿为主体了。

4. 教师指导缺失，放任自流

放任自流是目前乡村幼儿园教师在指导幼儿区域活动上存在的比较突出的问题。在乡村幼儿园，上课和下课有着较明晰的界限。上课是教师组织的集体教学活动，下课是幼儿自主游戏的时间，区域活动便是下课的活动之一。教师虽然知道区域

---

① 黄进：《幼儿园区域活动的来源与挑战》，载《学前教育研究》，2014（10）。

活动是需要教师支持的，但在实践中却将区域活动时间看成得以暂时放松的时间，而不管区域中幼儿的活动是否有意义，从而导致幼儿的活动陷入无意义的状态。教师的指导以维持纪律和解决冲突为主。另外，有自主发展意识的教师想尝试去观察幼儿，但是不知从何下手，只是针对情境中的表面现象，而非其中的真问题。如此，不仅没有支持幼儿的发展，反而阻碍或干扰了幼儿活动的发展。

（二）影响因素

1. 教师的专业知识与能力薄弱

教师的专业知识和能力指向幼儿发展的方方面面，涉及教师教育教学的各个环节。教师有关幼儿发展的知识、教育教学的原理、计划和组织教育教学活动的能力、反思的能力、教育教学研究的能力以及自身的实践性知识等是教师组织区域活动的基础。然而，乡村幼儿园教师的专业知识和能力薄弱，不足以支持幼儿的活动。某乡镇幼儿园的管理者反映："我们园学前教育专业的教师不多，大部分是小学转岗教师。我们也到县里参加过区域活动的观摩，但只是学习一些简单的环境装饰，我们也不知道为什么要这样设计。"也有教师反映不知如何根据幼儿的发展特点设置区域、投放材料。在实践中，由于教师对区域活动的认识不足，缺乏相应的专业能力，乡村幼儿园在实施区域活动时只是一味模仿，并未经过自主反思，没有结合本地、本班实际进行，从而出现区域设置不合理、将区域活动当成集体教学活动的一部分，幼儿缺少自主选择的机会，教师指导简单、随意等现象。

2. 乡村的教育现实

近年来，随着国家对教育问题的关注和投入，教育条件得到了很大的改善。但乡村教育仍是捉襟见肘。首先，乡村幼儿园办学条件差、教学设施设配套不齐全、师资力量薄弱且教师流动性大等不利于乡村幼儿园教育的发展。有教师表示班级规模大使得他们压力倍增，在幼儿游戏时，他们只能将更多的精力放在管理和维持区域活动的秩序上，生怕幼儿出现安全问题。其次，教师需要投入大量的时间用于自制区域游戏材料，加上受自身专业局限，制作的游戏材料大部分也只是模仿网上的案例。再次，招生的竞争使得幼儿园不得不迎合家长的要求，在教育中以知识传授为主，区域活动成为一种过渡或休息的活动，不利于区域活动的开展。最后，乡村留守幼儿较多，隔代教养也在一定程度上影响着幼儿园课程的发展方向。对教师来说，挑战不仅在于了解幼儿本身，还在于了解与幼儿有关的家庭、

学习笔记

社会、文化背景等。

（三）应对策略

1. 专业培训与自我发展相结合，提升教师专业素养

专业培训是提升教师专业素养、提高教师对区域活动的认识和组织能力的重要途径之一。乡村幼儿园应争取参与专业培训的机会，使教师在学习中不断进行总结反思。另外，有条件的地区可以建立结对帮扶制度，建立区域活动互助，以以强带弱的形式，定期组织教师观摩优质幼儿园的区域活动，并以专家导师引领研讨，使教师在交流和学习过程中，获得专业知识，逐步提升专业能力。幼儿园也应制定合理的教研制度，对教师进行有效指导与帮助。向外寻求支持是教师专业发展的客观条件，自主学习与反思是教师成长的内驱力。教师应有自主发展的意识，阅读相关书籍，或充分利用网络资源，系统学习相关专业知识，并结合自身实践，尝试去分析自己在区域规划、材料投放、对幼儿行为的分析等方面存在的问题，形成自己的实践性知识。

想一想

可以通过哪些方式提升自己的专业素养？

2. 结合当地实际，设置区域活动

首先，在区域划分上，尽可能间隔出既开放又有一定固定空间的区域，以便幼儿进行稳定且持续的区域活动。区域内容设置应立足于农村的文化、环境背景，而不是照搬县城幼儿园。其次，材料投放既要考虑到能促进幼儿在自身原有基础上得到发展，又要充分利用农村的自然资源、生活材料。教育与生活紧密结合。幼儿不需要那么多人工制造的东西，他们游戏的环境就应该是日常的生活场景。幼儿园可将真实的自然、真实的幼儿生活带到教室里。教师可以收集石头、果子和枝叶等，将其投放于美工区、建构区供幼儿进行创造性的活动，也可以用于益智区供幼儿进行科学探究、数学活动等。教师可根据时节，将稻秆作为材料投放于各个区域，先用剪刀进行修剪，小班可用来做稻秆贴画，中、大班尝试编织，也可根据幼儿年龄特点设计数学操作材料，或作为低结构材料供幼儿角色游戏时使用。教师可沿着稻秆拓展活动内容，投放与农业生产工具相关的材料，让幼儿了解从镰刀到收割机的变化，感受生产方式的更新和农民生活的变化。诸如此类，乡村幼儿园应尽可能挖掘农村生活之下更深层的文化，激发幼儿的家乡情怀。另外，乡村幼儿园可以建立资源共享制度，使同一种材料在不同的班级有不同的作用，建立资源共享区，从而提高材料的利用率。

3.获得家长支持，开展区域活动

乡村家庭文化水平整体偏低，缺乏对幼儿教育的正确认识。做好乡村家长的思想工作是实施区域活动的重要条件之一。幼儿园在提升教师专业素养的同时，应增加家长培训，让家长理解区域活动对幼儿发展的价值，获得家长的理解与支持，发动家长积极参与到班级环境规划与实践中来。乡村家庭中祖辈守家的较多，他们也是对农村文化、环境熟识的一代，幼儿园可利用这一优势，挖掘农村文化资源，鼓励祖辈参与幼儿园课程建设，实现区域活动的有效开展。

✏️ **学习笔记**

二、实践案例 >>>>>>>>>>>>>>>>>>>>>>>>>>>

（一）乡村幼儿园实施区域活动案例

 案例一

大班区域活动：瑶族特色一条街

一、创设背景

（一）源于家乡文化

我们热爱家乡，喜欢瑶族文化，乐于为幼儿能够受到瑶族传统文化的熏陶而努力。因此，我们利用本地资源，通过探索，创设了瑶族特色一条街主题区域活动。这些区域与独特的瑶家鼓楼紧密呼应，使整个幼儿园环境温馨、舒适、贴近生活、充满童趣且富有瑶族特色，让幼儿在潜移默化中感受丰富多彩的瑶族文化，学习瑶族文化，培养幼儿热爱生活、热爱家乡的情感与良好的个性品质。

（二）基于对幼儿的研究

进入大班，幼儿对自己周围的生活关注得越来越细致，加上近期组织的关于"家乡"的主题活动，幼儿对家乡的美食、特产越来越感兴趣，常常发问："八角为什么不能直接吃？""木耳为什么长在树上？"等。另外，大班幼儿在角色扮演游戏中已能独立地选择自己喜欢的活动，受别人影响而被干扰选择的情况较少。幼儿在游戏中目的性较强，角色意识比较强烈，有一定的角色责任心。为满足幼儿的需求，我们决定创设瑶族特色一条街，为幼儿提供充足的活动材料，引导幼儿体验操作，不断发现问题，扩大思路，从而培养幼儿热爱生活、热爱家乡、热爱本土资源的情感，让幼儿从小就能感受到瑶族文化的真正魅力。

评析：区域活动的创设能够结合班级主题进行，能够从挖掘本土资源、基于对幼儿的研究等方面来思考创设活动。如果能在"家乡文化"中具体阐述瑶族在美食、资源、文化方面的主要特色会更好。

二、创设环境

瑶族特色一条街：小吃店、特产铺、手工坊（图6-10）。

小吃店以烧烤为主，特产铺主要经营本地特产，手工坊投放竹筒、米、绳子供幼儿制作竹筒饭（图6-11至图6-13）。

图6-10　瑶族特色一条街全景

图6-11　小吃店

图6-12　特产铺

图6-13　手工坊

评析：其一，内容较为单一，除了美食，还可从戏剧文化、服饰文化等方面挖掘民族资源。

其二，环境的整体创设未体现瑶族特色，未结合店铺买卖特点进行布置，如小吃店，只有一排桌椅，配菜、烤制、买卖、进餐均在同一张桌子上完成，不利于游戏情节的展开。

其三，材料投放以教师准备为主，大班幼儿动手能力较强，教师可结合美工制作活动，让幼儿参与制作区域活动的材料。小吃店烧烤材料看不出瑶族的特色，教师可进一步挖掘瑶族烧烤在调料、菜品方面的特色，让幼儿在游戏中了解更多的本民族美食文化。手工坊材料单一，可适当添加一些辅助材料，引导幼儿制作配菜，丰富游戏情节。

三、幼儿游戏（案例描述）

又到瑶族特色一条街（区域活动）的时间了，小吃店是幼儿们最喜欢的区域之一。今天进烧烤区的幼儿也是比较多的，大家一进区域就开始分工扮演起各种角色。有扮演老板的，有扮演顾客的，有扮演服务员的。扮演老板的幼儿详细地介绍着自己的特色产品，"顾客"结合自己的喜好点好东西，扮演老板的幼儿把要烤的东西都放到烧烤炉上，注意火候上下翻动着，并且按照顺序给各种菜品刷上配料。烤熟了，"服务员"及时送给"顾客"，大家相互品尝着，说着，笑着。特色铺就相对冷清了一些，但是也有三三两两感兴趣的幼儿。他们并不着急，似乎在想着我们该如何吸引大家到这里来走走看看呢？过了一会儿，就听到了"瑶家特产优惠大处理咯！走过路过不要错过"的吆喝声。"老板"一边吆喝一边整理着货架上的物品，把八角、笋干、木耳、茶叶等货物摆放整齐，并分类包装好。这时，有幼儿听到了吆喝声走了过来，他们相互交谈着，"老板"在介绍着自己的货物，"顾客"在砍价，不管他们交谈的内容是什么，总之最后交易成功了。手工坊静悄悄的，大家不要以为里面没有幼儿，而是幼儿们都在认真地制作着自己喜欢的东西。看，欣欣小朋友左手拿起竹筒，右手舀起米饭装到竹筒里面，装满后用叶子封上竹筒口并用绳子绑好。一个接一个地做着，并没有受外界的干扰，做好的竹筒饭也摆得整整齐齐的。

评析： 教师对案例的描述较为客观，具体描述了幼儿的游戏行为，而不是直接判断幼儿行为的好坏。从描述可以看出，教师并未规定进区人数，而是让幼儿按照自己的喜好自主选择，体现了"以幼儿为主体"的思想。但是，在大班额背景下，进区人数会影响游戏质量。教师在设置游戏常规时，可考虑规定进区人数，让幼儿在选择中学会等待与谦让。另外，当幼儿游戏没有发展时，教师并未马上介入，而是等待幼儿主动思考解决办法，给予了幼儿自主思考的空间，让幼儿能够主动迁移运用已有经验，丰富了游戏情节。

四、分析与反思

（一）幼儿发展评价

进入大班，幼儿都能独立地选择自己喜欢的活动，受别人影响而被干扰选择的情况出现较少。幼儿在游戏中目的性较强，角色意识比较强烈，有一定的角色责任心，在游戏中的行为、态度

练一练

可以从哪些维度分析与评价幼儿的游戏？请你尝试写一份幼儿游戏观察记录。

大都能符合角色的要求，如小吃店的"老板"会很负责地烤好"顾客"点的东西，"服务员"则很热情地招呼着每一位"顾客"等，大部分幼儿都能专注地投入某个游戏角色中，直至游戏结束。游戏中幼儿扮演角色的能力也有了很大的提高。特别是在手工坊区域里面，欣欣小朋友并没有受外界的任何干扰，一直专注地做着自己喜欢的事情，这个过程不仅提高了幼儿的责任心，而且也锻炼了幼儿的毅力。不过在选择游戏角色时也发现了一个问题，很多幼儿都喜欢扮演一些对游戏道具具有直接使用权利，或者是在游戏中具有指挥权的参与者，如小吃店的厨师，而对于服务员等角色，幼儿的兴趣就比较小，很多幼儿都去抢着当厨师，从而引起了小争执，但最后也讨论出了解决的方法。这就说明游戏中的道具对于幼儿来说作用是非常大的。

评析：教师能够从角色游戏评价的维度，如游戏主题、角色意识、角色分配等方面对幼儿的游戏水平进行评价，还特别关注了幼儿在游戏过程中表现出的学习品质，如专注性、坚持性。但是评价不够全面，未涉及游戏情节、以物代物、社会性水平、游戏常规等，如幼儿在活动中是否能够结合已有经验丰富游戏情节，或只是重复操作；以物代物的水平是否体现大班幼儿的发展特点，大班幼儿在游戏中的合作性表现如何等。教师并未发现环境及材料对幼儿游戏的影响，如游戏情节单一、未体现更进一步的合作行为及游戏中的言语交往较少。

教师发现了材料、角色本身对幼儿选择游戏角色的影响，但是没有分析这背后所隐含的更深层次的原因，也没有提出最终的解决方案。

（二）教师支持

在《3—6岁儿童学习与发展指南》《幼儿园教育指导纲要（试行）》的指引下，我们认识到区域活动必须创设鼓励幼儿自由选择、大胆操作、大胆探索的环境，更好地促进幼儿身心全面和谐地发展，我们在观察了解幼儿的基础上力求使区域活动的内容、材料紧紧围绕这一目标。在材料的投放上我们观察、评估每个幼儿的发展状况，根据教育目标为不同发展水平的幼儿提供不同层次的材料，让幼儿在与材料的互动中积累各种经验。根据幼儿在区域活动中的表现，及时给予一定的帮助和指导。我们建立区域活动常规、引导幼儿自主进行区域活动，培养幼儿自主、自律能力。为了让幼儿适应区域活动并能独立地参与，教师对幼儿的每一点创造都表示欣喜，给予鼓励，为幼儿创设一个轻松和谐的环境。另外，在区域活动指导中，教师要加强区域间的配合、渗透、相互促进。不同区域虽然是相对独立的，但它们之间可以相互联系起来，增强活动的趣味性，使幼儿保持活动的兴趣。例如，小吃店、特色铺、手工坊这3个区域，虽各有各的特点，但是每个区域我们都是围绕着瑶族本土资源开展的。幼儿在不同程度上了解了这方面的知识，加深了对瑶族本土资源的印象，在潜移默化中感受到了丰富多彩的瑶族文化。

评析：教师支持策略较为宽泛，没有针对案例中的具体问题进行分析，没有提出相应的调整建议。例如，在评价中提到的游戏情节单一、合作行为、言语交往较少，材料、角色本身对幼儿选择游戏角色的影响，教师应对这些问题做出回应并提出进一步调整的建议。

资料来源于广西来宾市金秀县幼儿园，作者为胡金凤、叶艳鸾、梁秋萍，评析部分为编者提供。

案例二

挖掘乡土资源，创设农村幼儿园特色区域活动（节选）[①]

一、乡土材料的利用

（一）植物资源的利用

我们把采集来的劳动成果陈列在自然角，让幼儿观察、比较、识别、分类，并对教师和幼儿共同收集的种子、野果、树叶、竹子、稻草、野草、野花等进行了巧妙的利用：在美工区给种子贴上"五官"制成种子娃娃，或进行种子、果核、果壳贴画，进行蔬菜瓜果创意制作，塑造一些活泼可爱的娃娃、小动物等，用稻草制作稻草人、草帽、鸟窝等；在表演区利用树叶、野草、野花编成头饰、服装，玩一玩"我的时装秀"；在操作区让幼儿学大人用竹篾编斗笠、竹篮、竹筐等竹编工艺品等。

（二）自然物质的利用

乡村最缺不了的是沙、土、石、木，于是我们把泥巴搬进了玩泥区，让幼儿用泥巴和颜料制作各种生动有趣的动物、水果。在木材区放置大小不同的木材，让幼儿进行多种探索活动。长长的木条放在一个木墩上可以玩跷跷板，幼儿可以用木材搭桥、搭桌子、建房子等。大班幼儿还可以利用木材边角料制作喜欢的小板凳、桌子、小汽车、小飞机等。山区山涧、小溪里大大小小、形状各异的卵石比比皆是，教师和幼儿一起去捡大

① 叶蔚青：《挖掘乡土资源，创设农村幼儿园特色区域活动》，载《学前教育研究》，2008（11）。收录本节时有改动。

想一想

支持幼儿游戏的策略一般包括哪些？

小不同、形状各异的卵石，然后让幼儿利用卵石画画、拼搭和建构等。

（三）地方文化资源的利用

我们将本地的民俗风情带入区域活动中，收到了意想不到的效果。我们发动家长一起收集人们以前用的劳动工具和生活用品陈列在区域中，创设"勤劳农家"认知区，让幼儿了解农具的名称、作用以及农家生活。为让幼儿了解传统的手工艺制作，元宵节时我们请有经验的家长来幼儿园当助教，教幼儿做红团、制作花灯；端午节时我们请家长教幼儿包粽子，开展多种民俗活动来丰富区域活动的内容。例如，我们结合家乡传统节日在表演区中增设了"游花灯""莆仙戏表演"等内容，鼓励幼儿模仿成人活动。幼儿在活动中懂得了协商、谦让，乐意与人交往，学会了互助、合作和分享。

二、乡土材料的投放

（一）材料投放的多样性

丰富多样的材料能引发幼儿丰富的思维活动，从创造学的角度讲，它给幼儿带来了更多的灵感。山区的竹资源丰富，在利用竹子制作区域活动材料中，教师根据本地特色和幼儿的兴趣创设了"竹之家"，并根据材料的特性，使用同种材料在各个区域活动中创造出丰富的玩法。在巧手区中，有的幼儿用竹子做成框架进行彩带编织；数学区中有毛竹数数器、毛竹游戏棒等；音乐区中有竹制打击乐器；益智区中有竹筒套圈、竹棒护画；美术角中有竹片画、竹叶装饰；自然角中有竹筒花瓶；等等。在区域中，我们还避免了只有同类材料的单一组合，提供不同材料让幼儿自由组合，这使得各种材料在幼儿的一次次尝试、探索、操作中变成了美丽的工艺品和有趣的游戏玩具。

（二）材料投放的层次性

合适的活动材料为幼儿自主性探索提供了良好的前提。幼儿的探索水平和探索能力是各不相同的，因此我们注重材料投放的层次性。我们以幼儿年龄特点为依据，首先，挖掘同种材料在各个年龄阶段中的使用方法，充分让幼儿按自己的方式去探索、学习。例如，在趣味编织角中，小班幼儿利用棕榈叶打结、编手镯，中班幼儿利用棕榈叶编制糖果、小鱼等，大班幼儿则利用棕榈叶编制长颈鹿、麻雀、带鱼等。其次，挖掘多种材料在各个年龄阶段中的使用方法。例如，小班投放种子、叶子、竹等让幼儿进行比较分类、排列数数、粘贴等，中班投放稻草、木块、蔬菜等让幼儿进行装饰拼图、折叠粘贴等，大班投放稻草、贝壳、竹、木片等让幼儿进行编织、搓等。

（二）区域活动方案示例

小班角色游戏：娃娃家

区域创设背景

幼儿入园一个月了，慢慢适应了幼儿园生活，但同伴间仍然比较陌生。娃娃家是幼儿喜欢的区域，他们在煮饭、抱娃娃中获得操作玩具的乐趣，但是在选择玩具上，常常游走于各区域间，拿一种玩具又放下，经常向教师提出："老师，我不知道玩什么。"为了让幼儿在区域中真正有自主选择的愉悦性体验，并在学做小客人中建立归属感，教师决定提出游戏建议，先让幼儿熟悉游戏玩法、熟悉同伴，进而真正进入游戏的状态。

游戏目标

1. 乐意扮演角色。

2. 学习使用简单礼貌用语招待小客人。

3. 懂得按自己的意愿选择游戏。

区域材料投放

将幼儿全家福布置在娃娃家；摆放家具；娃娃床，娃娃若干个，娃娃的衣服、沙发、厨房用具、电话、电视、洗衣机、微波炉、常用盥洗打扫用具等玩具。

游戏过程

1. 分享经验。

（1）交流游戏经验：在娃娃家里，你喜欢扮演谁呢？都做些什么事情？

（教师根据幼儿的回答，展示相应的照片）

（2）交流生活发现：爸爸妈妈在家还会做哪些事情？

（教师展示幼儿收集的照片）

2. 提出问题，引出新的游戏内容——小客人做客。

（1）问题：娃娃家里已住满了小主人，还有小朋友想去玩，怎么办？

（2）讨论：怎样招待小客人？怎样做文明的小客人？

3. 幼儿自由选择角色，进入娃娃家游戏。

（1）幼儿按自己的意愿选择"钥匙"进入娃娃家，扮演角色。

（2）幼儿相互自我介绍，明确游戏伙伴的身份。

4. 教师以妈妈的身份带领小客人在各娃娃家串门（如需要则进行此环节，如幼儿已能招待小客人，则不需要介入）。

重点指导：引导小主人主动、热情的招待小客人。

> **练一练**
>
> 请你分析"小班角色游戏：娃娃家"这一区域活动方案设计的优点有哪些。

5. 活动结束，收拾材料，分享交流。

师：你为小客人做了哪些事情？

游戏延伸

在生活中进一步体验招待客人的过程。

中班数学游戏：分家① （益智区）

区域创设背景

分家游戏是益智区游戏之一。此游戏源于该班幼儿对人物特征的兴趣，他们开始关注同伴间或自己熟悉的人物的特点，教师基于幼儿这一兴趣及能够自主确定分类维度、从两个维度进行分类的数学认知特点，设计了此游戏。

游戏目标

1. 在观察中了解人物的相同的特征。
2. 学会根据两种特征进行分类。
3. 在操作活动中获得成功的体验。

区域材料投放

用纸盒做成两个家的背景、各种卡通人物的图片（后面可以添一块积木，增加立体感）。

游戏过程

幼儿观察卡通人物的不同特征，根据其中的一到两种特征将小人分类放入两个"家"中，并说明分类的理由，如男孩放在一个"家"中，女孩放在一个"家"中。

1. 教师介绍材料，引导幼儿游戏。

2. 幼儿游戏，教师观察。

观察要点：幼儿能否找出两种特征并分类。

如幼儿想出了不同的玩法，教师应根据具体情况予以支持。

3. 游戏结束，收拾材料，分享交流。

提问：你为什么把他们俩分在一个"家"？他们哪个地方是一样的？

游戏延伸

在日常生活中引导幼儿收拾玩具时注意归类整理。

大班角色游戏：仫佬寨美食坊

区域主题来源

在一次午点中，教师发现幼儿一边吃着白糕，一边窃窃私语地讨论着什么。他们说："这白糕怎么是一层一层的呢？""真

练一练

请你分析"中班数学游戏：分家"这一区域活动方案设计的优点有哪些。

---

① 黄瑾、田方：《学前儿童数学学习与发展核心经验》，51页，南京，南京师范大学出版社，2015。

的，我也发现了。"……当教师走近一看，原来幼儿在吃白糕的时候发现了白糕的结构，正在讨论白糕的结构是怎么形成的。教师乘机问道："你们以前吃过白糕吗？""吃过。""跟谁一起吃的？"有说跟妈妈一起吃的，有说跟奶奶一起吃的，有说跟爷爷一起吃的……教师问道："有谁知道这白糕的结构是怎么形成的呢？"幼儿七嘴八舌地说了一大堆："我觉得是把一片片的米糕叠在一起就变成了白糕。""我觉得是用米浆放到锅里蒸熟后就自己形成的。""我奶奶说是把米浆蒸熟一层，再蒸一层，再蒸一层，这样就形成了。"图 6-14 为幼儿制作白糕。

图 6-14　幼儿制作白糕

白糕是仫佬族的特色美食，历史悠久，是当地市民青睐的美食。现在生活条件好了，人们就把白糕当作特色小吃，在茶余饭后慢慢地品尝着这道美食。为了让幼儿了解白糕的制作过程，感受家乡的饮食文化，我们创设了仫佬寨美食坊。

游戏目标

1. 能够按计划分工协作完成白糕制作。

2. 在游戏探究中进一步了解白糕的特征。

3. 体验合作游戏带来的成功体验。

区域材料投放

石磨、辣椒钵、研磨器、泡过水的米、未泡过水的米、勺子、盆、蒸锅、蒸盘、夹子、手套、电磁炉、食用油、刷子、碗。

游戏过程

1. 谈话导入，引导幼儿描述自己的计划。

2. 讨论规则，明确活动要求。

3. 自主选择游戏区域，分组活动，教师重点观察仫佬寨美食坊，引导幼儿发展和深化游戏内容。

（1）磨米浆的过程较长且需要分工协作，教师注意幼儿的游戏状态，及时鼓励与支持幼儿克服困难。

（2）蒸白糕需要时间，在等待的时间幼儿会做什么呢？教师应关注幼儿等待时间的行为表现。

4. 游戏结束，整理游戏材料。

整理游戏材料，按类归放，清理场地。

> **做一做**
>
> 请你尝试设计一个具有本地文化特色的角色游戏。

5. 分享与总结。

（1）邀请同伴品尝自己的劳动成果。

（2）教师引导幼儿表达自己的游戏发现、遇到的困难及解决办法。

活动延伸

家长带幼儿上街吃白糕，并让幼儿观察白糕的制作过程。

1. 重新设置一个游戏区域，观察和思考幼儿的反应。

幼儿在小组游戏时遇到了什么困难？你尝试做了什么？有效果吗？今后你还能尝试做什么？

2. 活动区材料有可能激发幼儿的自主探索性学习，也有可能导致幼儿被动接受式学习。想一想，你所投放的材料属于前者还是后者；如是后者，应如何调整。

 自我检测

1. 材料分析题：角色游戏中，大二班在教室里开展理发店主题游戏。教师为了提升幼儿的游戏水平，主动为幼儿制作了理发店价目表（见下图）。

理发店价目表			
美发区		美容区	
洗发	10 元	牛奶洗脸	10 元
剪发	10 元	美白面膜	15 元
烫发	30 元	造型设计	20 元
染发	30 元	身体按摩	20 元

问题：请结合你对角色游戏的理解，分析教师提供价目表这一做法是否适宜，并提出建议。

【2016 年上半年幼儿园教师资格考试真题】

2. 幼儿园集体教学活动和游戏的含义分别是什么？试述两者的区别与联系。

【2019 年上半年幼儿园教师资格考试真题】

文本资源

参考答案

第七章
幼儿园户外活动的开展与指导

>> 思维导图

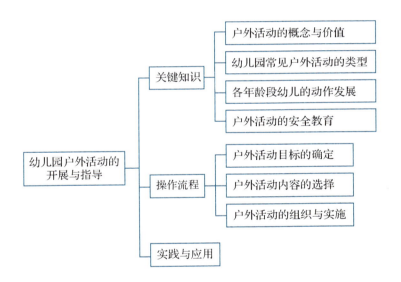

第一节
关 键 知 识

一、户外活动的概念与价值 >>>>>>>>>>>>>>>>

　　户外活动是幼儿园教育教学的重要组成部分，也是有计划、有目的的教育活动。一般来说，按活动空间维度划分，户外活动分为园内和园外两种，园内和园外户外活动是相互补充的，园

学习笔记

内活动是相对封闭的，是师幼之间的交往，与社会的接触有一定的距离。而园外活动是在幼儿园外开展的。这两种户外活动虽然范围、形式不同，但都是从教育目标出发组织的有目的的活动，是教育环境、教育形式的变化，是室内教育活动的补充和延伸。

《幼儿园教育指导纲要（试行）》中关于健康的内容和要求的第5条明确指出："开展丰富多彩的户外游戏和体育活动，培养幼儿参加体育活动的兴趣和习惯，增强体质，提高对环境的适应能力。"在指导要点部分的第4条中写道："培养幼儿对体育活动的兴趣是幼儿园体育的重要目标，要根据幼儿的特点组织生动有趣、形式多样的体育活动，吸引幼儿主动参与。"《幼儿园工作规程》明确指出保育和教育的主要目标之一是"促进幼儿身体正常发育和机能的协调发展，增强体质"。幼儿园户外活动能促进幼儿的生长发育，增强体质；帮助幼儿亲近自然、适应社会，发展幼儿社会性；培养幼儿良好的学习品质，对幼儿身心的全面发展起着积极的作用。

二、幼儿园常见户外活动的类型 >>>>>>>>>>>

幼儿园常见的户外活动主要有以下几类。

（一）操节活动

操节活动主要是早操活动、利用器械锻炼和利用自然因素锻炼的活动，包括幼儿的基本体操、器械操和融入慢跑或走跑、跳跃交替等的徒手游戏活动。

（二）户外游戏活动

户外游戏活动主要包括自由活动、民间体育游戏活动、户外大型积木建构游戏等。

（三）户外集体教育活动

户外集体教育活动常见的是体育教学活动。

（四）户外活动区活动

户外活动区活动包括户外大型建构区、沙水区、种植区、养殖区等。

（五）户外其他活动

户外其他活动主要是让幼儿广泛地接触社会，接触大自然，亲自感受环境、社会风貌、风土人情的活动，如亲子运动会、远足、节日联欢等户外休闲活动。

三、各年龄段幼儿的动作发展 >>>>>>>>>>>>

教师应当结合《3—6岁儿童学习与发展指南》中不同年龄

段的幼儿在动作平衡能力和力量、耐力方面的发展目标开展户外活动设计。

四、户外活动的安全教育 >>>>>>>>>>>>>>>

户外活动是幼儿进行体育锻炼的主要形式之一，因其有较多的自主权而受到幼儿的欢迎。然而，频繁发生的安全事故却使之难以被教师接纳。本着"少动少危险，多动多危险，不动不危险"的想法，部分教师大量地减少幼儿的户外活动时间，或在户外体育活动时"束缚"幼儿的手脚，导致户外活动的价值无法得到正常发挥。如何兼顾幼儿在户外活动中的安全与自由运动，有赖于教师对安全调控策略的合理运用。

（一）标志调控

标志在幼儿户外活动中的使用是可行的。幼儿入园后，已开始接触各类标志，如认识自己生活用品的标志，认识自己所在小组的标志，认识行走方向的标志等。随着年龄的增加，他们逐渐认识各种较为复杂的标志，并能根据标志进行相应的活动。有的幼儿园把幼儿的一日活动以流程图的形式固定下来，引导幼儿依据流程图上的标志确定该环节该进行的活动。标志已经渗入幼儿的学习、活动中，在户外活动中以标志进行安全调控是可以被幼儿接受的。

标志的作用是多样的。标志在户外活动中的应用主要表现在以下方面。一是标明运动的方向与路线。例如，一教师组织幼儿在"米"字形的平衡木上进行反应练习，即听到教师的信号向下一个平衡木跑去。为保证安全，教师在地面上用箭头标明跑的方向。二是标明运动的场地范围。三是标明运动应遵守的规则，如在滑梯上贴禁止从斜的滑板处往上爬的标志。教师可以在标志上配上符合区域特点的图画文字，创设文化背景。例如，体育区设置"我勇敢""互相帮助""不推不挤"等标志，让幼儿从中学会不怕困难，勇敢坚强；学会互相谦让，学会合作，从而体现《幼儿园教育指导纲要（试行）》中健康领域的要求："在体育活动中，培养幼儿坚强、勇敢、不怕困难的意志品质和主动、乐观、合作的态度。"

标志在体育活动中的运用还涉及幼儿对安全标志的理解及执行。一方面，需要教师在日常活动中引导幼儿理解安全标志的意义，并尝试自己制作幼儿园及班级环境中的安全标志；另一方面，鼓励幼儿相互监督，监督同伴对安全标志的执行情况。此外，教师宜对幼儿遵守安全标志的行为做出及时的肯定。

学习笔记

（二）常规调控

　　户外活动常规的缺乏往往容易导致幼儿受伤。相对于其他活动而言，户外活动场地较大且能吸引幼儿注意力的因素较多，活动中幼儿自控能力可能会有所下降，使得活动相对较为混乱。容易出现幼儿一拥而上抢夺器械；骑着三轮车横冲直撞；拿着绳子到处乱挥，对教师发出的警告声不予理睬等现象。为保证幼儿的安全，教师必须重视常规在户外活动中的制定与执行。

　　常规的内容主要涉及下列几个方面：体育器械的拿放常规；体育器械的使用常规；熟悉并能依据教师的指令及手势及时做出反应，调节自己活动的常规。为使常规能被幼儿接纳，首先，应引导幼儿理解常规的重要性，如引导幼儿回顾混乱的户外体育活动场景及已发生的安全事故，了解事故发生的原因；其次，引导幼儿（尤其是年龄较大的幼儿）制定活动常规；最后，重视常规的教育。在以往的活动中，当幼儿违反常规时，教师往往给予批评或是简单的惩罚（如惩罚幼儿暂时不能参与活动），正面的教育甚少。但从幼儿发展的角度看，单纯的批评与惩罚并不能让幼儿养成遵守常规的习惯，常规的正面教育应被放在首位。但部分户外活动常规（如熟悉并能依据教师的指令及手势做出反应）需要经过训练后才能被幼儿接纳，这就需要考虑常规训练的游戏化，避免常规教育给幼儿带来的逆反心理。

　　为强化幼儿的户外活动常规意识，教师应在活动后小结幼儿遵守常规的情况。在以往的户外活动中，教师小结的重点往往只涉及幼儿动作技能的掌握，关注幼儿遵守常规的小结较少，不利于培养幼儿关注常规的意识及习惯。

（三）场地调控

　　户外活动中，场地使用的不合理往往导致安全事故的发生。例如，部分幼儿园把户外活动场地平均划分给各个班级使用，导致每个班级所分到场地的情况不一样。有的场地不规则，且障碍物多，不适合进行跑步类练习；有的场地均为粗糙的水泥地面，不适合进行跳跃类练习等，不利于安全管理。

　　合理地利用场地应能依据场地自身的特点选择适合的运动项目。若户外体育活动场地面积过小，可以采取年龄组错开锻炼的方式，以免因场地窄小而发生安全事故。若是面积较大的场地，应依据场地的性质确定该场地所开展的运动项目，如不规则且障碍物多的场地可以进行攀登、平衡类练习；柔软的草地可以进行跳远类练习等。幼儿园依据各班情况，统一安排各班有序地使用场地。对于一些危险性较大的器械活动，可以考虑固定其练习场地，由幼儿园统一做好各项保护措施，日后不管是哪一个班级使用该场地，都不必担心保护设施不到位。当然，为保证幼儿的安全，教师在活动前必须认真检查场地的安全性。

（四）器械调控

器械使用不当往往也会导致安全事故的发生。器械使用的不合理主要体现在下列几个方面：一是器械拿放环节混乱，导致幼儿受伤；二是投放的器械种类过少，因争夺器械而发生安全事故；三是在窄小的场地内投放的器械种类过多，导致教师无法全面指导而出现器械伤人现象；四是投放的"新器械"（幼儿还不会使用或还不能熟练使用的器械）种类过多，导致幼儿使用器械不当而受伤或伤及他人。

为减少户外活动中安全事故的发生，合理地投放器械亦是关键所在。首先，投放的器械种类应适宜。投放的种类过少易引发争抢，投放的种类过多易导致活动场地混乱而出现器械伤人事件。因此，建议依据运动场地的大小投放器械，场地小，可投放 3～4 种器械，场地大，可增至 7～8 种。其次，谨慎地投放"新器械"，种类以 1～2 种为宜。为避免因不会使用"新器械"而出现伤人现象，新器械的使用应在相对独立的场地内进行，如可以用平衡木等作标志把新器械运动场地与其他器械的活动场地隔开，并由专门的教师进行新器械使用的指导。户外活动器械的收纳可参考图 7-1。

（1）

（2）

图 7-1　广西幼师稚慧明珠幼儿园户外活动器械的收纳

（五）观察调控

户外活动中，教师观察力度不够往往也会导致安全事故的发生。由于户外体育场地的开阔，且幼儿大多处于四散活动状态中，加上大型运动器械对教师视线的遮挡，使部分教师无法观察到幼儿的活动而导致安全事故的发生。为确保户外活动中幼儿的安全，教师应能进行有效的观察。首先，教师观察时的站位应合适，确保能关注到每一个幼儿。其次，当幼儿进行移动练习时，教师的站位应能随之移动，以便能顾及幼儿在活动中的表现。最后，观察应与指导相结合。教师在观察中，指导幼儿正确地使用器械，指导幼儿有序地拿放器械。虽然强调幼儿的安全，但我们并不主张禁止幼儿进行一些冒险性的活动尝试，因为幼儿需要有自己的探索、自我的挑战，若只顾安全而把他们的手脚"捆"起来，那无异于因噎废食。当幼儿做出一些在教师看起来可能存在危险性的活动尝试时，教师需要结合自己的观察及时进行有针对性的指导，指导他们注意安全事项，学会自我保护，而不是简单地制止他们的活动。

户外活动由于其自身的特点，易成为幼儿园安全事故频发的环节之一。在确保活动量的前提下如何兼顾幼儿的安全，需要教师从细节方面入手，对幼儿的安全进行调控。

第二节
操作流程

乡村幼儿园户外活动的组织与开展可以从活动目标的确定、户外活动内容的选择、户外活动的组织与实施等环节展开活动。

一、户外活动目标的确定 >>>>>>>>>>>>>>>

活动目标的确定是户外活动的首要环节，也是设计和组织实施户外活动的基础。活动目标的科学性与准确性有助于把握目标的取向，有助于教师选择理想的方法和活动类型，把握活动的时间，满足幼儿的运动需求，确保户外活动的质量，并达到良好的效果。

图 7-2　幼儿在户外跨班体育活动中进行攀爬游戏

户外活动目标制定的来源主要有国家制定的教育方针和政策、幼儿身心发展需要、幼儿的兴趣、家长和社会需求、活动内容、幼儿园自身的资源等方面。幼儿教师需要在了解不同年龄段幼儿的身体发展目标和幼儿运动核心经验，即基本动作（走、跑、跳、攀、爬、投掷、攀登、悬吊等），身体素质（平衡性、协调性、柔韧性等）[1]的基础上，根据幼儿的发展水平和发展需要，从认知、情感态度、动作发展这 3 个方面制定活动目标。图 7-2 为幼儿在户外跨班体育活动中进行攀爬游戏。

① 柳倩、周念丽、张晔：《学前儿童健康学习与发展核心经验》，12 页，南京，南京师范大学出版社，2016。

二、户外活动内容的选择 >>>>>>>>>>>>>>>

户外活动内容的选择是为了解决玩什么的问题，在选择过程中，要依据活动目标而展开，思考什么样的内容才能适合幼儿的发展需求、什么样的内容能够得到更好的实施，是户外活动模式建设中承上启下的一部分。户外活动属于运动教育范畴，运动教育应遵循适宜性、开放性、自愿、体验为导向和自觉性的原则。[①]

户外活动的内容很大程度上依托材料。材料投放的科学程度关乎户外活动的质量。当前我国乡村幼儿园户外活动材料投放存在材料投放依据相对单一、安全性不足、结构化程度失衡和投放种类参差不齐、种类单一、数量不足等问题。

（一）提供数量充足、功能不同的活动材料

幼儿在对户外活动材料进行尝试与体验时，能够有自由选择、自主探索游戏材料和主动学习的条件。幼儿在通过自己探究、组合和转化材料的过程中形成自己的观点，再去了解、去尝试，在与同伴的互动中获得直接经验，主动进行自我构建。例如，轮胎与各种大型积木（梯子、木板等）相结合进行走、钻、爬的组合活动。另外，功能性的区别体现在投放材料的层次性上。例如，投放有层次的材料，如有高度的轮胎山、可以进行负重的沙包材料、绳子等，满足不同发展水平幼儿对材料的需求。幼儿利用不同材料进行户外探索的示例如图7-3至图7-4。

图 7-3　广西幼师稚慧明珠幼儿园的
幼儿运用轮胎进行户外游戏

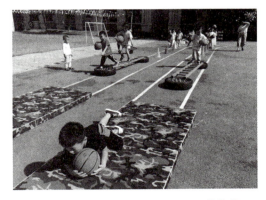

图 7-4　广西幼师稚慧明珠幼儿园的幼儿
运用轮胎、篮球进行户外体育活动探索

[①]　［德］雷娜特·齐默尔：《幼儿运动教育手册》，蒋丽、易丽丽译，121页，南京，南京师范大学版社，2008。

（二）注重对现有户外活动材料的开发

第一，开发现有户外活动材料的新功能。一方面，可以将不同种类、大小、形状等的材料进行组合，以开发其新功能。例如，将篮球或皮球和装有沙的矿泉水瓶进行组合，就可以利用篮球或皮球去撞击装沙的矿泉水瓶。将这几种材料组合在一起，就可以开发篮球、皮球的新功能。另一方面，将同一材料运用到不同的户外活动中，从而开发其新功能。例如，将接力棒运用在接力赛中，其功能表现为接力，运用在搭建房子的活动中，就可以当建筑材料。第二，因地制宜，就地取材。乡村地区在村落的发展过程中，形成了当地独特的自然资源和人文资源，这些资源是乡村幼儿园户外活动材料所能利用的宝贵财富，也包含着巨大的教育价值。例如，某园地处竹乡——安吉县孝丰镇，当地毛竹资源丰富，盛产竹制品，如竹梯、竹筒、竹筐等。竹筒可以用来进行竹筒垒高、打保龄球、踩梅花桩等活动。竹篾可以用来进行跳竹篾舞、钻山洞、赶小猪、穿竹筒等活动。乡村地区的资源往往具有易得性的特征，随取随用。在乡村地区活跃着这样一部分人，他们都拥有一门技艺，如有的人会做木活等，这些资源也是可充分利用的。例如，当没有足够的资金去购买大型积木时，可以雇用村中木工进行制作，既节约成本，又可以制作出各种样式的积木。

三、户外活动的组织与实施 >>>>>>>>>>>>>>>>>

（一）户外活动的场地

1. 对户外活动场地进行合理的规划和划分

合理规划场地便于幼儿自由选择场地，与同伴自由合作开展活动，在户外活动中，场地的适宜关系到户外活动的进一步开展。因此，户外活动开展的第一步就是要对幼儿园的户外场地进行合理的规划。可以依照器材的类型，将场地细分为固定活动场所以及临时性活动场所，把相对固定的器材，如大型的户外活动器械、玩具置于固定的地方，把可以活动、移动的器材，如中小器械置于临时性场地中，使得活动能够在既定的范围中展开，从而使活动的指向性较为明确，也便于管理。

依据幼儿走、跑、跳、攀、钻、爬、投七大基本动作维度和幼儿园的场地特点对运动游戏区进行规划，可以划分为走跑区、跳跃区、攀爬区、投掷区等区域，其他区域根据器材的特点，随机地合理使用，变换区域的性质。依据户外场地的大小、材料的大小、方位特点和幼儿日常生活习惯，划分场地的位置、大小，让幼儿能够自主开展户外体育游戏活动。在游戏区内，教师要根据材料的多少和场地的大小限制幼儿的人数，可以保证每个幼儿在活动区域能有足够的材料，减少消极等待时间。此外，可以利用点、线结合的方式对场地进行划分，幼儿能较快地理解自己活动的区域范围，在无形中形成了一种秩序与规则，如图 7-5。

大门	门卫室	攀爬区	沙水区		杂物室
	走跑区				跳跃区
材料放置区	骑车区		钻爬区		投掷区

图 7-5 某县级幼儿园户外活动场地规划图①

2. 充分利用广阔和可塑性强的场地条件

我国乡村幼儿园拥有大量可规划的场地，特别是中西部地区的乡村幼儿园更是如此，加上乡村幼儿园的场地由于土质松散，使其可塑性也比较强，因此可以将其改造成山坡、土洼等适合开展各种户外活动的地形。教师可以利用这一优势开展充分发展幼儿大小肌肉群的活动，如利用大型设施的锻炼活动、民间体育游戏、亲近自然的活动。

 案例一

某乡村幼儿园有较为自然的户外活动场地，根据地形地势特点，构建了"沙土风情""快乐农夫""植物迷宫""草地探秘"等生态型的游戏体验区。幼儿园在尽量保持土坡、草坪、小树林等自然景物的原貌的基础上，巧妙地利用自然元素，进行空间布局。例如，在两棵树之间设置滑索；在低洼处设计小河、沟渠，并在上面架设上晃悠悠的桥索；在墙壁上设计横向攀岩，供幼儿进行立体空间探索。此外，根据季节交替，考虑户外游戏需要，如夏季阳光强烈，如果没有树荫，从上午 10 点到下午 4 点这段时间，就很难组织幼儿外出游戏，因此，幼儿园设计了绿色长廊，进行立体绿化，栽种紫藤、茑萝、葡萄等藤蔓类植物。

---

① 刘姝瑶：《农村幼儿园户外体育游戏活动开展的行动研究》，硕士学位论文，广西师范大学，2017。

案例二

基于乡土资源的农村幼儿园户外场地打造①

一、设计背景与思考

宿迁市湖滨新区皂河二小幼儿园坐落于骆马湖畔的皂河古镇，古老的大运河穿流而过，丰富的沙、水、泥等资源唾手可得，有着天然的资源优势。幼儿园新园区于2015年春季投入使用，教学楼后面有2000平方米的户外场地正待设计与施工。基于如何充分地挖掘当地教育资源，最大化地盘活幼儿园现有的空间、场地资源，充分满足幼儿直接感知、实际操作、亲身体验等需求，确定了各个活动区域的功能定位和材料使用。我们的户外环境创设总体上力求突出开放、多元、自然、生态、丰富、有趣等设计要求；材料使用上尽可能地体现乡土资源和废旧资源的挖掘利用，广泛搜集、使用农村常见的乡土资源，如黄沙、黏土、木墩、稻草、秸秆、旧木船、树桩、旧轮胎等；在花草、植物选用上充分考虑四季有花、有果，植物品种丰富多样，充分满足幼儿观察、探究、采摘等多种需求，真正打造一个适合乡村幼儿的游戏乐园。

二、主要活动区域设置情况

1. 开放性沙水（泥）区：开放性的大型沙池、水池、泥池有机相融，整体形状似一条箭鱼，前端设置的长长小溪，可供幼儿们赤脚玩水、捉鱼捉虾、搭梯建桥。圆圆的水池似鱼的眼睛，可供幼儿们自由地划船、戏水。通过手压水井、木水槽等巧妙地将水引入中间的玩沙区，满足幼儿挖河造渠、栏水筑坝等用水需求。中部的玩沙区场地开阔，可充分满足幼儿们自主玩沙、合作建构的探索需求。鱼尾处则设置为玩泥区（黏土区和沙土区），投放了从农家收集来的石磨盘、石滚、木墩等，供幼儿肆意和泥、摔泥、塑形、探究。

2. 多功能攀爬区：沿着大型沙池周围的道路，有机地设置了4组宽度2米，可满足幼儿们运动、采摘、欣赏、休憩等需求的多功能攀爬廊架。一侧安置在沙池中，解决幼儿攀爬过程中的安全问题；另一侧安置在草地上，设置悬吊、荡秋千等运动功能，自然、安全。此外，考虑到悬吊能力是幼儿们的弱项，利用廊架上部的横杆添加了可供幼儿悬吊行进的吊杆、吊环等

---

① 冯鑫、章兰：《基于乡土资源的农村幼儿园户外场地打造》，载《早期教育（教师版）》，2016（Z1）。收入本书时有改动。

运动设施，充分发展幼儿们的悬吊等运动能力。

3. 轮胎荡桥区：结合旅游景点中的大型探险类轮胎荡桥创意，在小溪两侧堆积两个有高低落差的土坡，利用钢索、轮胎建造了简易的轮胎荡桥，锻炼幼儿们的平衡运动能力和勇敢的品质。

4. 山坡钻爬区：利用大山坡、水泥管道等建造可供幼儿自由钻爬的山洞，水泥材质的山洞内侧平时又可作为幼儿们随意涂鸦的快乐天地。同时，在小山坡上增加了不锈钢板皮做成的滑坡，轮胎、粗麻绳、木梯等做成的多种攀爬设施，满足幼儿们自由攀爬的活动需求。

5. 开放式创造活动区域：在开放式的创造活动区域设置一些小木屋、茅草亭，提供纱幔、木板、砖头、秸秆、各种绘画工具等。可根据当前教育主题及幼儿的探索兴趣，将一些创造性的活动安排于此，如建房子、造汽车、童话剧表演、艺术涂鸦、艺术造型等，真正打通室内外活动，更好地满足幼儿们自主建构、自由表演、大胆创作的活动需求。

创造性生活区：提供木桩、磨盘、轮胎等材料替代生活中的桌椅；收集、投放旧电饭煲、旧微波炉、旧电磁炉等生活用品，玉米秸秆、玉米皮、玉米瓤、小木块、小石头、树叶、野草等材料，满足幼儿自主游戏的需求。

创造性表演区：收集、提供一些生活中废旧的锅盖、盆、铁盒等作为打击乐器，供幼儿自主选用，提供纱巾、彩绸、手甩花、化妆品等材料供幼儿自主表演。

创造性建构区：提供不同的建筑材料，如砖瓦、木棒、木板、稻草、玉米秆、各种砌墙工具等，供幼儿们自主为小动物搭建房子。

（二）户外活动的时间

依据《幼儿园教育指导纲要（试行）》的要求，教师应合理安排幼儿园一日活动，尽可能在每天上午和下午都有相对固定的时间开展户外活动，并且可随着季节的变化灵活调整，并在制度上加以保证。

根据季节特点合理安排户外活动时间。夏季，早晨和傍晚的阳光都比较柔和，因此最好把户外活动时间安排在这两个时间段，这样能减少幼儿因长时间运动引起的出汗过多、过分疲劳等现象。冬季，南方地区早晨室内阴冷，最好把幼儿户外活动时间安排在幼儿刚入园这段时间进行，这样既可以缩短幼儿在阴冷的室内的活动时间，又可以使幼儿的身体得到充分的运动，让幼儿精力充沛地投入到接下来的其他活动中；北方供暖地区室内温暖，户外活动应安排在阳光较好、室外温度较高的时间段进行。

活动内容不同，运动量也不同，教师应根据季节气候特点，有的放矢地选择运动项目。夏天天气炎热，幼儿容易出汗，最好选择运动量较小的，并且适合在树荫或四面通风、宽敞有遮蔽的场所下活动的项目，游戏以躲闪练习为主，器械类的可以选择球类、高跷、投掷等，也可以选择玩水活动，预防幼儿中暑。冬天最好选择运动量较大的活动，游戏可以选择以跳跃、追逐练习为主的活动，器械类的可以选择跳绳、跳圈及露天的大型器械项目，使幼儿通过运动驱走寒冷，预防感冒等疾病的发生。

第三节
实践与应用

目前乡村幼儿园户外活动的内容以打闹追逐或组织结构较差的练习性游戏为主，幼儿参与游戏的活动水平不高。幼儿教师缺乏对活动组织的正确指导策略，游戏类型贫乏，组织形式单一，内容缺乏新意，游戏材料不仅数量少而且种类单一，活动时间安排有限且活动量不足、保障不充分，对当地资源利用不足等问题较为突出。因此，教师应该充分利用乡村自然优势与条件，发挥户外活动场地与设施的功能，科学、合理地投放丰富的材料，合理调控游戏时间，为幼儿创设探索性学习条件，给幼儿提供在自然界中游戏的机会。

现列举乡村幼儿园户外活动案例以供大家在实践中学习。

（一）乡村幼儿园户外早操活动

1. 早操活动的准备

教师可以从以下几个方面进行科学的准备，从而使幼儿更好地进行活动。

（1）时间安排

幼儿园的早操一般安排在早餐后、集体活动前进行，也可以根据当地气候进行调整，夏、秋两季一般安排在 8：00 左右，春、冬两季一般安排在 9：00 左右。

（2）服装要求

在户外进行早操活动时，要根据天气情况对幼儿的服装进行整理和增减。幼儿的服装不宜过多、过厚，一般以早操活动后出微汗为宜。在前往早操地点之前教师要先安排幼儿如厕。

（3）材料准备

教师要在早操前准备好早操活动所需的音乐，有的幼儿园统一播放，有的幼儿园是各班级自己播放，教师要事先进行安排，以减少幼儿的等待时间。教师可以利用简单的废旧物品自制成早操中需要的器械，进行徒手早操或器械早操。例如，将废旧酸奶瓶、易拉罐用松紧带连接起来做成拉力器，用手帕和酒瓶盖做成降落伞，把竹子截成很多段变成竹棍等。

（4）场地准备

早操活动一般安排在户外操场，如遇阴雨天气，则安排在室内、教室走廊等有遮挡、大小适宜的空间等。教师在进行早操之前应对早操的时间和地点进行安排。

在到达户外场地后，教师要指示幼儿站队，小班可以围成一个圆圈，中、大班一般按高矮排成纵队，左右间隔以幼儿两臂伸直的距离为宜。前后距离要进行调整，以防幼儿之间的推拉。也可事先进行安排，要求幼儿站在自己相应的点或线上。要求幼儿站队时注意力集中，有精神。教师或示范的幼儿站在队伍前面。

2. 早操活动的进行

在早操活动中，小班和中班一般由教师在队伍前面带操，大班可以由幼儿带操。在进行示范的时候，要注意以下要求。

第一，带操人要站在全体幼儿都能看到的地方。

第二，带操人的动作要准确、规范，动作的快慢要符合动作的节奏。

第三，如果幼儿教师带操，则应该进行镜面示范；如果幼儿带操，则应让带操幼儿与全体幼儿面朝同一个方向。

第四，如果没有早操音乐，则教师的口令要响亮、清晰。

全体幼儿跟着早操音乐或口令一起做操。在做操过程中，教师除了通过示范来要求幼儿外，还应通过语言提醒幼儿动作的要领和要求。要注意防止有些幼儿在做操的过程中打闹，迟到的幼儿应由保育员安排做操的位置，不要影响其他正在做操的幼儿，分散他们的注意力。在早操做完之后，教师可以根据幼儿动作的表现，对幼儿做错的动作进行纠正，重新进行示范。

3. 早操活动的结束

早操活动结束之后，教师应要求幼儿慢步走，调整呼吸。例如，在春天或秋天的时候，教师可通过带领幼儿观看树木、花草的生长变化来慢慢调整呼吸。在早操结束之后，教师要注意提醒幼儿收拾器械，养成归纳整理的良好习惯。在回到教室后，提醒幼儿注意增减衣物，如在夏天有些幼儿较易出汗，教

📝 学习笔记

师应提醒其将事先带来的小毛巾贴在后背吸汗，以防感冒。

（二）乡村幼儿园户外游戏活动

游戏一：捉尾巴

游戏目标

1. 感受与同伴合作，共同游戏的乐趣。

2. 在捉对方的"尾巴"时，发展动作的灵敏性、协调性。

游戏玩法

幼儿两人一组，各自在后腰带上系上彩绳当"尾巴"。游戏开始，幼儿四散跑开，每一对幼儿要想办法捉对方的"尾巴"，同时也要保护自己的"尾巴"。抓到对方"尾巴"者为胜。（只能在圆圈内跑，抓到后快速回到教师处）

教师提出要求后，与幼儿共同游戏。游戏结束后，教师针对幼儿游戏情况，及时予以表扬和鼓励。

游戏二：贴烧饼

游戏目标

1. 练习快跑和躲闪跑，提高身体的灵敏度和协调性。

2. 体验运动带来的乐趣。

游戏玩法

幼儿分成人数相等的两队，面向圆心站成内外双圈。圈内站两个幼儿。圈内两人以猜拳决定追逃者，一人追，另一人逃，被追者在圈内穿梭跑，如快被追上时站在外圈一位小朋友的前面，即为安全，如果被追上，则互换角色。

游戏三：老鼠笼

游戏目标

1. 发展四散跑的能力。

2. 在活动中体验成功和合作活动的乐趣。

游戏玩法

三个幼儿围成一个小圈，作"老鼠笼"，其余幼儿扮"小老鼠"，自由活动。"小老鼠"偷偷围在"老鼠笼"旁，悄悄地问："这个老鼠笼能用吗？"扮"老鼠笼"的幼儿大声说："当然能用。"说完，"小老鼠"四散逃开，"老鼠笼"打开（3人拉手成直线），并开始捕捉。被捉到的"小老鼠"扮"老鼠笼"。听到"当然能用"时，"小老鼠"才能散开；"小老鼠"蹲下，代表已钻洞，这时，"老鼠笼"就不能再捕捉他了。

练一练

请你选择一个户外游戏活动，组织班级的幼儿玩一玩。

游戏四：小鱼快跑

游戏目标

1. 练习三人组合四散追逐跑，能与同伴配合控制自己的动作。

2. 在游戏中师幼共同制定新的游戏规则。

3. 能够在活动中安全快乐地游戏。

游戏玩法

三人一组当"渔网"，可根据游戏人数确定当"渔网"的人数，其余幼儿当"小鱼"四散跑，"渔网"去追逐"小鱼"。被抓的"小鱼"被罚出场。被罚出场的"小鱼"加入三人"渔网"中，变成更大的"渔网"，游戏继续。

游戏五：爆米花

游戏目标

培养动作的灵敏性。

游戏玩法

若干幼儿，手拉手围成圆圈，作爆米花的"锅"，另请8～10个幼儿钻到圈内当"米粒"。游戏开始，"锅"沿顺时针方向边走边念儿歌。当念到"砰"时，"锅"和"米粒"同时向上蹦跳，接着"锅"立即蹲下，松开拉着的手，表示"锅盖"打开了。当念到"抓"时，"米粒"赶快往圈外跑，"锅"立即站起，手拉手，将未跑出的"米粒"围在圈内。跑出的"米粒"充到"锅"的队伍中，其余"米粒"仍在圈内，游戏继续进行，直至"米粒"全部跑出，调换角色。游戏重新开始。

游戏规则

只有念到"砰"时，"锅"和"米粒"才可同时向上蹦跳。

附儿歌

锅子转，爆米花，锅里米粒噼噼啪，时间到了就爆炸，砰！米花熟了快来抓！

游戏六：传球

游戏目标

1. 锻炼快速反应能力和手的敏捷度。

2. 增强与同伴的合作意识。

游戏玩法

第一种玩法：幼儿分成两队站好不动，两队的排头各拿一个球，当教师发出口令后，拿球的幼儿快速地把球传给下一个

> **做一做**
>
> 和幼儿一起讨论：户外游戏中用到的小球还可以怎样玩？

幼儿，可以从头上传、腿下传或者侧身传，以此类推，哪一队最先传完则哪一队获胜。第二种玩法：幼儿分成两队站好，教师发出口令后，每队的排头将球传给下一个幼儿，自己快速地站到队尾，以此类推，按照一定的路线移动，哪一个队最先传完则哪一队获胜。

游戏七：黄鼠狼捉鸡

游戏目标

培养动作的灵敏性。

游戏玩法

一个幼儿扮"黄鼠狼"；一个幼儿扮"小狗"；其他幼儿扮"小鸡"，排成一排蹲在离分界线 1 米远的地方。游戏开始，"小狗"边走边轻轻地摸"小鸡"的头，同时念儿歌。念完后，"小狗"蹲在一旁，"小鸡"闭上眼睛，装睡。"黄鼠狼"轻手轻脚地进来拉"小鸡"，被拉到的"小鸡"发出"叽叽叽"的呼叫声，"小狗"听到叫声，迅速"汪汪"叫着去救回"小鸡"。游戏可反复进行。最后，看"黄鼠狼"一共捉了多少只"小鸡"。

游戏规则

1. "小狗"要听到"小鸡"呼叫后才能追。

2. "黄鼠狼"把"小鸡"拉过分界线后，"小狗"就不能再救了。

附儿歌

打、打、打更了，灯灭了，睡觉了，黄鼠狼要偷鸡了。

游戏八：小白兔找山洞

游戏目标

锻炼反应能力和速度。

游戏玩法

一个幼儿当"大灰狼"，一个幼儿当逃跑的"小白兔"，其余幼儿一部分两两组合搭一个山洞（手牵手举过头顶），另一部分当躲在山洞里的"小白兔"，每个山洞只能躲一只"小白兔"。游戏开始，"大灰狼"去追那只在外面的"小白兔"，"小白兔"赶紧跑，找一个山洞躲起来，当钻进山洞时，原先在山洞里的"小白兔"赶紧逃出去找另一个山洞，游戏继续，如果被抓住了，"大灰狼"与"小白兔"互换角色继续。

游戏九：螃蟹赛跑

游戏目标

1. 对学习螃蟹的动作产生兴趣。

2. 练习横向走，同伴间具有合作精神。

游戏玩法

将幼儿分成两组。两个幼儿背对背手拉手，将球放在两个幼儿中间用背部夹住。让幼儿横着前进，幼儿用手抱球或球落地即为失败，将重新开始。先到达终点的一组获胜。

游戏十：搭建山洞

游戏目标

1. 积极参加结伴进行的"搭山洞""过山洞"的活动，发展创造力。

2. 发展基本动作，提高肌肉的耐力和集体的协调性。

3. 在活动中体验成功和合作活动的乐趣。

游戏玩法

组织一部分幼儿尝试用身体的不同部位和不同的方式"搭山洞"，如单人搭山洞、双人搭山洞、多人搭山洞等。教师启发另一部分幼儿探索运用自己的身体"钻山洞"，如正面钻、侧身钻、匍匐前进、四肢贴地前行，仰躺于地、双脚蹬地前移等方式。

（三）乡村民间体育游戏活动

游戏一：滚铁环

游戏目标

培养动作的协调性。

游戏准备

各种铁箍或废旧自行车钢圈制成的铁环；铁钩或木棍若干。

游戏玩法

滚铁环时，幼儿一手握铁钩（或木棍），轻轻套住铁环，稍用力推，铁环向前滚动，人随后跟着。铁环始终不倒，可一直玩下去；滚动的铁环倒下则由其他幼儿接上来滚。

游戏规则

铁环倒下，游戏者则为输。

游戏建议

1. 滚铁环时要把握好铁环的重心，持铁钩（或木棍）的手用力适度，左右摆动也应得当。

2. 要掌握好路面凹凸情况。

> **练一练**
>
> 你小时候还玩过哪些民间体育游戏？请回想下，试着带幼儿们玩一玩。

3. 待幼儿熟练掌握后可进行比赛或表演。

游戏二：炒黄豆

游戏目标

培养动作的协调性和与同伴合作的能力。

游戏玩法

两人一组，手拉手相对站立，边念儿歌边左右摆动双手，念至儿歌最后一个字时两人同时翻身。

游戏规则

两手拉紧不能松开。

游戏建议

1. 小班幼儿可先转体 180°，背对背站立，准备一下再转 180°，面对面站立，这样继续进行。

2. 中、大班幼儿可连续翻。

附儿歌

炒炒炒，炒黄豆，

炒完黄豆翻跟斗。

游戏三：外婆桥

游戏目标

培养与同伴合作的能力。

游戏方法

两人一组，一前一后坐在草坪上，后一幼儿双手搭在前一幼儿肩上，边念儿歌边摇动。

游戏规则

摇动时两人朝一个方向。

游戏建议

此游戏适合小班幼儿。

附儿歌

摇呀摇，摇到外婆桥，

摇呀摇，摇呀摇，

外婆叫我好宝宝，

一摇摇到外婆桥；

你来抱，我来抱，

外婆好，外婆好，

抱到瓶边去拿糕。

外婆叫我好宝宝。

游戏四：跳十字

游戏目标

练习单脚、双脚跳格子。

游戏准备

在场地上画若干十字，并标上1、2、3、4。

游戏玩法

幼儿双脚站在十字前做好跳跃准备。游戏开始，幼儿按教师发出的数字信号跳入相应的格子中。教师出示卡片，如1—2—3—4、4—3—2—1，幼儿按数字出现的顺序跳入相应的格子中。单脚、双脚可间隔进行。

游戏建议

十字中的数字可换成水果或动物，让低年龄幼儿练习。

游戏五：编花篮

游戏目标

培养团队协作能力。

游戏玩法

幼儿3～4人围成一圈，每人伸出右脚，互相钩叠，双手搭在前一名幼儿肩上。由一人宣布"预备——走"后，参加者用左脚按逆时针方向单脚跳，边单腿跳边念儿歌。

游戏规则

1. 右脚相钩时，必须紧密配合，一个挨一个地钩着小腿。

2. 跳动应同时进行，跳动中如果谁的小腿落地就要被淘汰或者重新开始。

游戏建议

1. 跳动时可先慢跳，然后逐渐加快。

2. 可左右脚轮换进行。

3. 动作熟练以后，便可加拍手或唱歌，如果有几个小组，也可以设计一些比赛项目。例如，每组各跳一段距离，或以旋转的方式进行比赛等。

4. 此游戏适合于中班下学期和大班幼儿，在草坪或地毯上进行。

附儿歌

编、编、编花篮，

花篮里面有小孩，小孩的名字叫花篮。

学习笔记

大班民间体育游戏：跳皮筋

活动目标

1. 学习简单的跳皮筋的基本动作。

2. 能够一边念儿歌一边跳皮筋。

3. 愿意和同伴合作游戏，萌发玩民间游戏的兴趣和乐趣。

活动准备

1. 物质准备：皮筋。

2. 经验准备：幼儿会念儿歌《小皮球》。

活动过程

1. 游戏热身。

跟随教师向前慢跑、倒退走、四散走；玩"贴糍粑"游戏。

2. 幼儿自己探索皮筋的玩法。

（1）幼儿三人一组自由探索皮筋的玩法。

（2）教师演示跳皮筋的方法。幼儿四人一组，一组三人将皮筋放在脚脖处呈三角形站立；另一个幼儿从一根皮筋跳到另一根皮筋，围三角形绕圈，边跳边念儿歌：小皮球，三加一，马兰开花二十一，二八二五六，二八二五七，二八二九三十一，三八三五六，三八三五七，三八三九四十一，四八四五六，四八四五七，四八四九五十一，五八五五六，五八五五七，五八五九六十一，六八六五六，六八六五七，六八六九七十一，七八七五六，七八七五七，七八七九八十一，八八八五六，八八八五七，八八八九九十一，九八九五六，九八九五七，九八九九一百一。跳完结束。再增加皮筋的高度跳。跳错换另一组跳。

3. 教师讲解游戏规则。

四人一组，用石头、剪刀、布的方法确定撑皮筋的人（三人）；

在跳皮筋时，要一边念儿歌一边跳；

跳错的幼儿就要去撑皮筋。

4. 放松活动。

> **做一做**
>
> 请你从小、中、大班中，选择一个年龄班，设计一次户外体育游戏活动。游戏活动要包括活动目标、活动准备、活动过程和活动延伸。

（四）乡村幼儿园户外体育教学活动

小班户外体育活动：秋天里的小树叶

活动目标

1. 学习用身体动作来模仿和表现秋风吹动小树和树叶的情景，激发想象力。

2. 能按照一定的信号和要求来做动作，提高自己的平衡能力。

3. 愿意参加游戏活动，体验运动游戏的快乐。

活动准备

铃鼓 1 个。

活动过程

1. 情境导入。

教师讲述一个情节，请幼儿用动作来表示自己的感受。例如，"秋天到了，凉爽的秋风吹动小树，小树会怎么样？"让幼儿回答，并用动作来表现。比如，模仿小树摇晃、树叶轻轻飘落等。

2. 游戏"秋天里的小树叶"。

教师扮"秋风"，幼儿扮"小树叶"。听"秋风"发出各种信号（用铃鼓表示），"小树叶"做相应的动作。

可供参考的信号和动作有：

（1）教师手摇铃鼓说"起风了"，幼儿在场地上自由行走。（注意不要互相碰撞）

（2）教师说"刮大风了"，并快速摇动铃鼓，幼儿在场地上自由地跑。

（3）教师说"风小了"，幼儿慢走或慢跑。

（4）教师说"刮旋风了"，幼儿原地转圈。

（5）教师说"风停了"，幼儿原地站住，然后慢慢地蹲下来。

3. 游戏"拾落叶"。

幼儿当"小树叶"，在场地上自由活动。教师扮成拾落叶的人，用手轻拍"小树叶"。被拍到的"小树叶"要轻轻地走到教师身后，跟着教师走。最后，教师把"小树叶"都带走，活动结束。

活动建议

1. 教师应根据幼儿活动的实际情况控制活动量，注意幼儿走、跑的交替及节奏的变换。

2. 如果在其他季节玩这个游戏，应作相应的调整。例如，将"秋风"改为"春风"，将"落叶"改为"花瓣"。可与认识季节的主题活动结合。注意活动前，引导幼儿观察风吹树叶的情景。

3. 若有条件，可以播放一些有快慢节奏、旋律优美的音乐，用以表示风大或风小。让幼儿随着音乐的旋律，根据想象表现出树叶的活动或动作。

📝学习笔记

中班体育教学活动：我们的身体会移动

活动目标

1. 在活动中练习走、跑、跳、爬、滚等能力，提高机体的协调性、平衡性。

2. 敢于运用自己身体各个部位来探索不同的动作。

3. 体验运动游戏的快乐。

活动准备

幼儿对走、跑、跳的不同形式有了尝试和探索。

活动过程

1. 热身活动。

幼儿绕场进行走、跑、跳的多种练习。

走（慢走、快走……）

跑（高抬腿跑、快跑……）

跳（双脚跳、单脚跳、转圈跳……）

2. 我的身体会移动。

（1）幼儿自由探索、尝试用不同方法来移动身体。

要求：利用身体的移动，到达终点。但不能使用走、跑、跳三种动作。

（2）挑战。个别幼儿进行挑战，其余幼儿当裁判，判定该幼儿挑战成功或失败。教师应鼓励幼儿积极挑战，利用身体的所有可利用的部位（肩膀、腰、臂、膝盖等）来尝试移动。教师和幼儿一起来积极尝试有创意、有难度的动作。

3. 放松运动。

游戏"树叶飘落"。教师可以播放轻音乐，让幼儿跟随音乐扮演和感受"树叶飘落，吹到不同的地方"来放松身体。

活动建议

热身部分教师可以设置一些有趣的小场景和小角色。例如，走和跑的组合练习，可以设置"我们是小司机"的简单情境："小司机"开车，慢慢启动（走路）、开起来了（走快一点）、加速（小跑），红灯（停）。再如，跳的热身练习，"小熊"跳（双脚跳、单脚跳、转圈跳……），把热身运动情境化、游戏化。

中班体育教学活动：修桥

活动目标

1. 能在各种材料建构成的障碍物上行走，练习手眼协调和平衡能力。

2. 努力尝试多种练习平衡的方法。

学习笔记

3. 萌发勇敢大胆的良好品质及对运动的兴趣。

活动准备

各类大小、形态不同的木桩，废旧轮胎、废旧小铁桶，沙包若干，树叶若干，木棍若干等。

活动过程

1. 热身运动。

以游戏"风和小树"作为活动腰部、颈部及手部肌肉的准备动作，激发幼儿的活动兴趣。

师：昨天晚上的一场大雨把小河上的桥冲走了，小动物们不能到河对面去找食物了，请你们帮它们想个办法，使它们可以顺利到达河的对面。

2. 自由探索。

（1）让幼儿利用已有的材料建构不同的桥，并分别上去走一走，提醒幼儿小心。

（2）分享交流：讲讲每座桥的不同之处，请几名幼儿示范，说说自己是怎样又快又稳地过桥的。

（3）自由练习：体验在不同障碍物上行走的难易度，手眼协调。

师：小动物们得到你们的帮助，又能吃到食物了，为了表示感谢，它们送来了好多吃的，咱们一起去运回来，好吗？

（4）引导幼儿用各种方法把"食物"运回来，鼓励幼儿尝试用身体的各个部位运食物，并提醒幼儿注意安全。

3. 放松运动。

（1）教师总结：对幼儿愿意帮助别人、动脑筋想出的各种办法给予表扬和肯定。

（2）一起做放松运动：甩手、扭腰、捶腿等。

（3）鼓励幼儿和教师一起收拾材料后回班。

活动建议

1. 活动中提醒幼儿注意安全。

2. 可以结合当地幼儿园的现有材料和条件，让幼儿自己尝试用不同的材料进行组合搭建桥。

大班户外体育教学活动：玩竹竿

活动目标

1. 探索竹竿的不同玩法，进一步萌发创新与合作的意识。

2. 在玩竹竿的过程中学习助跑跨跳过宽 50 厘米左右的平行线。

3. 在玩竹竿中进一步增强对体育活动的兴趣以及勇于克服

困难的信心。

活动准备

1. 物质准备："金箍棒"人手1根，"树桩"4个，小红旗4面，皇冠4个。

2. 经验准备：幼儿会做竹竿操，练习过双脚立定跳远，部分幼儿有一定的玩棒经验。

活动过程

1. 热身活动。

4路纵队走到4根长竹竿处，以组为单位，右手持竹竿，集体练习竹竿操。

师：猴儿们，我们一起出去玩吧！

"举一举呀，走一走；走一走呀，蹲一蹲；蹲一蹲呀，放一放；放一放呀，荡秋千；荡一荡呀，转一转；转一转呀，摇一摇；摇一摇呀，真快乐，天天做操身体好！"

2. 探索竹竿的不同玩法。

（1）自由玩竹竿，探索不同玩法，满足玩的欲望。

师：请每个小朋友拿一根"金箍棒"，自己找一个空地方玩一玩，看谁的玩法又多又好，还能注意安全。

（2）幼儿自由站成面对面的两排，请有创新玩法的幼儿在两队之间介绍并演示玩法，让其他幼儿学一学。

（3）幼儿合作玩竹竿，进一步探索竹竿的不同玩法。教师有意识地鼓励幼儿讲给别人听，促进同伴间互相学习的能力的发展。

①两手握住竹竿的两头，两两将竹竿"十"字交叉比谁的力气大，进行对抗练习。

②多人把竹竿放在地上跳房子。

③双脚立定跳"小河"。

（4）幼儿自由站成面对面的两排，请两个或两个以上幼儿站在两排中间，结伴说出合作玩的方法并进行示范，让其他幼儿学一学。

师："猴儿们"真聪明，谁来教教老师，怎样才能跳过小河？

教师示范跨跳动作，并与幼儿一起用"跑""用力跨""蹲一蹲"概括动作要领。

（5）以小组为单位用竹竿搭成不同宽窄的"小河"，提示幼儿根据自己的能力选择不同宽度的"小河"练习跨跳。

要求幼儿根据自己的能力选择合适宽度的"小河"练习跨跳。

想一想

请你认真学习《3—6岁儿童学习与发展指南》《幼儿园教育指导纲要（试行）》的内容，思考小、中、大班体育活动在目标设计和内容选取上应该注意什么问题。

---

3. 综合游戏。

结合游戏场地，介绍游戏玩法及规则。幼儿以组为单位把竹竿收好，排成四路纵队。比比哪一组最先到，注意要拔下红旗。

师："猴儿们"，我们一起来玩一个游戏。做游戏的时候，我们要走"钢索"、跨跳"小河"、钻过"山洞"、绕过大树桩，拔下红旗，跑回原地。

4. 放松、整理活动。

活动建议

1. 综合游戏活动根据时间确定游戏的次数。

2. 鼓励幼儿开展合作游戏。

（五）乡村幼儿园户外活动区活动

好玩的沙和水

对于乡村幼儿园来说，沙和水是最常见的游戏材料之一，是幼儿最喜欢的活动之一，玩沙和水可以让幼儿感到快乐，可以让幼儿尽情地发挥想象去创造，可以让幼儿自主地尝试、体验，在不知不觉中感知沙的特性。教师在设计户外玩沙活动时，可以让幼儿用各种辅助物创造性地与同伴合作玩沙、玩探索水的游戏，尝试在沙堆上筑沙堡，用沙子种植物、养动物，初步学习制作玩沙工具，探索水的特性、做关于水的实验等，这样不仅可以丰富幼儿对沙和水的了解，而且可以使幼儿感受到玩沙和水的乐趣。

玩沙的环境与材料

1. 供幼儿玩沙用的玩沙区（沙地、沙池或沙盆即可）。

2. 师幼共同建设"种养园地"，在园地中种植仙人掌、仙人柱、仙人球等喜沙植物，用沙子进行种子发芽的实验。

3. 玩沙的工具：小棍、小铲、小桶、小瓶、安全剪刀、塑料瓶、易拉罐、瓶盖、各种小玩具等。

4. 实验用品：透明玻璃杯、泥水、沙子等，不同直径的管子，时钟或手表等，筛子、纱网等。

5. 制作沙画的材料：颜料、绘有图案的底板、糨糊或胶水等。

6. 制作沙包的材料：布、针、线等。

7. 制作漏沙瓶的材料：带盖的塑料瓶若干。

可引发的游戏

1. 玩沙。

让幼儿在沙地里自由玩沙，可以引导幼儿光着脚丫在沙子

> **想一想**
>
> 请你结合本园户外活动资源，思考幼儿园玩沙和玩水的户外活动还可以如何开展。

上走一走，跳一跳，看沙面上留下了什么。用手抓一抓、捏一捏沙，试试干沙能否捏成球。借助各种玩具玩沙，用玩具扣一扣沙，看看能做出什么形状。让幼儿在玩中感知沙的柔软与松散等的特征，并体验玩沙的乐趣。（适宜小班）

让幼儿在沙子里喷水或把水倒入沙中，比一比干沙和湿沙有什么不同，想一想湿沙可以怎么玩。探索干沙、湿沙、粗沙、细沙的多种玩法。（适宜中班）

让幼儿用小棍或手指在沙面上写写画画。在沙地上印上自己的脚印和手印，想象单一的或组合的手印或脚印像什么。（适宜小班）

利用工具和一些材料与同伴合作玩沙，尝试在沙池里创造性地表现各种造型，如筑村落、建房子、挖地洞、建游戏场……比比看，谁的最牢固，谁的最漂亮。让幼儿体验成功的喜悦。（适宜中、大班）

教师观察幼儿玩沙的创意，鼓励和表扬幼儿的创造性玩法。

2. 沙中寻宝。

将小玩具埋在沙子里，让幼儿在规定时间内进行竞赛，看谁从沙子里找出的玩具多。

3. 筛沙。

给幼儿提供筛子、纱网，让幼儿筛沙子，引导幼儿观察并报告自己的发现。（适宜小班）

4. 小实验。（适宜中、大班）

（1）用沙子净水。探索用沙过滤水，了解沙可以起到净化的作用。教师可让幼儿在一杯混浊的泥水中，倒进一些沙子，过一会儿再观察水有什么变化。

（2）流沙。让幼儿尝试让沙子流过不同直径的管子，比较等量的沙子流过不同直径的管子的时间的长短。

5. 看蚂蚁钻沙。让幼儿观察蚂蚁钻沙的情况，边观察边交流。

6. 小制作。（适宜中、大班）

（1）利用废物制作玩沙工具，如在塑料瓶上扎上小孔，把干沙装进去抖动塑料瓶玩沙等。

（2）制作沙包。

（3）制作沙画，指导幼儿用颜料给沙子染色，在底板上按图案抹糨糊或胶水，撒上相应的色沙制作成沙画，体验创造的乐趣。

（4）制作沙漏瓶，在瓶盖上钻大小不同的孔。比较两个容量一样、瓶盖开孔不一样大的沙漏瓶，同时流沙，看哪个瓶中的沙子先漏完。感知孔的多少、大小与沙子流出的快慢关系。

玩水的环境与材料

1. 大小、高矮各异的塑料容器若干。

2. 漏斗、塑料软管、镂空的篮子、扎了孔的塑料瓶和塑料袋。

3. 堵住盥洗池蓄水或用大盆子装水。

可引发的游戏

1. 倒水装水游戏。

幼儿用大小不同的塑料容器，自由地玩舀水、倒水、装水游戏。感知水会流动，水是无色、无味的。（适宜小班）

2. 水冒泡泡游戏。

幼儿用瓶口不同大小的塑料容器玩水冒泡泡的游戏，发现瓶口大的冒出的泡泡大，瓶口小的冒出的泡泡小。感知瓶口的大小与冒出泡泡的大小有关系。（适宜小班）

3. 水搬家游戏。

幼儿用漏斗、塑料软管、镂空的篮子等玩水搬家的游戏，探索用什么工具可以让水从这个容器搬到另一个容器，哪一种工具搬得又快又省事。（适宜小、中、大班）

4. 喷水游戏。

幼儿用扎了孔的塑料瓶或塑料袋玩喷水的游戏。探索怎么让水喷出来，怎么喷得更远。

5. 沉浮游戏。

幼儿用各种容器玩沉浮游戏，发现瓶子里不装水会浮，装满了水会出现沉或悬浮的现象。（适宜小班）

6. 沉浮转换游戏。

幼儿用各种容器玩简单的沉浮转换游戏。想办法将原来浮的瓶子变沉，原来沉的瓶子变浮或悬浮。（适宜中、大班）

7. 液体等分的游戏。

幼儿在大瓶子里装满水，分别倒入容量相同的 2 个小容器或容量相同的 4 个更小的容器中，感知液体二等分、四等分。（适宜中、大班）

8. 液体守恒游戏。

幼儿在一个高的瘦的容器里装满水，倒入一个胖的矮的容器里，发现水不能倒满容器，教师引发幼儿感知液体的守恒。（适宜中、大班）

活动建议

注意观察幼儿的玩沙和玩水过程，提醒幼儿不要把沙子弄到自己或别人的眼睛里，不要把水泼到别人身上。提醒幼儿玩沙后主动洗手，拍打身上的沙粒，收拾好玩具与沙池；提醒幼

学习笔记

儿玩水后收拾好所用的容器。另外，建议在玩水前让幼儿穿上防水围裙。

家园同步

1. 若有条件，可带领幼儿到沙滩上玩沙等，鼓励和肯定幼儿的创意。

2. 家长可带领幼儿参观沙场、建筑工地和小河、池塘等，进一步了解沙和水的用途。

3. 在家里，家长可指导幼儿在沙盆中进行绿豆或黄豆发芽实验。

活动解析

沙和水是在农村地区常见的东西，而且也是幼儿十分喜欢的活动材料。在户外活动区中，教师应着力于充分挖掘和利用沙来让幼儿积累多方面的经验，促进幼儿多方面的发展。只要善于挖掘和利用，这些看似便宜的材料可以很好地促进幼儿的发展。本活动设计注意对沙这一常见的教育资源的教育功能和发展功能的充分挖掘，注意在教育活动开展的家园结合，注意幼儿与沙的交互作用，能引起幼儿的兴趣，幼儿的学习也更加有效。

 小任务

1. 请你演示小班体育游戏——滑梯、秋千组合器械玩法，说说在游戏过程中可能出现的安全问题、教师的最佳站位点，并说明理由。

2. 请你尝试选择幼儿园现有的户外活动资源和材料，设计一个户外游戏活动。要求游戏中材料的使用体现一物多用。

 自我检测

1. 材料分析题：幼儿园只有一架秋千，幼儿都很喜欢玩。大二班在户外活动时，胆小的诺诺走到正在荡秋千的小莉面前，请小莉把秋千让给他玩。小莉没理会他。诺诺就跑过来向老师求助："老师，小莉不让我荡秋千……"

对此，不同的教师可能会采取下面不同的回应方式：

教师A：牵着诺诺的手走到小莉面前，说："你们的事情我都知道了，好孩子要懂得谦让，小莉是不是个懂得谦让的孩子呢，小莉能不能让诺诺玩一会儿秋千呢？"小莉听了老师的话，把秋千让给了诺诺。

教师B："你对小莉怎么说的呢？"诺诺："我说'我想玩一会儿'。"想到诺诺平时说话总是低声细语的，教师就说："是不是因为你说话声音小了，她没有听清楚呢？现在去试试大声地对她说'我真的想荡秋千，我已经等了很久了'。如果这样说还没用，你就回来，我们再想别的办法……"

请分析上述两位老师回应方式的利弊，并说明理由。

【2014年下半年幼儿园教师资格考试真题】

2. 材料分析题：操场上新安装了一个投篮架，幼儿经常在这里玩投篮游戏。一天，几个幼儿带着笔刷和水桶来到这里。他们先是快乐地粉刷投篮架，之后往篮筐里灌水：有的从上面灌，有的在下面接，再灌，再接……相互配合，反反复复，忙得不亦乐乎。

问题：是否支持幼儿的这些行为？请说明理由。

【2017年下半年幼儿园教师资格考试真题，有改动】

3. 材料分析题：几个幼儿正在玩游戏，他们把竹片连接起来，想让乒乓球从一头开始沿竹槽滚动，然后落在一定距离外的竹筒里，游戏过程中，他们遇到了很多困难，如球从竹片间掉落（见图①）；竹片连成的"桥"太陡，球怎么也落不到竹筒里（见图②）……他们通过不断努力，终于让球滚到了竹筒里。

幼儿可以从上述活动中获得哪些经验？请结合材料分析说明。

【2019年下半年幼儿园教师资格考试真题】

图①　　　　　　　　　图②

参考答案

参考文献

1. 丁海东. 幼儿园游戏组织与指导［M］. 3版. 长沙：湖南大学出版社，2019.

2. 海德曼，休伊特. 游戏：从理论到实践［M］. 邱学青，高妙，译. 南京：南京师范大学出版社，2015.

3. 何桂香. 幼儿园家长工作指导［M］. 北京：北京师范大学出版社，2012.

4. 胡佳英，巫小芳. 中班诗歌欣赏活动：月亮［J］. 早期教育，2021（5）：43-44.

5. 黄瑾，田方. 学前儿童数学学习与发展核心经验［M］. 南京：南京师范大学出版社，2015.

6. 黄瑾. 幼儿园教育活动设计与指导［M］. 上海：华东师范大学出版社，2007.

7. 黄进. 幼儿园区域活动的来源与挑战［J］. 学前教育研究，2014（10）：31-35.

8. JOHNSON，CHRISTIE，YAWKEY. 儿童游戏：游戏发展的理论与实务［M］. 吴幸玲，郭静晃，译. 台北：扬智文化出版社，1992.

9. 科扎. 幼儿园班级环境创设和一日生活［M］. 曹晓旸，译. 南京：南京师范大学出版社，2013.

10. 匡欣. 图解幼儿园体验式家长会实战［M］. 上海：华东师范大学出版社，2017.

11. 李季湄，肖湘宁. 幼儿园教育［M］. 北京：北京师范大学出版社，2003.

12. 李季湄. 幼儿教育学基础［M］. 北京：北京师范大学出版社，1999.

13. 李俐. 农村幼儿园教师导读［M］. 北京：高等教育出版社，2013.

14. 李俐. 幼儿园班级环境建设［J］. 学前教育研究，2008（8）：49-51.

15. 李生兰，等. 学前教育概论［M］. 北京：北京大学出版社，2017.

16. 梁英. 转角遇到爱——幼儿园环境创设角落优化案例［J］. 农家参谋，2019（2）：143-144.

17. 刘姝瑶. 农村幼儿园户外体育游戏活动开展的行动研究［D］. 桂林：广西师范大学，2017.

18. 刘艳. "六一"亲子稻草节活动［J］. 早期教育（教师版），2012（4）：41.

19. 刘颖，马华. 家园沟通实用技巧100例［M］. 长春：吉林大学出版社，2017.

20. 柳倩，周念丽，张晔. 学前儿童健康学习与发展核心经验［M］. 南京：南京师范大学出版社.2016.

21. 龙明慧，高晓敏. 幼儿健康教育［M］. 北京：北京师范大学出版社，2013.

22. 罗竞，龙路英，谢永爱. 广西乡村幼儿园自然资源开发的现状及建议［J］. 基础教育研究，2018（9）：86-88.

23. 骆萌. 从简单装饰转向意义创设——农村幼儿园环境创设的研究［J］. 戏剧之

家，2016（2 上）：157-158.

24. 大宫勇雄．提高幼儿教育质量［M］．李季湄，译．上海：华东师范大学出版社，2014.

25. 斯泰茜．幼儿园探究性环境创设——让孩子成为热情主动的学习者［M］．康丹，陈恺丹，译．北京：中国轻工业出版社，2019.

26. 汤志民．幼儿园环境创设指导与实例［M］．上海：华东师范大学出版社，2013.

27. 王丽．论农村地区幼儿家庭教育指导［J］．内江师范学院学报，2014（5）：117-121.

28. 王姚臻．张雪门行为课程对当前幼儿园户外游戏活动开展的启示［J］．陕西学前师范学院院报，2017（10）：68-70.

29. 吴邵萍．家园共同体的构建：幼儿园家长工作的方法与策略［M］．北京：教育科学出版社，2011.

30. 肖全民．学前教育原理［M］．北京：北京师范大学出版社，2017.

31. 谢芬莲．我国幼儿园环境创设研究述评［J］．宁波大学学报（教育科学版），2016（3）：123-127.

32. 晏红．幼儿教师与家长沟通之道［M］．北京：中国轻工业出版社，2012.

33. 杨莉君，黎玲．贫困山区幼儿教师的教育质量观及其转向［J］．教师教育研究，2019（2）：84-89.

34. 叶蔚青．挖掘乡土资源，创设农村幼儿园特色区域活动［J］．学前教育研究，2008（11）：49-51.

35. 俞佳顺．驰骋乡野 归于自然——开展有特色的乡村幼儿园户外体育活动［J］．读与写（教育教学刊），2019（10）：225.

36. 张贵英．小议幼儿园提高农村家长教育能力的有效措施［J］．学周刊，2014（6）：225.

37. 张莉，张宇，袁爱玲．从物化装饰转向意义创设——从课程视角看农村幼儿园环境创设［J］．幼儿教育（教育科学），2015（1、2）：22-25.

38. 张敏．"自主共建"模式下乡村幼儿园环境设计的研究与实践——以腾冲刘家寨兴兴幼儿园改造为例［D］．重庆：四川美术学院，2018.

39. 赵丽华．从"圈养"到"放养"——江阴市临港实验幼儿园户外运动探秘［J］．早期教育（教师版），2016（11）：46-49.

40. 中华人民共和国教育部．教育部关于加强家庭教育工作的指导意见［EB/OL］．(2015-10-11)［2019-10-09］．http：//www.moe.gov.cn/srcsite/A06/s7053/201510/t20151020_214366.html.

41. 中华人民共和国教育部．幼儿园工作规程［EB/OL］．(2016-03-01)［2019-10-09］．http：//www.moe.gov.cn/srcsite/A02/s5911/moe_621/201602/t20160229_231184.html.

42. 朱家雄．幼儿园教育活动设计与实施［M］．2 版．北京：高等教育出版社，2015.

43. 邹燕. 试析陕西乡村"家园共育"幼儿的现状与策略提升 ［J］. 新西部，2020（1下）：45-46.

44. 左志宏. 幼儿园班级管理 ［M］. 上海：华东师范大学出版社，2015.